カンボジア農村に暮らすメマーイ(寡婦たち)

京都大学東南アジア
地域研究研究所
地域研究叢書
31

貧困に陥らない
社会の仕組み

佐藤奈穂 著

京都大学
学術出版会

口絵

1. 貧困なのに"豊か"な社会

カンボジアの村では、子どもと高齢者がとても幸せそうにみえる。子育てや介護を理由に殺人事件が起こる「経済大国日本」のニュースなど、ここの暮らしからは想像もできない。多くの人びとが殺されたポル・ポト時代と内戦の混乱を経て、しかもGDPが日本の0.2％に過ぎないこの国で、なぜ人びとは「豊か」に暮らせるのか。本書の問いはそこから始まる。

子どもたちは半裸で、全裸で、裸足で村の中を駆け回って遊ぶ。服や靴がない、というよりは「頓着しない」という方が正しい。

2. ゆるやかな家族関係と子育て

上の写真，子どもの顔を拭いて世話をするメマーイ（寡婦）。しかし，彼女に子どもはいない。「この子は誰？」と聞くと，「甥っ子」と答えた。しかし，彼女にこの年頃の甥っ子はおらず，結局誰の子なのかよく分からなくなった。カンボジア農村では，孤児や片親の子どもは珍しくないが，祖父母やオジ・オバ，それ以外の親戚などが，彼らを育てる。そして，たとえ子育てが可能な実の親がいても，他の大人がその子を育てていたりする。〈親と子がいて当たり前〉という，日本社会では想像できないゆるさがある。だからこそ，親のいない子や，離ればなれになった親子を否定することもない。こうした家族の柔軟性が，この"豊か"な社会の基礎にある。

メマーイ（寡婦）とその娘と孫たち。写真を撮ろうとポーズをとっていたら，子どもたちの頭の上に赤ちゃんの"おしっこ"が降ってきた。おしめがなくても，紙や服が汚れても，それほど困らない。日常の笑いの1コマになる。

3. 女性に開かれた経済環境

メマーイ（寡婦）が貧困に陥らないのは，彼女らに所得があるからに他ならない。それを保障するのが，女性が参入しやすい経済環境である。子どもたちが100リエル札を握りしめて菓子を買いに来るこの雑貨店には，所得に余裕のない世帯でも購えるように油や砂糖など，日常的に使われる調味料などが小分けにされている。下の写真は，「ノム・アーカオ」と呼ばれる菓子作りの様子。調査村を象徴する生業の1つだこのような食品に関わる生業は，主に女性の仕事とされている。

4. 子どもの面倒をみる老人たち

老人たちは，主な働き手として引退した後も，孫の世話の担い手として世帯の中で重要な役割を果たす。孫たちが祖父母の家に移動したり，祖父母が孫の家に移動したり，その時々の状況に合わせて世帯構成が柔軟に変化していく。そうした中で，老人たちは多くの子や孫に囲まれた余生を過ごす。

目　　次

口絵

序　アジアの豊かさを想う
── 夫を失くしたカンボジア女性たち「メマーイ」の実態

第1章　夫を失くした女性たちは貧困か？

1. 夫を失くした女性たちの貧困　──── 9

2. 東南アジア農村の貧困に陥らない仕組み　──── 13
　2.1　東南アジア農村の「貧困の共有」と互助性　──── 13
　2.2　カンボジア農村の互助性 ── カンボジアの農村社会は個人主義的か？ ── 16
　2.3　ルースだが貧困が顕在化しない社会　──── 17

3. 開発経済論における夫を失くした女性たちの貧困　──── 19
　3.1　発展途上国を対象とした貧困研究　──── 19
　3.2　貧困とは何か　──── 20
　3.3　貧困ターゲティングと女性の貧困　──── 21
　3.4　リスクに対する脆弱性　──── 22

4. アジアにおける夫を失くした女性たち　──── 23

5. 東南アジア女性の地位と役割　──── 26
　5.1　東南アジアの女性たち　──── 26
　5.2　カンボジアの女性たち　──── 28

6. カンボジア農村に暮らすメマーイ分析の枠組み　──── 30
　6.1　資産・所得・ケアの3つの視点　──── 30
　6.2　東南アジアの急速な変化の中で　──── 35
　6.3　本書の構成　──── 36

【コラム　"かわいそう"の背後に ── 私の中の〈メマーイ〉①】　──── 38

i

第2章　カンボジアの社会・経済と調査村の概要

1. カンボジアの地勢と気候 —— 43

2. 経済状況 —— 43

3. 人口 —— 44
　3.1　カンボジア内戦と混乱の歴史 —— 44
　3.2　国全体の人口の男女比と婚姻状況 —— 46

4. 教育（学校制度） —— 46

5. 世帯・親族・婚姻 —— 48
　5.1　世帯 —— 48
　5.2　親族 —— 49

6. 調査村の立地 —— 50

7. 調査方法 —— 54

8. 調査村の人口 —— 54
　8.1　労働力 —— 55
　8.2　教育状況 —— 56

9. 家事労働における女性の役割 —— 56

10. 調査村の婚姻・離婚・再婚 —— 59

11. 調査村のメマーイ —— 62

第3章　資産所有と相続による資産の獲得

1. 土地制度と土地分配 —— 67
　1.1　土地所有制度の変遷 —— 67
　1.2　T村の水田面積の変化 —— 69

2. 地価と稲作による収益 —— 72
　2.1　近年の地価の上昇 —— 72
　2.2　稲作による収益 —— 74

3. 土地の世帯内における所有認識 —— 75

4. 農地（水田）の所有と獲得経緯 —— 77
  4.1 所有状況 —— 78
  4.2 獲得経緯 —— 81

5. 屋敷地の所有と獲得経緯 —— 83
  5.1 所有状況 —— 83
  5.2 獲得経緯 —— 84

6. 牛・水牛の所有と獲得経緯 —— 85
  6.1 所有状況 —— 86
  6.2 獲得経緯 —— 86

7. 離別・死別時の資産分割 —— 88
  7.1 東南アジアにおける離別による財産分割 —— 88
  7.2 T村における離別による財産分割 —— 88
  7.3 死別後の夫婦の財産 —— 89

8. 資産の分与・相続 —— 90
  8.1 子への分与・相続 —— 91
  8.2 屋敷地の相続 —— 95
  8.3 水田の分与・相続時期 —— 96
  8.4 牛・水牛の分与・相続時期 —— 98

9. 小括 —— 娘として，妻として獲得される土地資産 —— 100

【コラム　幸せな家族像が強いるもの —— 私の中の〈メマーイ〉②】 —— 103

第4章　所得と就業構造

1. メマーイ世帯の労働力 —— 109
  1.1 世帯構成 —— 109
  1.2 世帯周期 —— 112
  1.3 世帯人数 —— 114
  1.4 有業者と被扶養者数 —— 117
  1.5 メマーイ世帯の有業者 —— 117
  1.6 世帯内の家事労働力 —— 120

2. メマーイの生業変化と就業選択 —— 120
  2.1 T村の生業 —— 121
  2.2 T村の所得構成 —— 136

2.3 村民の就業選択 —— 140

2.4 兼業状況と性別による就業選択の違い —— 140

2.5 年齢による就業選択の違い —— 142

2.6 経済環境の変化と女性の生業の変遷 —— 142

2.7 メマーイ世帯の再編成と生業変化 —— 145

2.8 メマーイ世帯の生業選択 —— 149

2.9 幼い子を抱える母子世帯 —— 152

3. 小括 —— 世帯を超えたつながりとメマーイの生業選択 —— 157

第5章 子どもと老親のケア

1. 子の移動に関する先行研究 —— 164

2. 子の世帯間移動 —— 166

2.1 子どもの生活 —— 166

2.2 子の世帯間移動の分類 —— 167

2.3 養育責任を伴う移動 —— 169

2.4 養育責任を伴わない移動 —— 183

2.5 移動が行われるボーン・プオーンの範囲とその特徴 —— 185

2.6 メマーイ世帯の子の世帯間移動 —— 186

3. 高齢者の世帯間移動 —— 189

3.1 移動する高齢者 —— 190

3.2 高齢者夫婦の別居 —— 191

3.3 頻繁な移動 —— 192

3.4 メマーイ世帯の高齢者の世帯間移動 —— 195

4. 小括 —— 共有される子どもと高齢者のケア —— 195

【コラム 母を探す旅 —— 私の中の〈メマーイ〉③】 —— 198

第6章 メマーイの暮らし

1. ボーン・プオーンの互助関係と子の移動の事例 —— 203

2. 姉妹のメマーイの事例 —— 207

3. メマーイの一生 —— 208

3.1 事例①：73歳のメマーイ —— 208

3.2　事例②：50 歳のメマーイ —— 212

3.3　事例③：47 歳のメマーイ —— 215

終章　生を支える社会の仕組み

1.　所得貧困 —— 221

1.1　女性に開かれた経済環境 —— 221

1.2　労働力の確保 —— 222

1.3　資産の所有 —— 222

2.　リスクに対する脆弱性 —— 223

2.1　資産権利の確保 —— 223

2.2　リスクに対応するボーン・プオーンのネットワーク —— 224

3.　親族ネットワークによる互助・支援機能 —— 226

4.　カンボジア農村の柔構造性 —— 227

5.　貧困と生を支える基盤 —— 229

6.　貧困に陥らない仕組みの限界 —— 231

おわりに —— 233

参考文献 —— 237

索　引 —— 247

序
アジアの豊かさを想う

夫を失くしたカンボジア女性たち「メマーイ」の実態

家々の庭にはマンゴーやバナナ，パパイヤ，グァバなどの果物がたわわに実り，川では子どもたちが布を広げてさっと水の中をくぐらせるだけで簡単にたくさんの魚が獲れる。老人は孫たちに手を取られて歩き，赤ん坊は近所の子どもたちや大人たちに次々に抱かれてあやされる。カンボジア農村の生活は，自然環境においても，社会環境においても，非常に豊かな側面をもつ。

　「貧困」と言われる「途上国」を訪れた人々が，その豊かな自然や人々の溌溂とした笑顔に出会い魅了された，という話は非常によく耳にする。それはノスタルジックで感傷的な感情にすぎず，「先進工業国」に住む者の無いものねだりの勝手な言い分だと揶揄されるかもしれない。しかし，環境問題もさることながら，社会環境においても，高度成長を経た日本では様々な問題が行き詰まりをみせている。少産少死の高齢化時代の中で，幼児の虐待死や高齢者の孤独死など，出産・子育て・高齢者の介護等に関する問題は深刻さを増し，その危機が叫ばれて久しい。

　GDP（Gross Domestic Product：国内総生産）で比較すると，カンボジアは日本の 0.2％ の生産量しかもたない“発展途上国”であり，貧困を解消し経済開発をしなければならない地域と見なされてきた。もちろん，カンボジアには未だ深刻な貧困が存在し，内戦の影響による地雷被害など解決されるべき問題は山のようにある。しかしながら，カンボジア社会に日本にはない“豊かさ”が存在することもまた，事実である。

　本書は，カンボジア北西部シェムリアップ州の一農村に住む，夫を失くした女性たち，メマーイ（ឈ្មាយ）たちについて描き，彼女たちがいかにしてリスクを回避し，生計を維持しているのかを論証したものである[1]。カンボジアでは

---

1)　メマーイ（ឈ្មាយ）とは①未亡人，②離婚した女，を表すクメール語である（坂本［1988：352]）。離別・死別にかかわらず以前は婚姻状態にあったが，何らかの理由で夫を失くし，再婚していない女性を指す。第 1 章で詳述するが，日本語の「夫を失くした女性」を表す概念には，寡婦，やもめ，後家，未亡人などがある。いずれも一般的には「夫と死別した女性」を表す概念と理解されている。しかし行政的用語として使用される「寡婦」には，死別女性だけでなく夫と離別した女性も含まれる。例えば，所得税法では寡婦を「夫と死別し，若しくは夫と離婚した後婚姻をしていない者又は夫の生死の明らかでない者で政令で定めるもののうち，扶養親族その他その者と生計を一にする親族で政令で定めるものを有するもの」と定義している（第 2 条 30 項）。また，「母子及び父子並びに寡婦福祉法」でも「この法律において寡婦とは，配偶者のない女子であつて，かつて配偶者のない女子として民法（明治 29 年法律第 89 号）第 877 条の規定により児童を扶養していたことのあるものをいう」としている（第 6 条 4 項）。本書のタイトルには読者の理解を促すためにメマーイの訳として「寡婦」をあてた。一般的には「死別女性」が想起されるものの，概念としては離別女性をも含むことから，メマーイの訳として適切とは言い切れないもの

序　アジアの豊かさを想う｜3

長く続いた内戦が多くの人々の死を招き，その大半は男性であった。そのため内戦終結以降のカンボジア社会の中で，夫を亡くした多くのメマーイの存在は社会問題となり，国内外から「貧困」な「社会的弱者」として扱われてきた。しかし，本書は，そのような「社会的弱者」として虐げられたメマーイたちの生活実態を描くものではない。

死別あるいは離別した女性の貧困問題はアメリカでは“Female-headed households（女性世帯主世帯）”として，日本では「母子家庭」が分析単位となり，調査・研究が行われてきた。アメリカの女性世帯主世帯の中には夫婦世帯の約5倍の貧困世帯が存在し（U.S. Health Resources and Services Administration [2005]），日本の母子世帯の平均世帯所得は夫婦世帯の40.4％を占めるにすぎない（厚生省大臣官房統計情報部 [2002]）。そのような「先進国」での貧困問題は，そのまま「発展途上国」の開発問題にも持ち込まれ，「女性世帯主世帯＝貧困」という図式が固定化されるようになる[2]。そして，内戦により多くの男性の死を招いたカンボジアでも，その復興過程において，女性世帯主世帯は「脆弱な」存在として常に社会問題とされてきた。しかし，実際のところ全国規模での統計調査結果では，女性世帯主世帯の貧困割合は他の世帯よりもむしろ低い，という結果が出されていた。それにもかかわらず，その理由は明らかにされていない。

そもそも私がカンボジアのメマーイたちに関心を持つようになったのは，15年以上前に遡る。大学を卒業したばかりの筆者はNGOの一員として1998年から2年間カンボジアで活動を行った。「“貧しい”人々の役に立ちたい」。そんな思いで始めたNGOでの活動であったがカンボジアの人々の暮らしを知れば知るほど「カンボジアは本当に“貧しい”のだろうか」「豊かさとは何なんだろう」という疑問を抱くようになった。農村の人々の暮らしに触れる中で，混乱の時代に夫を亡くし，子どもを抱えながらも内戦の中を生き抜いてきた老婦たちに出会った。落ち着いていて穏やかだけれども力強い雰囲気を持つ彼女たちがなぜかとても印象的であった。彼女たちメマーイの生活が夫を持つ女性たちの生活よりひどく貧困であったり，虐げられたりしている様子もなかった。そこには彼女たちにとって不利ではない経済的な環境と彼女たちを支える農村社会の「仕組み」があるに違いない，と考えていた。また，そこにカンボジア

の，許容できる概念として採用した。

2)　女性世帯主世帯に関する研究の詳細については第1章参照。

の豊かさを知るヒントが隠れているように思えた。

　その後，日本に戻り大学院に進学し，民際学を提唱する中村尚司氏のもとで学び，自らの研究活動を始めた。中村はその著書『豊かなアジア，貧しい日本』で，地価や教育費が高騰し，サラ金などの信用が拡大する日本の暮らしに対し，東南アジアや南アジアの暮らしには生気に満ちた豊かさがあり，経済学の説く貧困と現実の豊かさとのギャップを指摘している。そして，「"豊かなアジア，貧しい日本"は比喩ではなく現実そのもの」なのだと説明している（中村[1989：6]）。私はカンボジアで感じた「豊かさ」の感触をより確かなものにしようと，カンボジア農村で数度にわたって短期間のフィールド調査を行うようになった。その中で女性たちが男性同様に農業を行い，市場では小商人として活躍し，若い娘たちは都市部で就労し所得を獲得していることは比較的容易に把握することが可能であった。しかし，人々が支え合うような農村社会の「仕組み」は，調査の中で具体的に対象化できず，個人主義的な社会関係が浮かび上がるばかりであった。先行研究の中でも，カンボジアの農村社会には限られた相互扶助しか観測されず，農民は非常に個人主義的であると言われている。しかし，人々が餓死することも，仕事や借金を苦に自殺することも，障がい者がコミュニティから排除される場面も見聞きすることはなかった。「社会的弱者」が顕在化しないカンボジア農村社会の「仕組み」とは一体何なのか。筆者はその問いを抱きながら農村での長期定着調査に入ることとなった。

　京都大学大学院アジア・アフリカ地域研究研究科の博士後期課程に在籍中の2006年11月から約1年間，1つの世帯に寄留しながら調査を行った。村の人々と同じ時間に起き，同じものを食べ，時には農作業を手伝い，井戸や川で洗濯をして，夜は家の子どもたちと川の字に寝転びながらテレビを見て，村の生活を日常としながら，彼らの生活を観察した。村のほぼ中央に位置するその世帯を拠点に，ほぼ毎日村を歩き，村の1つ1つの世帯をすべて訪ねた。村を歩く途中で，軒下で談笑する人々を見かければその中へ入り，祭事があれば共食の準備を行う村の女性たちに混じり，野菜を刻みながら彼女たちの話に耳を傾けた。そして，村内にある204の世帯すべてを訪ね，すべての世帯でのインタビューに加え，1人1人のメマーイから日々の暮らしや彼女たちの過去などについて詳細に話を聞いた。

　そのような調査から得られた情報を積み重ね，それに分析を加えていくうちに，世帯を超えた"人と人とのつながり"，特に親族のネットワークがメマー

序　アジアの豊かさを想う｜5

イを支える1つの重要な機能を果たしていることが徐々に明らかになっていった。その"つながり"の存在ゆえにメマーイの積極的な経済活動が可能となり，あるいはメマーイの生活そのものの支えとなっていたのである。

　農村の生活の中で特に人のつながりに広がりが感じられたのは，子や高齢者の生活だった。幼い子どもたちが多くの大人や年長の子どもたちの中で育ち，高齢者がたくさんの子や孫たちに囲まれながら過ごす姿は非常に微笑ましく，またつねづね羨ましくも感じていた。このような子どもや高齢者の暮らしは，特に世帯の中だけに限定されず，より広い人と人との関係の上に成り立っていた。村の調査の中で，人々の生産活動ばかりを観察していると，それぞれの世帯は非常に高い独立性を有しているように見える。しかし，子どもや高齢者，つまり労働力としては"不十分"なケアを必要とする人々の生活を丹念に見ていくと，日常的に世帯を超えた"人と人とのつながり"が浮かび上がってきたのである。そのような子どもや高齢者たちの姿は，カンボジアに限らずアジア・アフリカ地域の多くの場所で頻繁に目にする情景であり，決してカンボジア特有のものではないだろう。しかし，そのような「当たり前」とも言える彼らの生活のあり方から，彼らの生活の基盤が見えてくるのではないか，またカンボジア社会の特徴を読み取ることができるのではないか，と考え始めたのである。

　本書は，メマーイがいかに生計を維持しているのかについて，資産，所得，子や高齢者のケア，という3つの側面から分析していく。これまで生産活動の影の部分として分析の対象にはされてこなかった子や高齢者のケアという「再生産」の領域にも正面から焦点を当て，カンボジア農村に暮らす人々の生活を捉えることを試みる。世帯を超えた人のつながりに着目することで，これまでの近代経済学が分析の単位としてきた「世帯」という単位を見直し，人々の生活がどのような関係の中で互いの生を支えあい，保障しているのかということを明らかにしていく。

　中村［1997］は，民際学研究を「豊かな社会における豊かな生き方を目指す」学問であるとし，民際学は近代に特徴的な経済主義からの自立を課題とし，民衆の生活の場で多様性や循環性を確認する仕事であるという（中村［1997：5]）。本書は，カンボジア農村を対象とした地域研究の1つであり，メマーイという存在を通して，調査村の農村社会としての何らかの特徴と，より生きやすい社会としてのカンボジアの一側面を描き出す民際学の1つの試みである。

第 1 章

夫を失くした女性たちは貧困か？

1. 夫を失くした女性たちの貧困

　日本の"夫を失くした女性たち"は概して「貧困」である。日本には長年「貧困はない」というのが常識とされてきた。しかし実際は 1980 年代から所得格差が拡大し始め，高齢者や若者，シングルマザー，そして子どもたちの貧困は増加傾向にある（阿部［2008］）。厚生労働省の平成 18 年度全国母子世帯等調査報告によると，平成 17 年度の全世帯の平均所得が 563.8 万円に対し，母子世帯は 213 万円と 37.8％を占めるにすぎない。母子世帯の子どもたちの貧困状況は深刻で，20 歳未満の子どもの貧困率を見てみると，夫婦世帯では 10％程度であるのに対し，母子世帯では実に 59.3％の子どもが貧困状態にあるという[1]（内閣府［2010］）。日本では近代化の過程で形成された「男＝生産労働／女＝再生産労働」という性別役割分業の構造と"子どもは母親によって育てられることが幸せだ"という強い母子のつながりの規範を 1 つの大きな要因として，現在もなお女性の非正規雇用の割合の高さや賃金格差，M 字型就労といった特徴を維持している[2]。死別や離婚によって働く夫を失くした女性たちは，子どもを自分で育てなければならない上に，充分な所得を得られる仕事もない，という状況に陥ることになる。また，母子世帯で子どもの虐待や育児放棄が起こり，放置された子どもの死亡事件や虐待致死事件などのニュースを見聞きするのも珍しいことではない。シングルマザー，母子世帯にまつわる社会問題は経済的な困窮や孤立などを背景に深刻化しているように思える。

　そもそも「夫を失くした女性たち」の貧困研究は，1970 年代後半からアメリ

---

1)　厚生労働省の平成 22 年「国民生活基礎調査」による算出で，平成 21 年の貧困線（等価可処分所得の中央値の半分）は 112 万円（実質値）で，貧困線に満たない世帯員が貧困者とされている。

2)　瀬地山［1996］は，日本の近代的家父長制が「母子の結合」を重視することがその特殊性であると指摘する。国家により「教育する母」という女性役割が強化される中，子どもの死亡率の低下と少子化の影響により「労働力」としての子どもから「愛情の対象，教育投資の対象」としての子どもへと変容した。また，見合い結婚を基本とし，家庭内でも人前での愛情表現が恥とされ，父系血縁の中に 1 人で飛び込んだ孤独な女性にとって唯一感情的な交歓の対象が子どもであったことにより，「母役割」は女性たち自身によって積極的に受け入れられてきたのである。それ以前，育児は必ずしも実の母親の役割ではなかったが，「子どもの世話は母がするべき」という規範は現代の日本社会でも依然として強調されている。

カで離婚，未婚の増加とその世帯の貧困化をめぐる議論により発生した（杉本[2003]）。序章で述べたように，アメリカでは「Female-headed households：女性世帯主世帯」という概念で表され，現在のアメリカでも女性世帯主世帯の貧困状況は厳しく，男性世帯主世帯の女性の貧困割合が5.2％であるのに対し，女性世帯主世帯の女性の貧困割合は24.4％という大きな差異が生じており，社会問題の1つとなっている（U.S. Health Resources and Services Administration [2005]）[3]。

　このアメリカを発祥とする女性世帯主世帯の貧困研究は国連主導で進められていた「開発」問題の中に組み込まれ，「途上国」の国や地域にも当てはめられた。開発経済学の中で女性世帯主世帯は貧困削減の対象とされ，貧困な弱者としての認識が広まってきた。その貧困削減対象は比較的容易に抽出され，貧困指標によって貧困割合を示し，貧困状況の一側面を示すことを可能としてきた。そして，長い内戦を経験したカンボジアでも，内戦終結後の復興過程において，この女性世帯主世帯の貧困は議論の対象となってきたのである。

　カンボジアでは長年の内戦により多くの男性が死亡した。その結果，全世帯の実に4分の1が夫を持たない世帯となった。1971年のロン・ノルのクーデター以降，1993年の国連カンボジア暫定統治機構（UNTAC）による総選挙，そして1998年のポル・ポト派完全投降が実現するまでの20年余り，カンボジアは内戦と混乱の時代を経験した。ポル・ポト時代とその後の長期にわたる内戦は，カンボジアにおける社会，文化，経済，人々の精神面等に様々な影響を及ぼした。その1つが多くの男性の死亡によるメマーイの増加であった。

　カンボジアの総人口性比（女性100人あたりの男性人口）は93であり，他の東南アジア諸国，たとえばフィリピン99，ラオス98，タイならびにベトナム97に比べて低い（Cambodia, Ministry of Planning [1999：6], Central Intelligence Agency [2002]）。特に40〜44歳で67.2と極端に低い値になっている。婚姻状況を見ても，男性が配偶者を有する割合は40〜44歳で96.7％，45〜49歳で96.9％であるのに対し，女性はそれぞれ78.4％，73.2％と男性の値を大きく下回る。50代以上では男性が88.8％であるのに対し，女性が53.2％と低い値となっている[4]。女性が配偶者を有していない理由は，40〜44歳で，死別が46.8％と

---

3)　ここで言う貧困割合とは，世帯サイズ，世帯構成を考慮して設定された貧困基準以下にある割合を示す。

4)　ただし，平均寿命は女性59.5歳，男性54.8歳であることに留意する必要がある（The world

10

半数近くを占め，続いて未婚が 25.0 %，離婚 24.5 %，別居がわずか 3.7 % である。
45 ～ 49 歳では，死別が 62.3 % と過半数以上を占め，離婚 19.0 %，未婚
15.7 %，別居 3.0 % である[5]。そして，女性世帯主世帯 (Female-headed
households) は国全体の世帯の 25.7 % を占めているのである[6]。内戦で多くの男
性が死亡し，女性世帯主世帯が増加したカンボジアではその復興過程において
女性世帯主世帯の貧困問題は国内外から常に大きな課題に据えられてきた。

　実際，女性世帯主世帯は，南アジアやアフリカなど多くの国や地域でその貧
困割合の高さが指摘されている。女性たちの就労や教育を受ける機会，資産を
保有する権利がないことなどを背景に女性世帯主世帯は深刻な貧困状況に置か
れているのである (Muthwa [1995], Rahman [2009：14])。しかし，ラオス，タイ，
インドネシア，フィリピン，ベトナムなど東南アジアを始めとする多くの地域
では，女性世帯主世帯が男性世帯主世帯よりも貧困とは言えない，という調査
結果が出されている (Norbert, Dorte [2004：17], The World Bank [2003a：24],
The World Bank [2003b：179], The World Bank [1995：11], The World Bank [2001：
19])[7]。貧困ラインはそれぞれの国によって定められているが，それよりも低い
所得の世帯割合が貧困割合として示される。女性世帯主世帯と男性世帯主世帯
の貧困割合をそれぞれ見てみると，ラオスで 38.6 % と 46.5 %，タイで 9.5 % と
15.8 %，フィリピンで 17.0 % と 26.4 %，ベトナムで 32.4 % と 38.1 %，東ティモー
ルで 29.7 % と 40.8 % と男性世帯主世帯の方が貧困割合が高いことがわかる (The
World Bank [1995], The World Bank [1999], The World Bank [2001], The World
Bank [2003a], The World Bank [2003b])。同様に，カンボジアでも全国規模での
社会経済調査によると，他の東南アジア諸国と同様に，「女性世帯主世帯が男
性世帯主世帯に比して貧困割合が高いとは言えない」という結果が示されてい
る。1993 / 94 年の社会経済調査をまとめた Prescot and Pradham [1997] によ
ると，貧困世帯割合は男性世帯主世帯で全世帯の 39.8 % であるのに対し，女性

---

　factbook 2002 Central Intelligence Agency　http://www.cia.gov/cia/publications/factbook/index.
　html）。
5)　Cambodia, Ministry of Planning, National Institute of Statistics (2000), *General Population
　Census of Cambodia 1998, Analysis of Census Results Report 8, Women in Cambodia.*
6)　Ministry of Planning, National Institute of Statistics (2000), *General Population Census of
　Cambodia 1998, Analysis of Census Results Report 8, Women in Cambodia.*
7)　これらの分析で用いられている貧困の指標は必ずしも一様でなく，1 人当たりの支出（消費）
　あるいは収入，カロリー摂取量などによって算出されている。

世帯主世帯では 34.6％と若干低い割合となっている［ibid.：30, 31］。1999 年，2004 年の調査でも同様の傾向が出ており，男性世帯主世帯で 36％，女性世帯主世帯では 34％，2004 年では男性世帯主世帯 34.9％，女性世帯主世帯 33.6％である（Cambodia, Ministry of Planning［1999：38］，Cambodia, Ministry of Planning［2006：54］）[8]。

センサスの統計分析による結果と開発論の中での一般的な「女性世帯主世帯は貧困である」という認識には乖離が見られる。それぞれのセンサスにおいては，この認識と結果の乖離の理由としては次のようなものが考えられると指摘されている。カンボジアと東ティモールの報告では，女性世帯主世帯では子どもの数が少ないために扶養家族が少ないこと（Prescot and Pradham［1997］，The World Bank［2003b］）。また，タイの報告では夫が出稼ぎに出ている世帯が女性世帯主世帯とされている可能性が述べられている（The World Bank［2001］）[9]。

しかし，「女性世帯主世帯は貧困である」という前提でこれらの分析が行われているため，例えば，ラオスの報告では「（他の国では見られない）例外的な結果が出ている」，カンボジアの報告では「データの取り扱いは慎重にすべきである」とまとめられており，東南アジアの国々において，女性世帯主世帯が貧困に陥りやすいとは言えない，という事実が共通していることさえ認識されていないのである（The World Bank［1995：11］，Prescot and Pradham［1997：30］）。「女性＝貧困」がゆえに「女性世帯主世帯＝貧困」という貧困削減政策の枠組みの中で，それとは逆の結果が示されていることについてあえて言及することはなく，ましてそれを実現している社会的・経済的背景について正面から焦点が当てられることはなかったのである。

---

8) ここで言う貧困割合とは，所得が貧困ラインを下まわる状態にある世帯の割合を指す。貧困ラインとは必要カロリー摂取の推計値から算出した食糧消費と必要非食糧消費を合わせたもので，1993/94 年のカンボジアにおける社会経済調査（SESC: Socioeconomic Survey of Cambodia）では 1 人 1 日，プノンペン：1578 リエル，その他の都市：1264 リエル，農村部：1117 リエル。SESC を更新する形で実施された 1999 年のカンボジア社会・経済調査（CSES: Cambodia Socio-Economic Survey）では 1 人 1 日，プノンペン：2470 リエル，その他の都市：2093 リエル，農村部：1777 リエルと定められている。

9) 実際，ボツワナの事例では，女性世帯主世帯の多くが出稼ぎ世帯であり，男性からの送金を得て，男性世帯主世帯よりも多くの所得を得ているとの結果が示されている（Bridget［1998］）。

2. 東南アジア農村の貧困に陥らない仕組み

一方，東南アジア経済論の中で農村社会における"貧困に陥らない仕組み"は，しばしば焦点が当てられてきた1つのテーマであった。「発展途上国」である東南アジア地域において"貧困に陥らない"というのは一見矛盾しているような印象を受けるかもしれない。しかし，各対象社会の経済関係や経済発展をそれぞれの歴史，文化，社会構造や自然環境の関連で捉えようという試みにおいて，地域の中でいかに貧困を顕在化させないか，いかに"より貧しい"人を創出しないかという農民間の経済関係が議論されてきた。

2.1 東南アジア農村の「貧困の共有」と互助性

ギアツが「貧困の共有」と呼んだのは，インドネシアのジャワ農村において，より貧しい人を顕在化させない仕組みであった。植民地時代から1950年代のジャワ農村において労働分散によって増大する人口を吸収し続ける「インボリューション」が進行し，分益小作とそれに関連する慣習によって比較的高い社会・経済的均質性，平等性を維持されてきたと指摘する (Geertz [1963])[10]。また，歴史的に大地主と小作人が共存してきたフィリピン農村においても，誰でも収穫労働に参加でき，収穫物の一部を受け取ることができるという慣行が広く行われてきた。1960年代のフィリピン中部のルソン農村では，貧困な小作農家であっても，田植え・稲刈り・脱穀といった稲作の重要な作業を雇用労働者にまかせて相当の額の賃金を現金や籾で支払うという広範な雇用労働が観察されていた。また，収穫物を分け合う慣行もあり，刈取り後の水田で刈り残した稲穂を村民たちが拾い集めて大胆に腕いっぱいに稲穂を抱えて帰り，その量は収穫量全体の20％にも及んだという。それは，村落内で雇用や収穫物を分け合うことによる，小作農家が自分たちの生活を守るための村落内の仕組みであった (高橋 [1988]，速水佑 [1995])。

---

10) ギアツのインボリューション概念に対してはその後批判も多くなされている。例えば，Collier [1973][1981]や加納 [1979]は，緑の革命以降のインドネシアでは再分配的慣行の衰退，雇用制度の変化が見られ，ギアツの議論に当てはまらないことなどを指摘している。

第1章 夫を失くした女性たちは貧困か？ 13

東南アジアの農村におけるこのような慣行について速水佑[1995]は，"持てる者が持たざるものにその仕事をゆずり，収穫物の一部を分け与え，その生存を確保してやる，という一種の共同体的原理"であるとし，それを「"分け合いの原理"とでも呼びうるような行動規範」としている[ibid.：305]。そして，この原理は，分け合う当事者の双方ともに得になるからできたものであり，かならずしも利己的な「経済合理性」と矛盾するものではなく，農村の人々は長期的な利益を最大化しようと行動しているのだ，と指摘している（速水佑[1995]，Hayami and Kikuchi[2000]）。

　また，このような東南アジアの農民社会におけるコミュニティレベルの経済形態を「モラル・エコノミー」と呼んだのはJ・スコットである（Scott[1976]）。スコットは東南アジア，特にベトナムと下ビルマにおいて，植民地化，市場経済化の過程の中でなぜ農民の反乱が生じたのかを，東南アジア社会の有するモラル・エコノミーから論じた。スコットの言うモラル・エコノミーとは，農民の生存維持の権利の保障と，互酬性の規範というふたつの道徳的原理にもとづいて成り立っており，この生存の保障が脅かされることにより農民たちが上層階級や国家に対して反乱を起こしたのだ，と説明する。ここでも東南アジアの農村社会には伝統的に農民たちの生存を保障する仕組みがあった，ということが強調されている。具体的には，分益小作や労働権，共有地の利用などにより，皆が飢え死にすることを免れ，貧しい人々が苦境を乗り切ることを可能にした。つまり，東南アジアの農村には，個人の利益極大化だけでなく，共に生きる集団としての合理的な利益を追求する経済主体の集合がある，と指摘している。スコットは，農民の生存を保障する仕組みは「不完全にしか作用していなかった」としつつも，人々が最悪の状況のときには彼らが生き延びるための何らかの社会的保障が提供された，と論じている（スコット[1999：296]）[11]。

　また，フィリピンのような大地主制やジャワのような過剰な人口密度を有さないタイの農村では，フィリピンやインドネシアのような広範な収穫物の再分配や雇用労働の共有関係などは報告されていない。しかし例えば，水野[1981]が指摘する「屋敷地共住集団」では，結婚した子（特に末娘）が親との同居期間

---

11) スコットのモラル・エコノミーの批判として代表的なものに政治学者のPopkin[1979]がある。一般的にその副題を取って「ポリティカル・エコノミー」と呼ばれいる。スコットの平等的で規範を共有する農民像に対して，ポプキンは個人の収入の増大や地位の上昇を求める合理的な農民像を主張した。

カンボジアの農村では，子どもたちは多様な年代の多くの人に囲まれて育ち，高齢者たちも大勢の子や孫に囲まれて余生を過ごす。ケア，つまり何らかの支えが必要な子や高齢者の暮らしは，夫を失くす，というリスクに直面したメマーイ（寡婦）の暮らしへの理解にもつながる。

第1章　夫を失くした女性たちは貧困か？

を終え世帯を別にした後に，農家経営を完全に独立して行えるようになるまで親世帯との農業生産において共同関係が生じる，という家族周期上の親子の結合関係が理論化されている。親と子の間に互いの生活を保障し合う結合を見ていたと言えるだろう。また，口羽・武邑［1985］は，水野の屋敷地共住集団の議論に対し，同じく東北タイの近親間の共同関係は，娘夫婦が独立する時のみに行われるのではない，ということを論じている。子世帯が完全に独立してからも，娘世帯が困窮するときや老親の扶養のため，労働力が必要なときなどに親・娘世帯間で共同が見られ，それは親・娘世帯間に限らず，親・息子世帯間，きょうだい世帯間，おばと甥の世帯間でも事例は少ないが行われると指摘している。その内容は，農地の共同耕作のほか，農地や宅地の無料賃借，収穫物の共同消費，米の無料賃借，生活費の援助，家畜の世話など多岐にわたるという。

　また，タイ農村ではアゥ・レーンという労働力の等量交換が行われるが，この慣行について原［1999］は，アゥ・レーンの間柄は「チュアイ・カン（相互扶助）」の関係であり，アゥ・レーンに伴う共食関係によりお互いの一体感が経験されるとしている。つまり，農民たちは共に働き共に食べることによって，極端な利己主義を排して，自分の他人との利益の一致をもとめている，という［ibid.：130-133］。

2.2　カンボジア農村の互助性
―― カンボジアの農村社会は個人主義的か？

　カンボジア農村でも農作物の再分配や雇用労働への依存関係など「分け合いの原理」と言えるような慣行は見られない。カンボジア農村で観察されてきた相互扶助慣行の事例は，家の建築や祭事準備での共同，農繁期の労働力交換等，いずれも何らかの目的に特化したものか，期間が限られたものであるのが特徴である。具体例としては，デルヴェール［2002］が内戦以前の広範な地域での調査から，道路工事や家の建築の際に相互扶助慣行がみられ，田植えや稲刈りでの労力交換（プロヴァハ・ダイ：ប្រវាស់ដៃ），家畜の監視や溜池の建設では共同作業が行われており，それらの相互扶助的慣行は各村落で頻繁に見られると述べている［ibid.：233-234］。1959年から1960年にかけて，カンダール州の一農村で調査を行ったEbihara［1971］も，農繁期や家の建築の際に相互扶助慣行がみられ，特に田植えは短期間の内に全世帯が作業を行わなければならない

ため，労力交換による共同作業がカンボジア全体で広く一般的に見られると記している [ibid.：181-183，243]。また，内戦以後の研究でも，家の建築作業や祭事準備における相互扶助慣行や，農繁期の労力交換（プロヴァハ・ダイ）の慣行は数多く報告されている（Kim [2001：71-72]，McAndrew [1998：23-25]，佐藤 [2004：65-67]，谷川 [1998：132-133]）。このプロヴァハ・ダイは厳密な同一季節内での労働力の等量交換が要求されるもので，温情的な労働支援，収穫物の分配に繋がる性格のものではない。こうした状況を踏まえ，Frings [1994] は，カンボジアの農民は常に自己の利益を考え，たとえ親族であってもそこから何らかの利益を得ようとし，個人主義的であると述べている [ibid.：61-62]。Ovesen and Others [1996] も，農村社会に互助メカニズムがなく，農民は個人主義的だという議論を進め，互助機能が弱いことを強調している。

　その一方でカンボジアの農村社会は親族のつながりがその基盤である，という議論も存在する。Ledgerwood [1998] は，村の人々は食糧の分け合いや，金銭の貸し借り，労力支援など様々な方法で助け合っていると述べた上で，村落内の居住者の結びつきを理解する唯一の方法は，親族の繋がりをたどることであると述べている [ibid.：140]。また，Ebihara [1971] も，親族は村の生活における人間関係の1つの重要な基盤であると言う [ibid.：93]。McAndrew [1998] と Kim [2001] も，農村での調査から親族内で金銭や食糧，労力支援等の相互扶助が広く行われていることを示し，彼らの生活状況の改善に対する重要性を強調している。

　このように先行研究ではカンボジア農村は「互助機能が弱く個人主義的である」「親族のつながりが重要である」と相反する2つの点が強調されてきたのである。

2.3　ルースだが貧困が顕在化しない社会

　このような「個人主義的」という農村社会の評価は，東南アジアにおいて何もカンボジアに限ったことではない。Embree [1950] が，タイ農村社会を日本の農村と比較して「ルースな構造の社会」と呼び，集団への帰属性の弱さを指

第1章　夫を失くした女性たちは貧困か？　17

摘したのはあまりにも有名である。「貧困の共有」という互助的な機能をもった当時のジャワ農村においても Geertz [1959] は，「最も強烈に印象づけられるのは，そこでの生活の一般的な無形態性であり，社会構造の本質的な捉えどころのなさであり，個人間の絆の弱さ」であり，「村人たちの連帯性は希薄である」と述べている [ibid. : 34-35]。東南アジアの農村社会における人間関係は，二者関係のゆるい累積でありうつろいやすい，という考察はこれまで数多く提示されてきた[12]。

　ゆるやかで一見すれば個人主義的に感じられる東南アジア農村であるが，少しでもそこで人々と生活を共にし，彼らの暮らしをじっくり観察したことのある研究者たちの誰もが，目に見えない人と人のつながりや貧困を顕在化させないように向かう仕組みがそこにあることを，おそらく知っている。しかし，それを捉えようとすると目に見える現象にとらわれ，経済論の中では労働関係や所得の再分配の慣行として論じられることになる。

　東南アジア農村における「貧困の共有」や「分け合いの原理」とも呼ばれる諸慣行は，緑の革命や急激な経済成長・市場化のなかで消滅した。「モラル・エコノミー」の存在を指摘したスコット自身も，植民主義と資本主義をもたらした重大な変化が，社会的保障を提供していた社会的仕組みを一掃したと述べている（スコット [1999 : 296]）。また，鶴田は東南アジア農村のモラル・エコノミーは生存維持的な問題（サブシステンス）から遊離してしまい，「いわば単なるモラルと単なるエコノミーに分解した」と指摘する（鶴田 [2007 : 58]）。

　本書が調査対象とするカンボジア北西部の農村でも，市場と貨幣は生活の細部まで浸透し，車やバイクで都市部まで人々が移動し，携帯電話で遠隔地との通信は容易になり，タイ国境から多くの資本や商品が流れてくる。以前は頻繁に行われていた農繁期の労力交換（プロヴァハ・ダイ）もほとんど観察されなくなった。市場経済化，グローバル化，技術革新が急速なスピードで進む農村で，なぜ夫を失くした女性たちの貧困はそれほど顕在化されないのであろうか。

　本書では，メマーイというリスクを負った女性たちがいかに貧困を回避しているのか，その社会的・経済的な「仕組み」，そして彼女たちの戦略的行動を明らかにし，そこからカンボジア農村に暮らす人々の生活を捉え，人々の生の

---

12) 例えば，タイについては Sharp [1953]，友杉 [1975]，水野 [1981]，Kemp [1987]，重富 [1996]，フィリピンについては，Hayami and Kikuchi [2000]，中根 [1987]，マレーについては坪内・前田 [1977]，インドネシアについては，関本 [1978] [1980]，中根 [1987] などがある。

安全を保障する農村社会の基盤を示すことを試みたい。

　ここでは，分析の枠組みとして，開発研究において語られてきた「貧困」概念を利用する。ここで利用する貧困概念は，所得が少ないこと＝所得貧困だけでなく，リスク概念を含めていく。そして，分析を行う具体的内容は，「資産」と「所得」と「ケア」の3つである。これまでの経済学で分析の対象となってきた生産領域に，「ケア」という再生産の領域を分析対象に含めることにより，経済関係だけでなく新たに「人と人とのつながり」を理解し，人々の生活をより広範に把握することを試みる。

　以下ではまず，開発研究における「貧困」概念について，そして女性世帯主世帯が貧困研究の対象となった過程を確認する。そして，アジアにおける夫を失くした女性たちに関する議論に触れ，そして，本書が具体的にどのようにカンボジア農村のメマーイを分析していくのかを述べていく。

3. 開発経済論における夫を失くした女性たちの貧困

3.1 発展途上国を対象とした貧困研究

　先ほど述べた通り開発研究の分野において，夫を失くした女性たちは「女性世帯主世帯：Female-headed households」として貧困削減の対象となってきた。ここではまず，貧困と開発の研究過程を概観し，女性世帯主世帯が注目されてきた背景についてまとめてみよう。

　戦後の国際社会において「発展途上国」における貧困問題は，1つの一貫した課題であった。1960年代は「開発の10年」と呼ばれ，国際連合に開発という名称の機関が新設された。貧困問題は「先進工業国」と「発展途上国」の間の経済格差として扱われ，経済成長をいかに促進するかが貧困削減の鍵になると考えられていた。これは，世界人口の7割を占める「発展途上国」に対して，先進工業国中心の世界秩序観を押し付けた開発一元論のイデオロギーであるとして，「発展途上国」からの反発を招くことになる。また，1970年代初頭には，経済成長を遂げた国・地域の中でも貧困削減率に違いが出ていることが明らか

第1章　夫を失くした女性たちは貧困か？　19

にされるようになり（Adelman and Morris［1973］），貧困を経済成長にのみ結びつける開発思想が見直され始める。

　なかでも ILO や世界銀行によって提唱された「人間の基本的ニーズ（Basic Human Needs：BHN）」論は，1970 年代に国際社会の中で急速に広まった。開発の目標を経済成長だけではなく，むしろ「人間の基本的ニーズ」に置くことが強調され，医療や教育，保険等が貧困削減の視野に入れられた。しかしその後，オイル・ショックを契機とした世界的な不況を背景に，1980 年代半ばまでは新たなアプローチの展開も見られず，貧困問題全体への関心が希薄となる時期を迎える。1980 年代後半以降は，センの「潜在能力（capability）アプローチ」や，BHN 論が発展した「人間開発」，チェンバースやアッポフらの「参加型開発」，「社会関係資本論（social capital）」など様々な新たな理論研究を加え，貧困問題に関する研究はより多面的な様相を呈していく。そうした中で，再び「発展途上国」における貧困問題は国際社会の大きな関心を集めてきたのである（Uphoff［1996］，Chambers［1997］）。

3.2　貧困とは何か

　もともと貧困削減実現のための主要な課題として経済成長が重視されていたため，所得や生産量によって計測される「所得貧困（income poverty）」が貧困であると認識されてきた。所得貧困を尺度とすることで，貧困者を認定し，貧困を測定することが可能となり，統計データからの分析も容易にし，低コストで幅広い国や地域間の比較を実現した[13]。

　しかし，その後 BHN 論の普及により，所得だけを貧困の尺度とする従来の貧困概念とその測定法が見直されることになる。その代表的なものとして，1990 年に国連開発計画（UNDP）が提唱した人間開発（human development）論がある。国連開発計画は『人間開発報告』と題する年次報告を刊行し始め，その冒頭で「人間開発は，人々の選択を拡大する過程である。その多様な選択の中で最も重要なものは，長く健康な生活であること，教育を受けること，人間ら

13）　貧困測定に用いられてきた算出方法としては，貧困ライン以下の人々の割合を示す「貧困者比率（head-count ratio）」，貧困ライン以下の貧困者を貧困ラインまで引き上げるのに必要となる追加所得を表した「所得ギャップ率（income gap ratio）」，全人口に対する貧困者の数を反映した「貧困ギャップ率（poverty gap ratio）」などがある。

しい生活に適切な資源へのアクセスをもつことがある。さらに，政治的自由，
人権の保障，自己尊厳も重要な選択である」と述べている (UNDP [1990：1])。
所得や経済成長だけでなく，人々の選択の拡大が強調され，これを指標化した
のが人間開発指数 (Human Development Index：HDI) である。HDIには，長く
健康な人生 (平均寿命)，知識 (識字率)，生活水準 (1人当たりGDP) が指標とし
て取り入れられた。この人間開発理論はインドの経済学者A. センの「潜在能
力アプローチ」を取り入れ，指標化したものである。センは，貧困を「受け入
れ可能な最低限の水準に達するのに必要な基本的な潜在能力が欠如した状態」
と述べている。潜在能力とは，人が良い生活を生きるために，どう行動し，何
をするのかという機能 (function) を選択することであり，機能とは具体的に「適
切な栄養を得ているか」「健康であるか」「早死にしていないか」「社会生活に参
加しているか」「自分に自尊心が持てるか」など多岐にわたる。そしてその機能
の集合を選択していく自由が強調されている (Sen [1992] [1999])。

　その後，国連開発計画は人間開発の理論をさらに発展させ，貧困は「人間が
当たり前の生活を送ることができないことによって表れる」とし，広義の貧困
を「人間貧困 (human poverty)」と呼んだ (UNDP [1997：5])。人間開発における
到達度を示す人間開発指数 (HDI) から新たに「人間貧困指数 (Human Poverty
Index：HPI)」を提示し，人間開発における剥奪程度を計測する指数として提案
した。これは40歳までに死亡する確率・改善された水資源を利用しない人口
比率，5歳未満の子どものうち体重の少ない者の比率が指標となった。

　また，2000年版の世界銀行の「世界開発報告」では，これらの流れを受け，
貧困の定義を「所得貧困」「潜在能力の欠如 (教育・健康指標等)」「発言力・権力
の欠如」「リスクに対する脆弱性」としており，貧困がより広い観点から捉えら
れるようになった。

3.3　貧困ターゲティングと女性の貧困

　1980年代後半から盛んに理論・実証研究が行われてきた分野の1つに「貧困
ターゲティング (poverty targeting)」がある。ターゲティングとは，事業の便益
を貧困層に届かせることを目的とし，また予算制約の中でいかに効率的に事業
を策定，実施するか，という開発政策における議論でもある。カンブールらに
始まる理論研究は，「途上国」援助における実務的に有益な研究成果をもたら

した（Besly and Kanbur［1988］）。このような流れの中で「誰が貧困なのか」を探求する動きが生じた。

その一方で，1980年代後半から一般に教育，雇用，健康面で女性は脆弱な立場に置かれており，女性はより貧困に陥りやすい存在であるとして「貧困の女性化：feminization of poverty」が強調されるようになった。貧困ターゲティングの中で，女性個人のみならず世帯を単位とした貧困グループを特定するために，女性が世帯主である世帯に焦点が当てられるようになった。夫を持たない女性が世帯主となる世帯は，男性世帯主世帯（Male-headed households）よりも貧困である，あるいはより貧困に陥りやすい存在として認識されてきたのである（Nilufer［1998：2］，Chant［2004：3］，国際連合［1992：38］）。

3.4 リスクに対する脆弱性

前述の通り，2000年版の世界銀行の「世界開発報告」では広義の貧困の1つとして「リスクに対する脆弱性」が挙げられている。夫の死亡あるいは夫との離別を女性やその世帯にとっての1つのリスクであると考えると，このリスクに対する脆弱性が夫を失くした女性に貧困状態を引き起こすと考えることができる。

リスクはShinha and Lipton［1999］によると，発生のレベル（ミクロ，メゾ，マクロ）と発生する出来事の性質（自然，経済，政治，健康等）に分けられる。ミクロレベルのリスクとは個人の病気や死亡，犯罪等が要因となり，個人やその世帯，親族等に影響を与える。メゾレベルのリスクとは気候や伝染病などが要因となり，特定のグループやコミュニティ全体に影響を与える。また，マクロレベルのリスクとは地震や干ばつ，戦争等が要因となり，国や地域全体へ影響を与える。それらのリスクの対応には個人や世帯，コミュニティによるメカニズムと，市場や政府や国際機関等からの政策，支援などの公的なメカニズムの2つが挙げられる。個々の世帯やコミュニティによるメカニズムの一例を挙げると，個々の農家の生業の多角化や，コミュニティ内や親族間における相互扶助慣行，公的メカニズムとしてはマイクロファイナンスや年金制度などが挙げられる（Holzmann and Jorgensen［2001］）。

個人や世帯のリスクに対しては，Townsend［1994］，黒崎［2001］，Fafchamps and Lund［2003］などが示すように，家族や親族，隣人や友人間で

の贈与交換や金銭の賃借が，個人や世帯のリスクシェアリングとして機能し得る。しかし，カンボジアでの農村定着調査から病気のリスクに対する他の家計からのリスクシェアリングについて分析を行った矢倉 [2008] は，世帯員の病気というリスクに対して他の家計から金銭の贈与が行われた事例が非常に限られていることを示している [ibid.：320–331]。また，大きな危機に直面した場合，親戚に（金銭的）支援を求めると回答した世帯がほぼ皆無であったことからも，親族であっても家計間において金銭的な支援が行われ難いことが結論付けられている [ibid.：334]。

本書で取り上げる夫との死別・離別という現象は，女性個人あるいは世帯にとってのミクロレベルの1つのリスクと考えられる。夫を失くした女性たちがいかにそのリスクに対応し，どのような行動を取るのか，そして主に親族によっていかにリスクシェアリングが行われているのだろうか。これまでカンボジア農村社会は互助的機能が低いと述べられてきた。リスクに遭遇した女性たちが貧困を回避する要因の中に農村社会の互助的，支援的機能は存在しないのだろうか。

4. アジアにおける夫を失くした女性たち

開発研究の中で「貧困な弱者」であるがゆえに焦点が当てられてきた夫を失くした女性たちの存在は，開発論以外の親族研究やジェンダー研究の文脈ではどのように描かれてきたのだろうか。

夫を失くした女性たちの研究は，しばしば「レヴィレート婚」に代表されるように人類学の分野において家族制度の中で語られてきた。アフリカの諸地域を対象にした研究では，夫の死亡後の寡婦の処遇に関する社会制度，慣習がその主な関心事であった (Evans-Pritchard [1951]，Mair [1969]，Radcliffe-Brown and Forde (eds.) [1950])。しかし，その暮らしそのものに注目した研究は少ない。

椎野［2007］が指摘するように，従来の人類学は夫と妻がいる結婚家族を社会のメインストリームであると想定し，家族像と社会像を描こうとした結果，配偶者を持たない人々は捨象されてきたのである[14]［ibid.：6］。また一方で，夫を失くした女性たちは自己犠牲の象徴としてしばしば描かれてきた。最も名高い夫を失くした女性たちの自己犠牲性の現れはインドのサティーであろう。サティーとはヒンドゥー教徒にとって古くからある慣習で「寡婦焚死」「寡婦殉死」等と訳されるが，夫が死亡した女性が亡夫の亡骸とともに生きたまま荼毘に付されるという慣習である。死をもって夫の後を追う妻は「理想的な献身」と賛美され，焚死することで家族の守護神となると信じられてきた（田中［1998］）。しかし，そのような夫を失くした女性たちの自己犠牲性の存在はインドに限られたものではない。中世のヨーロッパや日本，韓国においても顕在化する現象の違いこそあれ家父長制社会の中でしばしば夫を失くした女性たちは夫への忠誠と自己犠牲の象徴となってきたのである（青木［2009］）。

　序注1）で示した通り，日本語で「夫を失くした女性たち」を表す概念には主に行政や法律文章で用いられる「寡婦」の他には「やもめ」「後家」「未亡人」など，いずれも少々差別的で否定的なイメージを抱かせる言葉が浮かぶ。これらの中で最も古い言葉が「やもめ」であり，その起源は奈良時代まで遡ることができる。もともと「やもめ」という言葉は婚姻状況にかかわらず家族や親戚のない者を表していた。しかしその後，配偶者を持たない女性を「やもめ」，その男性を「やもお」と呼ぶようになる。また配偶者と死別した者を指す場合もあり，また「男やもめに蛆がわき女やもめに花が咲く」ということわざにあるように「男やもめ」「女やもめ」と男女を区別して「やもめ」が使われることもある。曖昧で多様性のある概念であるが，主に配偶者がいないという個人の状態を指している。一方「後家」は，土地の権利の後継者を示す語として平安時代から鎌倉時代頃から使用されるようになったと言われている。もともとは女性だけではなく遺族構成員に対して一般的に使用されていた。その後，亡夫の財産の相続・管理をする権利のある女性という法的な意味合いに変わっていった（久留島［1989］，曽根［1996］）。また「未亡人」という言葉は近代以降，一般

14）　その後，フェミニスト人類学やジェンダー研究の流れの中で，寡婦自身に焦点が当てられ，寡婦の生活や主体的な選択等についても描き出された。最近では，椎野［2008］が，ケニアにおける寡婦の生活実践と寡婦が死亡した夫の兄弟と結婚するといういわゆるレヴィレートの多面性について詳細にまとめている。

的に使われるようになった語である。「夫と共に死ぬべきなのに未だ死んでいない人」という意で，寡夫の再婚は自由だが，寡婦には夫への殉死を求め，あるいはその緩和された形として寡婦の再婚を禁止するという家父長社会の価値観にもとづく語である（野村［1996］）[15]。その後，第二次世界大戦によって「戦争未亡人」が出現するとその言葉の使用が爆発的に増えた（青木［2009：84］）。兵士である夫を亡くした後も，その英霊の妻は夫への忠誠と貞節を守り男性や国家に尽くす女性像が「戦争未亡人」という言葉によって強められたのである。

　日本や中国以上に儒教が日常の行為規範レベルまで浸透した韓国では，寡婦は夫や子どもに対して「貞節」を尽くす存在として一種の美談として語られ，「寡婦」像は強い社会的規範，倫理的規範となってきた。儒教的規範に従う寡婦像では，貞節をまもり，再婚しないとともに，亡夫の両親に孝養を尽くし，そして亡夫の遺児を養育する母親の役割を果たすことが期待されてきた。また，植民地支配により「伝統的社会行動規範」の一部が「民族文化」としてかえって強化され，また独立後の韓国において強調されたのは，貧窮の中で国家に尽くす母親像，とくに寡婦の姿であった。その後，朝鮮戦争の戦禍が広がり多くの寡婦が生み出され，政府は寡婦たちが厳しい生活の中で子どもたちを育て上げる姿を政策プロパガンダの中で繰り返し強調したのである（瀬地山［1996］，岡田［2007］）。

　このような夫を失くした女性たちの自己犠牲は，一部の国や地域において国家や男性たちから求められる一方，女性たち自身によっても時として積極的に受け入れられ，家父長制の社会構造の一片を担ってきたのである。

　一方，カンボジアを含めた東南アジアにおいて夫を失くした女性たちに関する研究を探すのはさらに困難な作業となる。インドネシアの東ジャワ都市近郊地域において寡婦に対するサポートについて調査分析を行った Marianti［2002］は，夫を失くした女性，「ジャンダ」を対象に調査を始めるにあたり，1人のジャンダに「なぜジャンダのことを調べるのか？ジャンダは他の女性たちと何の変わりもない」と言われた，という話を紹介している。確かに，ジャワでも他の東南アジア地域においても夫を失くした女性たちに関して何らかの特別な慣習や家族制度があるわけではなく，自己犠牲的な象徴となる現象もみられない。彼女たちはそれぞれの社会の中で無視されるには大きすぎる割合で存

15）　しかし，日本の家父長制は寡婦への規制はさほど厳しくなく，殉死が行われることはなく，実際には再婚も行われていた（野村［1996］）。

在するにもかかわらず，親族研究やジェンダー研究の分野でも焦点が当てられることはなかったのである。

5. 東南アジア女性の地位と役割

5.1　東南アジアの女性たち

　先に述べたとおり，東南アジアの女性世帯主世帯が貧困に陥る傾向にあるとは言えない，という統計データの結果を説明している詳細な調査・分析はほとんど存在せず，その実態が明らかにされているとは言い難い。しかし一方で，歴史学的あるいは社会学・人類学的な研究においては東南アジアの女性は，古くから比較的高い自立性と経済的な重要性を有していると言われてきた。女性の相対的な地位の高さは当然ながら夫を失くした女性たちの地位や貧困状況を直接的に左右するはずである。歴史的に東南アジアの女性たちの地位や権利について，どのように述べられてきたのかを概観してみよう。

　例えば，オーストラリアの歴史家アンソニー・リードは前近代の東南アジア女性の地位や経済的な役割について以下のように記述している。「過去四半世紀の間にイスラム教，キリスト教，仏教，儒教などの影響が各種の分野で強くなってきたにもかかわらず，それらはこの地方で女性の相対的に高い自立と経済的重要性を変えることができなかった。（中略）女性は男性とは異なった働きを持っており，その中には稲を植え，収穫し，布を織り，市場で売ることが含まれていた。生殖における女性の役割は女性たちに魔術的，儀礼的な力を授け，男がそれに対抗することは不可能であった」「初期のヨーロッパや中国からの交易商人は，自分の相手が女性であることに絶えず驚いていた」（リード［1997：198-199，222-223]）。

　ここでは，東南アジアにおいてヨーロッパや中国，南アジアなどの地域に比べて社会的に活躍の場を有していること，そして財産を所有・相続する権利があることや，子の出産に際して男児よりも女児が重宝されることなどが描かれている。

川の堤防で遊びながら魚を獲る子どもたち。クロマーと呼ばれる手拭いでサッとすくうと魚が獲れる。

獲れた魚は子どもたちのおやつになったり，ご飯のおかずになったりする。この年は特に大漁であったため，子どもたちが捕ってきた魚を母親が塩漬けにした。

第1章　夫を失くした女性たちは貧困か？

このような東南アジアの女性の経済的重要性や男女間の平等的な地位については，これまで多くの指摘がされてきた（Ward [1963]，ギアツ [1980：55]，Potter [1977]，Hanks and Hanks [1963]，Dube [1997]）。それは，東南アジア社会が父系的な南アジアや東アジアとは異なり，双系制と呼ばれる父方，母方両方をたどって親族組織が形成される社会であるため，女性が男性と等しく財産を相続する権利を有する等，女性と男性に等しい価値が与えられていること，そして女性の経済活動が広範囲にわたることを主な背景としている。しかし，近年では，女性の地位や自立性の「高さ」といった相対的な議論ではなく，それぞれの地域に即した女性の多様な生活や役割，その変容などへの理解を求める論調が主流になってきている。

5.2　カンボジアの女性たち

では，東南アジアの中でも，カンボジアの女性たちがこれまでどのように描かれてきたのか，歴史資料やカンボジアの格言に見られる女性像と現代の女性研究までを概観しておこう。

カンボジアの歴史資料の代表的なものに周達観 [1989] の『真臘風土記』がある。周が隋奉使節として 1296 年に約 1 年間アンコールの都城に滞在し，見聞録としてまとめたものである。周はカンボジア女性について以下のように記している。

「国中の売買，みな婦人がこれをよくする。唐人が彼（の国）に到ると，必ずまず 1 人の婦人を妻とするわけは，その（婦人が）上手に商売できるのを利用する故である」

と，女性が商業の中心を担っている様子がわかる。また，性交渉が自由であり，夫が 10 日以上留守にした場合には夫に抗議することができ，王宮の儀礼に参加していることなどが記されている[16]。

また Ebihara [1974] は，13 世紀のカンボジアにおいて，女性が天文学者や判事等の地位にいたことを指摘している。女性が他の東南アジア社会と同様に経済的重要性を持ち，男性と比較的平等な地位を有していたことがうかがえる

---

16) それに対し Ledgerwood [1990] は，その理由を周が目にした女性たちとは王宮の女性であり，一般の女性ではなかったこと，そして周が中国人であるために女性の地位が相対的に低い中国人としてのバイアスがあったためではないかと指摘している（ibid.：154）。

が，カンボジア女性の表象についてさらに詳しく見ていくと，ある意味当然ではあるがその多様性がみえてくる。

　カンボジアには，韻文形式で記された『チバップ・スレイ (ច្បាប់ស្រី)』という婦女庭訓がある。『チバップ・スレイ』には1837年にアン・ドゥオン王が記したものと，19世紀にムン・マイがまとめたものの2つがある。そこには，女性が家庭や社会でどのように振る舞うべきかという礼儀作法や態度といった規範が細かく記されている。後者の『チバップ・スレイ』を例に取ると，理想とされる女性とは，物静かで，優しく話し，音を立てずに歩き，大声で笑わない。結婚前の女性は貞操を守り，勉学に励む。そして，結婚後は夫のために貞節を守り，夫を立て，自分よりも夫を優先し，家族の繁栄のために働くことなどが求められている[17]。

　このような男性優位の表現はカンボジアの格言においても見受けられる。「男は金で女は銅 (ប្រុសទុកដូចមាស ស្រីទុកដូចទង់ដែង។)」とは，処女を失った女性は輝きを失うが，男性は輝きを失わない，という意味を持っている。格言の中で男性はしばしば金にたとえられ，女性よりも価値があるものとして表現される。その一方で，「苗は土を引き上げ，女は男を引き上げる (សំណាបយោងដី ស្រីយោងប្រុស។)」と男性の出世は女性次第であると言い，「男は土，女は肥料 (ប្រុសទុកដូចជាដី ស្រីទុកដូចជី។)」と，男女はどちらの存在もなければ植物は育たないと夫婦間では女性の存在も強調される。また，「船を川に沈めても家を燃やすな。父を死なしても母を死なすな (ស៊ូស្តាប់បា កុំឲ្យស្តាប់មែ ស៊ូលិចទូកកណ្តាលទន្លេ កុំឲ្យភ្លើងឆេះផ្ទះ។)」とは，家族にとっては母が父よりも重要であり，母の子に対する愛情は父のそれよりも勝ることを示す格言もある。

　Ledgerwood [1990] は，カンボジア女性が社会の中で期待される役割，地位等を文学や格言，在アメリカのカンボジア人女性の語りから明らかにしており，様々に語られるカンボジアの女性像を評し，女性の規範はその年齢とともに変化し，若い時には謙虚であることが求められるが，結婚後は家事の切り盛りが上手く，また市場での商業や農業において競争力があり，またそれと同時に夫への従順が求められる，と述べ，カンボジアの女性像が複層的であることを指摘している。

　また，現代女性に関して日下部 [1999] および Kusakabe [1999] は，1989年

17）　この庭訓には男性の規範が示された『チバップ・プロ (ច្បាប់ប្រុស)』もあり，それらはともに学校教育の中で現在も一部が紹介されている。

第1章　夫を失くした女性たちは貧困か？　29

の市場開放以降の都市部における女性の経済活動と家庭での役割，夫との力関係およびそれを支えるカンボジアの女性観について，首都プノンペンで小売業を営む女性を対象としたインタビュー調査をもとに論証している。日下部は，市場開放政策とともに，女性たちが零細な小売業に多く参入し，家計における経済的役割を増したものの，世帯内における家事の責任は女性にあり，その負担は変わらず，経済的負担も増していることを指摘している。

これらの表象からみるカンボジア女性像は実に多様である。カンボジア女性は未婚であるうちは謙虚さが求められ，結婚後は夫への従順さが必要であり家庭内での家計や家事の管理や負担を担い，同時に経済活動にも期待が持たれている存在だといえるだろう。

これまでカンボジアにおいても他の東南アジア地域においても，女性たちの地位の相対的な高さやその役割の多様性については多くの指摘がなされてきた。しかし，ここではそのような女性の地位の高さを復唱，あるいは批判することが目的ではない。これまであまり語られてこなかった「夫を失くした」女性たちを取り上げ，夫を失くすというリスクに，女性たち自身が，あるいは周囲の人々が，社会制度が，どのように対応するのか，その仕組みを明らかにするとともに，女性たちの「生きやすさ」を描き出すことが目的なのである。

6. カンボジア農村に暮らすメマーイ分析の枠組み

6.1 資産・所得・ケアの３つの視点

では，カンボジア農村の夫を失くした女性たち，メマーイについて具体的にどのように分析していくのかについて説明していこう。本書は，夫を失くした女性に焦点を当て，女性自身がリスクにどう対応し，所得貧困をいかに回避しているのか，そして彼女たちの生活の安全を保障する農村社会の基盤を明らかにするものである。リスクに対する脆弱性と所得貧困は相互に関連するものであるが，この２つの側面から分析を行うことにより，所得貧困だけでなくより広い人間貧困について理解し，生産活動のみではない生活全体の安全の保障に

ついて考察することが可能となるだろう。

　先にも述べたように，具体的には「資産」「所得」「ケア」という3つの事柄について分析を行う。「資産」の保有は女性たちの経済的そして社会的地位を大きく左右する。女性たちが資産を保有するかどうか，その権利が守られているか否かは，彼女たちの居住場所や経済基盤の確保，そしてコミュニティや家族の中での地位を高めることにもなるだろう。資産の中でも特にここでは土地の所有についての分析を行っていく。

　土地へのアクセスを有するか否か，そして土地を利用した生産活動を行えるか否かは世界の貧困者にとって非常に重要な問題である。そして多くの社会で女性の土地に対する権利は不平等であり，その権利は夫や男性親族を通じたものであって，夫の死亡や夫との離婚に際しても，女性が土地に対する独立した権利を持ちうることは非常に限られている（Kluas [2003 : 1, 58]）。例えば，アフリカの多くの地域では，夫を失くした女性が土地を相続することはできない。それはインドやバングラデシュでも同様であり，女性たちの夫の財産への権利は非常に限られたものである。必然的に夫を失くした女性たちは，夫を持つ女性たちよりもより経済的にも社会的にも脆弱な存在となっているのである（Owen [1996]，Agarwal [2002]）。このような土地に対する女性の権利は夫を失くした女性たちのリスクや経済状況に非常に大きな影響を与えているのである。

　また，夫を失くした女性たちにとって「所得」の獲得は当然ながら「経済的な貧困」状況を左右する直接的な要素である。また同時に所得の獲得は世帯内における発言力や決定権にもかかわる可能性が高く，女性自身の経済的な自立性を大きく左右するだろう。「資産」や「所得」は女性にその権利やアクセスがない場合であっても，夫という男性を含めた形態の中ではその脆弱性は顕在化しにくい。しかしひとたび夫を失うと，女性自身の持つ権利や地位が顕著に現れ，それまでは隠れていた社会の1つの側面がありありと見えてくるのである。

　また，ここでは資産や所得といったこれまでの経済学的分析で扱われてきた因子だけでなく「ケア」の領域を含めた分析を行う。ここでは，なぜケアの領域を扱うのか，その意義について触れておこう。

　ケアとは，言うまでもなく英語の care をもとにした概念であり，英語のcare は「心配」「苦労」「注意」「手入れ」「世話」「介護」「配慮」「監督」「気遣い」など，幅広い意味を含む。広井 [1997] は，人間は誰しも「ケア」する対象を求

めずにはいられないし，また自分が「ケア」されることを欲する，その意味では人間とは「ケアする動物」であると言う。また，メイヤロフ[1987]は，人は「他の人々をケアすることをとおして，他の人々に役立つことによって，その人は自身の生の真の意味を生きている」と述べる。彼らの議論によると，ケアとは，社会関係の本質であり，人間の存在そのものであると言えるだろう。

しかし，生産を至上目的とした近代経済学の中で，家族や世帯は消費と生産の最小単位として定義され，出産・子育て・高齢者の介護等の「再生産」を担う領域として囲い込まれてきた。労働力を創出し，生産活動を支えることがその存在意義であるとされてきたのである（上野[1986：135]）。しかし，冒頭に日本の母子家庭の例で述べたように，生産重視のネオリベラルな個人型社会，少子高齢化社会にあって，介護問題，DV，引きこもり等さまざまな問題が顕著になり，家族はもはや安全の場，生への保障の場からほど遠いものとされ，リスクの温床とさえいわれ，家族領域へのケアの負担は担いきれないものになっている（速水洋[2012：124]）。杉原[2012]は，社会の目標がこれまで「生産性の向上」に集約され，技術も制度も生産力の上昇を念頭におき発展してきたが，そのような「生産」への関心の集中は，限られた時期に，一部の地域で有力になった現象にすぎず，より根源的な人類の「生存」は家族や隣人のつながりから構成され，そこでの価値を表現するのは労働というよりは広い意味における「ケア」のあり方である，と言う。

フェミニスト経済学では，ジェンダーの視点から近代経済学の既成のパラダイムそのものを見直す批判的なアプローチが1990年代以降に生まれてきた。その潮流の1つの焦点は，近代経済学が影の部分として囲い込んできた，家族や世帯，それらが担う家事やケアを問い直すことであった[18]。フェミニスト経済学は，家族や世帯内で担われる生活や生存そのものの維持のために行われる人間の再生産のための労働は，近代経済学が前提とする"合理的経済人"によ

---

18) それ以前にも経済学の枠組みの中で家事労働やケアに焦点を当てた議論は盛んに行われてきた。例えば，1970年代のフェミニズムは，女性の差別と抑圧の原因を，資本主義における性別役割分業と家父長制度に求め，市場における貨幣的評価を受けない無償労働の存在を指摘し，社会的再生産にそれが必要不可欠であることを主張した。また，1980年代以降には，G. ベッカーを中心とする「新家庭経済学：New Home Economics」が現れ，これまで女性によって担われてきた無償の家事労働を，市場における性別役割分業と同様に扱い，経済学の枠組みを当てはめ分析を行った。そこでは，家事労働は女性が責任を負うものとされていた（Becker, G. [1985]）。フェミニスト経済学の研究蓄積の概要については，Peterson, J. and M. Lewis (eds.) [1999] が詳しい。

る利害に基づく選択とは異なり，貨幣に変えることのできない「必要」を満たすものであると指摘している。そして，子や高齢者の世話などのケアは，個人の利害や効用だけでなく，「コミットメント」や「責任」に深く関与するものであるという（Nelson [1996]，セン [1989]）。"合理的経済人"は，完全に自立した，誰の助けも必要としない個人を想定している。しかし，実際の人間は，誰もが「幼少期と老齢期」を有しており，養育され，世話を必要とする時期をもつ。そのように人間をあるがままに捉えるならば，そこには自然と家族や共同体が現れ，人間が，家族やコミュニティの中でケアされていることに気づかされるのである（Nelson [1996 : 31]，久場 [2002 : 27]）。また久場 [2002] は，「ケア」という非市場労働は，収入や所得，「経済的厚生（効用）」を増大するものではないが，明らかに人間の「経済的福祉」の生産を行っており，「経済的福祉」増大は，たんに「効用」や「効率」の追求としてではなく，構成員間の「ケア」への動機，また「必要」を満たす多様な方法，さらに「ケア」をめぐる社会関係に固有の価値を認めることと結び付けて把握されねばならない，と述べている。つまり，これまで生産活動を支える影の部分されてきた「ケア」を社会関係の中で捉え直し，その価値を見出していくことは，人々の生を支える基盤を明らかにする 1 つの要となるのである。

　ケアについて本書では主に子どもと高齢者のケアの実践について，その事例を分析していく。ケアの関係を明らかにすることにより夫を失くした女性たちの生活を守る安全保障の網が現れてくるのである。結論を少々先取りして述べるならば，カンボジア農村におけるケアの実践は親族のネットワークが基盤となってとり行われていた。東南アジア地域研究の中で，坪内・前田 [1977] は，マレー農民の家族のあり方として「家族圏」という概念を提示している。家族圏の出現の契機は，出生，養取または結婚にあり，各個人を中心とする関係の認知の複合体であるとし，家族圏における最も基本的な関係，すなわち母子関係と夫婦関係が世帯構成の中核として現われるとしても，家族圏の他の部分が，状況に応じてきわめて自由に世帯編成に加わり，またそれから離脱する可能性がある，という [ibid : 20-24]。カンボジアの調査村においても，世帯を中核とした「圏」がケアの社会関係を形成していた。

　インドネシアの東ジャワ都市近郊地域において寡婦に対するサポートについて詳細に調査分析している Marianti [2002] は，寡婦生活は子や親，キョウダイや姪・甥といった親族の支援により支えられていることを指摘している。東

ジャワの寡婦にとって最も重要な支援提供者となるのは子どもであり，子どもがいない場合，ジャワでは養取によってその問題を解決している。もし，それでも子どもがいない場合は，他の近い親族であるキョウダイや甥・姪などが，若い寡婦にとってはその親が重要な支援者となるという。家族や近隣者による支援関係には規範的な指針があり，特にヒエラルキーが重要な要素となり，子どもは年老いた親のケアを行うことによって敬意を示すことが期待されるなど支援の権利や義務はヒエラルキーに従って供給され，受け入れられているという。このような東南アジアにおける親族のネットワークの重要性は，女性の移動労働を支える要としても近年多くの指摘がなされている。フィリピンやタイでは都市や海外へ家事労働を主な仕事として出稼ぎに出る女性たちが近年多く存在するが，農村で女性たちの不在を支えているのは親やキョウダイなどの親族ネットワークなのである（Young［1980］，長坂［2001］，木曽［2013］）。

　カンボジア農村の寡婦がいかに貧困を回避しているのかについて，ここでは世帯を超えた社会関係によるリスクへの対応を明らかにするために，世帯を独立した単位として固定するのではなく，世帯の再編成，人の移動という世帯の構成そのものを変化させる事象に着目する。そこから，これまで独立した家計間の金銭，収穫物あるいは労働力のやりとりを対象とした研究では明らかにされてこなかったカンボジア農村における世帯を超えた人のつながりによる互助的，支援的機能を捉えることを試みる。

　本書では「女性世帯主世帯＝貧困」という構図を問い直し，貧困に陥ることもあるものの，夫のいる世帯以上に高い所得を獲得している事例も多く存在することを示す。そして，必ずしもそのイコールが成り立たない「仕組み」を描き出し，彼女たちの生活の安全を保障する基盤を明らかにしていくものである。しかし，女性世帯主世帯が貧困削減のための1つのターゲットとされたことの誤りを指摘することが目的ではない。貧困状態にある人々の暮らしを分析し，その要因を明らかにするのではなく，夫を失くした女性たちが貧困に陥らずに生きていける要因を明らかにすることにより，今後さらに経済発展や少子高齢化が進行していくであろうカンボジアの将来や，他の国や地域へ示唆を与えるものになることを期待する。

　「夫を失くす」ということは，すべての女性にとって非常に重大で，パートナーや庇護者，稼ぎ手を失くすという意味だけでなく，彼女たちのライフスタ

イルや社会的地位の根本的な変化の到来を告げるものである（Owen［1996：7］）。そのような状況にある女性たちに焦点を当てることにより，当該地域の土地所有，経済活動，相続，世帯，親族関係，子どものケア，コミュニティの互助機能など，人々の生存の基盤についての一面が顕在化する。夫を失くした女性たちにとって，その基盤がいかなるものであり，「夫を失くす」というリスクに遭遇した際にいかに機能するのか，女性自身にとって，また女性が主なそのケア従事者となる子どもや高齢者にとっての生存の基盤がいかなる側面を有しているのかが浮かび上がってくるのである。

　また，本書では，日本語の「寡婦」や英語の"widow"ではなく，開発分野で分析単位として利用されてきた「女性世帯主世帯」でもなく，死別あるいは離別した女性を指すカンボジア語の概念"メマーイ"を使用し，メマーイ個人およびメマーイの所属する世帯を単位として分析を行う。女性世帯主世帯は開発政策における枠組みであり，親族を中心とした社会関係の影響に踏み込んで分析をするための概念として用意されたものではない。また，カンボジア社会には夫と死別した女性のみを意味する寡婦に対応する概念や，女性世帯主世帯という概念はない。カンボジア社会に根ざした概念を使用することにより，寡婦研究や女性世帯主世帯分析を，紋切型ではない，より地域研究としての議論へと進めていく。すなわち，所得を中心とした経済分析に加えて，親族を中心とした社会関係を重要な要素として分析を行うことによって，メマーイをとりまく環境と彼女たちの戦略に迫る。

6.2　東南アジアの急速な変化の中で

　初めてカンボジアを訪れてからこの20年の間に街の景観は激変した。シェムリアップの街中のかつて赤茶色だった土道にはアスファルトが敷かれ，子どもたちが木登りをして遊んでいた空き地にはレストランや商店が立ち並び，国道沿いの信号機の周辺では，朝晩，自動車とオートバイの交通渋滞が起こっている。訪れる度に街の風景がみるみる変化し，数ヶ月ぶりの訪問ともなると歩き慣れたはずの街で道を間違えることもしばしばである。

　1997年にタイを発端とする通貨危機によりアジア全体が経済危機に陥ったものの，アジアの経済成長は続いている。カンボジアでも1993年の総選挙による和平成立以降，高水準の経済成長が始まり，二桁成長を記録し続けている。

所得水準の上昇は人口規模と負の強い相関関係にあり，アジア諸国は近い将来，次々と人口減少社会に向かうと見られている。合計特殊出生率（total fertility rate）の人口の置き換え水準，つまり一国の人口数を長期的に一定に保つことが可能な合計特殊出生率は 2.1 とされ，それを下回ると人口は将来的に減少することになる。一方，東南アジア諸国でもタイが 1.82，ベトナムが 2.03 と置き換え水準をすでに下回っている（UNFPA［2009］）。他の東南アジアの国々では同値を上回っているものの，今後 20 年の内に置き換え水準を下回ると推計されている（大泉［2007：28-29］）。カンボジアでも 2001 年に 4.77 を示していた合計特殊出生率は 2005 年に 3.93，2009 年には 2.86，と減少傾向を見せている（UNFPA［2001］［2005］［2009］）。子どもの出生率が下がる一方，食生活の改善や衛生概念の普及，医療の進歩などを背景に世界人口の平均寿命は大幅に伸びてきている。東南アジアの国々でも日本と同等，あるいはそれ以上のペースで高齢化が進むことが予測されている。

　今後，カンボジアでも徐々に子どもの数が減少し，都市化が進行していくだろう。親族のネットワークを生存の基盤に据えた社会も大きな人口や居住環境の変化の中にある。経済成長，少子高齢化と東南アジア社会の一歩先を歩んできた日本には母子家庭の貧困をはじめ，深刻な社会問題が山積みである。経済成長だけでなく，人々が安心して生活を送ることができる社会の実現が求められている。今後の変化とカンボジア社会の対応を追っていくためにも，カンボジアの「今」を切り取る必要も強く感じている。

6.3　本書の構成

　第 2 章では，調査方法と調査村および調査村におけるメマーイの概要について記述する。

　第 3 章では，市場とは異なる社会構造に組み込まれた資産の獲得について論じていく。まず，メマーイの資産所有の状況を概観し，資産獲得の経緯から資産保有を左右する要因を分析する。そして，メマーイの資産獲得に大きな影響を与える死別・離別時の財産分割と，資産相続について明らかにする。相続に関しては主に，屋敷地，水田，牛（水牛）に焦点を当て，調査村全体の資産相続について論述し，メマーイたちの資産確保に不利な状況があるか否かを検証していく。

36

第4章では，メマーイの所得および就業選択について分析する。まず，メマーイの世帯内労働力の実態について検証し，メマーイがいかに世帯を再編成させ，労働力を獲得しているのかを論じる。次に，メマーイが夫を失くした時点でどのように生業を変化させているかを分析する。そして，メマーイが所属する世帯とそうではない世帯との比較から，メマーイの所得構造と就業選択の特徴を明らかにしていく。

　第5章では，子や老親のケアを取り上げる。幼い子を抱えた時期のメマーイがいかに子を養育しているのかを，他世帯からの支援に焦点を当て明らかにする。ここでは，子や老親が世帯を移動するという事象を捉え，世帯を超えた人のつながりについて明らかにしていく。しかし，このような"世帯を移動する"という実態は，世帯を単位とした質問票を用いた調査のいわば思いがけぬ副産物として表れてきた。そのため，世帯がカンボジアの人々の生活における閉じた単位はないことを1つの結論としているものの，本書における分析の単位はあくまでも世帯を基本としている。

　第6章では，これまでの分析をメマーイたちの世帯の様子や日々の暮らし，ライフヒストリーなどの具体的な事例から振り返る。

　最後に終章として，結論を述べる。

　これらの分析を通して，いかにメマーイが子や老親をケアし，いかに資産を確保し，いかに働き，いかに所得を得ているのかを明らかにしていく。そこからカンボジア農村に生きる女性たちの貧困回避とリスク対応を可能とする"より生きやすい"社会としてカンボジア農村の特徴を描き出していく。

"かわいそう"の背後に —— 私の中の〈メマーイ〉①

　カンボジアで感じる"豊かさ"の正体を知りたくて，カンボジアの農村研究を志した。とはいえ，どのようにしてその"豊かさ"を明らかにするのか。農村を歩いて，たくさんの村の人と話して選んだ研究対象がメマーイだった。私がメマーイに関心をもった理由は，自分自身の家族の問題と無関係ではない。彼女たちの暮らしを知ることで，心の中に抱えたもやもやの解決を見出そうとしていたのだと思う。

＊　　　　　　＊　　　　　　＊

　私の両親は私が9歳の時に離婚した。

　記憶の中にある両親はいつも不仲で言い争っていた。そして，ある日突然，母が家からいなくなった。両親は私と4歳年上の兄に離婚を切り出せず，母は私たちに黙って家を出たのだった。しかしその後，父には内緒で母から連絡があり，母と私はしばらく「密会」を続けていた。しかし，ほどなくしてその密会は父方の親族にバレてしまった。そして，父の兄弟は私と兄を呼んで「お母さんと決して会ってはいけない」「お父さんを困らせるな，悲しませるな」「お母さんはあなたたちを置いて出て行ったのだから」ときつく叱ったのだった。母の代わりに私たちの家に来てくれた父方の祖母は「あなたたちのお母さんは，あなたたちを捨てたのよ」と言い放った。私たち兄妹や父を「かわいそう」だと思うからこそ表れた母への憎しみであったとは思うが，それらの言葉は私をたいそう傷つけた。

　周囲の大人たちに母の存在を否定され，母と会うことも許されなくなった私は，母を想い続けることの辛さから逃れるために，いつしか母を忌み嫌うようになっていた。大好きな母に会えない苦しみや，母を否定される苦しみを抱き続けるよりも，「そうだ母が悪いんだ。彼女は私を捨てたんだ」と思い込む方が子どもの私には楽だったのだ。

　親の離婚に際して，子どもは全くの被害者である。では，誰が加害者なのか。悪いのは母なのか，父なのか。周囲の大人たちも加担者なのか。心に封じ込めた母への愛情と，その裏腹にある母の否定。もやもやとした行き場のない気持ちを抱えたまま，私は大人になってしまっていた。

寄留先の家族と筆者。夫婦の4人の子に加えて，妻の妹の子2人が一緒に暮らしていた。2人の家は，この家の軒先から1mほどしか離れていないすぐそばにあるが，大抵はこの家で過ごしていた。いつも家にはこの9人がいて，晩ご飯が終わるとこの居間で，みなでテレビを見たり，歌ったり，時には音楽を流して大笑いをしながら踊ったりした。

上の写真に続いて撮影された写真。人数が増えている。写真を撮っていたら，近所の子どもと親戚がいつものようにやってきた。家族9人だけでなく，たくさんの人が常にこの家にいた。

第1章 夫を失くした女性たちは貧困か？ | 39

＊　　　　　＊　　　　　＊

　カンボジアの村で，多くのメメーイとその子どもたちに出会った。"父なし"か"母なし"かの違いこそあれ，かつての自分を思い出させる存在だった。

　私が小学生の頃，日本では離婚がそれほど一般的ではなかったこともあり，私は大人たちからとても"かわいそう"がられた。小学校で母親参加の母の日のイベントがあった。"母なし"の私はひとりで参加し，みんなで「おかあさん」という歌を歌った。私自身は友だちと一緒に歌うことを十分に楽しんでいたが，先生や周囲の大人たちは腫れ物に触るように私を扱っていた。その特別扱いが嫌でたまらなかった。

　しかし，カンボジアの農村では子どもたちが親を失くしていても，彼らが特別"かわいそう"な存在として扱われているようには感じなかった。それは内戦とポル・ポト時代の影響で"親をもたない子"が多く存在し，その事実がより一般的だからだとも言えるかもしれないが，理由はそれだけではないようだった。

　寄留先の世帯には，HIV / AIDSで両親を亡くした兄妹2人が同居していた。彼らには両親に代わる伯父と伯母がいて，いとこたちと一緒に楽しく暮らし，毎日たくさんご飯を食べて学校に行く。両親が亡くなったことは，亡くなった本人たちのことも含めて"かわいそう"と言われていたが，そんな彼らの今の暮らしを"かわいそう"だと言う人は誰1人としていなかったのである。

　親が離婚していても，子どもの頃の私の生活はごくごく普通で，ほかの子どもと変わりはなかった。祖母や叔父たちの言葉に傷つくようなことはあったけれども，そんなことを四六時中抱えているわけではない。祖母が傍にいてくれて，父がいて，兄がいて，可愛い犬もいて，学校には児童想いの担任の先生がいて，たくさんの友だちがいた。"不幸"では決してない，普通の小学生だった。
（103頁 コラム②へ続く）

第 2 章

カンボジアの社会・経済と調査村の概要

1. カンボジアの地勢と気候

　カンボジアにはラオスから南下してくるメコン川とその支流で国土のほぼ中央から南東へ流れるトンレサープ川があり，トンレサープ川の水を貯えたトンレサープ湖（ទន្លេសាប）が国土の中央部に広がる。デルヴェール［2002］は，メコン川の形成するデルタ地帯を四本腕平野，トンレサープ湖周辺の沖積平野を湖水平野と呼んでいる。全人口の87％が，国土面積の約40％にあたる標高30m以下のその平野部に集中している（川合［1996：50-53］）。

　トンレサープ湖は，遠くチベット高原に源を発するメコン川の水量を貯えて，渇水期約3,000km^{2}の面積が増水期にはその3倍以上に拡大する（八田［1968：36］）。したがって，湖水平野は7〜9月の3ヶ月を中心に増水に飲み込まれる（川合［1996：73］）。このように毎年，湖の氾濫の影響を受ける平野部では，新鮮な土壌が常に供給され，肥沃な土壌を形成している（八田［1968：37］）。

　気候は熱帯モンスーン型で，5月中旬から11月中旬が雨季，11月中旬から5月中旬が乾季である。気温は乾季の始めにあたる12月から1月にかけて最低，乾季から雨季に移り変わる3月末から4月にかけて最高となる。

2. 経済状況

　カンボジアは全就業人口の60.3％が，農業に従事する農業国であるが，1993年の総選挙による和平成立以降，高水準の経済成長が始まり，1994年から2000年にかけて平均5.1％の実質経済成長率を達成した。そして，2004年に10％，2005年13.4％，2006年10.4％と二桁成長を記録し続け，2009年には世界的な経済危機の影響を受け0.1％にまで落ち込んだものの，2011年には7.1％，2012年には7.3％と2015年現在に至るまで7％前後の成長を続けている（Economic Institute of Cambodia［2007：3］，National Institute of Statistics［2006：490］，IMF［2015］）。主な成長要因は，主要生産品目である米の生産量の増加，外国直接投資による多数の縫製工場の設立，建設業および通信部門の成長，そ

してシェムリアップ州のアンコール遺跡群による観光産業の発展等が挙げられる (廣畑 [2004：15-16], Sarthi *et al.* [2003：1])[1]。

シェムリアップ州の中心部,シェムリアップ郡にアンコール遺跡群が存在し,周辺部では観光都市としての発展が進んでいる。内戦終結以後,観光客は概して増加傾向にあり,シェムリアップを訪れた観光客数は,2002 年で年間約 45 万人であったのが,2006 年には約 86 万人と 4 年間で約 48％の増加率を示している。その後も増加傾向を辿り,2010 年には 131 万人,2013 年には 224 万人と 10 年余りの間に約 5 倍にも増加した (Cambodia, Ministry of Tourism [2007] [2012] [2014])。観光客の増加に伴い,ホテルやレストランの建設ラッシュが続き,主に観光サービス業や建設業において多くの雇用が創出されている。

3. 人口

カンボジアでは男性と女性の比率に大きな偏向が見られる。それは,内戦と混乱の歴史的経緯により男性が多く死亡したことによる。人口の編成を大きく変化させ,メマーイの増加を招いたカンボジアの近年の歴史についてまず概観する。

3.1 カンボジア内戦と混乱の歴史

カンボジアの戦火と混乱は 1970 年のロン・ノルクーデターを発端に 20 余年続くことになる。クーデターにより国内勢力の対立による内戦が勃発,ベトナム戦争の戦火もカンボジア国内に拡大し,大きな被害を受けることとなる。1975 年にはクメール・ルージュを中心としたカンプチア民族統一戦線がプノンペンに入城。内戦は一旦終結する。政権を掌握した民主カンプチア政権 (以下,ポル・ポト政権と呼ぶ) は急進的な共産主義政策を断行した。国民を農村へ強制的に移住させ,市場,通貨,学校教育を廃止し,宗教活動を禁止した。それまでの制度,伝統的慣習,文化が否定され,100 万とも 300 万とも言われる人が

---

1)　アンコール遺跡群とは,アンコール・ワットを代表とする主に 9 世紀から 15 世紀にかけて建造されたクメール王朝の石造建築遺跡郡を指す。1992 年にはユネスコ世界文化遺産に登録された。

虐殺され，あるいは餓死したのである（以下，1975年から1979年におけるポル・ポト政権による支配期間をポル・ポト時代と呼ぶ）[2]。

1978年12月，ベトナムがカンボジアに侵攻。1979年1月にベトナムの後押しによりカンプチア人民共和国（以下ヘン・サムリン政権と表記）が樹立された。政権を追われたクメール・ルージュは，その後ゲリラ活動を展開し再び内戦が勃発することとなる。そこで「ヘン・サムリン政権（政府軍）」対「クメール・ルージュ」という対立構図が成立した。この国内の対立に中越対立，中ソ対立，冷戦構造における東西対立が関わり，内戦は激化をたどることとなる。1982年にはASEAN諸国の後押しによりヘン・サムリン政権打倒のため，シハヌーク派，ソン・サン派，クメール・ルージュの三派による連合政府が樹立され，カンボジア紛争は「ソ連＝東欧ブロック＝ベトナム＝ヘン・サムリン政権」対「アメリカ＝西側諸国（日本など）＝中国＝ASEAN＝三派連合」という構図が定着し，大国間の代理戦争としての性格を強めることとなる。この対立は長く膠着状態にあったが，1987年ごろから和解へと向かい始め，数回にわたる当事者および周辺諸国による非公式協議，国際会議を経た後，1991年のパリ国際会議において「カンボジア紛争の包括的政治解決に関する協定」いわゆるパリ和平協定が調印されるに至った。

1993年「国連カンボジア暫定機構」（UNTAC：United Nations Transitional Authority in Cambodia）の活動の下，総選挙が実施され新政権が誕生した。しかし，パリ和平協定において選挙の前提とされた「各派70％の武装解除」はクメール・ルージュが拒否の姿勢を示したことで断念され，総選挙実施後も政府軍対クメール・ルージュの交戦は続行し，また1996年，1997年には党派間の武力衝突が発生した。国際的には1993年の総選挙でもってカンボジアの内戦は終結したと認識されているが，実際の交戦終結は，1998年の総選挙およびクメール・ルージュ兵士の完全投降を待つことになった。

2）　カンボジア政府の発表では331万人。クメール・ルージュの発表では病死・飢餓2万人，クメール・ルージュによる殺害3000人（富山［1992：36］）。国連の人口統計（国際連合経済社会局編『世界人口予測データⅠ・Ⅱ』）の平均人口増加率から算出した「異常な死を遂げた人」は154万人。

3.2 国全体の人口の男女比と婚姻状況

表2.1はカンボジアの年齢別男女別人口を示したものである。性比とは女性100人あたりの男性人口を表している。年齢別に見ると，特に45歳以上の人口で男性比率が低くなっている。つまり，クメール・ルージュによるポル・ポト政権樹立当時16歳以上であった男性年齢層において，内戦やポル・ポト時代の影響が特に現れていると考えられる。

次に，婚姻状況を見てみると（表2.2），既婚者，つまり配偶者を有する者の割合は40歳以上の年代で男性と女性の割合の差が大きく開いている。また，死別者について見ると，45〜49歳では女性が12.0%なのに対して男性は1.4%。50〜54歳では女性が19.8%なのに対して男性は2.1%と，特に40歳以上の年齢層において死別により配偶者を失くした女性の割合が高くなっている。また，離婚した状態にある者について見てみると，全年齢層にわたって女性が男性よりも高い比率を占めており，女性の再婚機会が限られていることを表している。また，カンボジア全世帯の世帯主の性別を見ると，女性が世帯主である世帯が国全体の29.2％を占めている（Cambodia, National Institute of Statistics [2006：36]）。一般的に夫婦の揃った世帯では男性が世帯主とされるため，これらの世帯の大半は夫不在の世帯であると考えられる。

4. 教育（学校制度）

現行の学校教育システムは「カンボジア王国憲法」（1993年）第6章第68条の「初等・中等教育の無償」「最低限9年間の教育保障」に基づいている（坂梨[2004：114]）。

初等・中等教育の就学年限は，ポル・ポト時代が終わった後，1979年から1986年までは4・3・3制が採られていたが，1987年から5・3・3年制となり，小学校修学年限が1年延長された。その後，1996年に6・3・3制が導入され，現在に至っている（羽谷[2009：2-3]）。また，カンボジアでは古くから仏教寺院が教育において大きな役割を果たしており，1953年頃までは，主に寺によっ

表 2.1　カンボジアにおける年齢別男女別人口

(単位：人)

(歳)	総数	男	女	性比
総数	12,824,170	6,197,128	6,627,042	93.5
0–4	1,420,001	733,388	686,613	106.8
5–9	1,638,623	847,582	791,040	107.1
10–14	1,892,316	967,807	924,509	104.7
15–19	1,499,278	761,411	737,867	103.2
20–24	1,305,670	633,237	672,433	94.2
25–29	717,482	345,923	371,559	93.1
30–34	814,752	388,580	426,172	91.2
35–39	797,807	372,679	425,128	87.7
40–44	687,814	305,922	381,892	80.1
45–49	529,666	213,901	315,765	67.7
50–54	429,213	174,662	254,551	68.6
55–59	331,469	140,436	191,033	73.5
60–64	258,291	109,132	149,159	73.2
65–69	200,689	84,610	116,079	72.9
70–74	143,581	54,578	89,003	61.3
75–79	89,402	35,620	53,782	66.2
80 以上	68,116	27,660	40,457	68.4

(出所) Cambodia, National Institute of Statistics [2006], Statistical Yearbook 2006 から筆者作成
注) 性比とは，女性を 100 とした時の男性人口の割合を示す。

表 2.2　カンボジアの男女各年齢層における婚姻状況の割合

(単位：%)

年齢 (歳)	未婚		既婚 [1]		死別 [2]		離別 [2]		別居		合計	
	男性	女性	男性	女性	男性	女性	男性	女性	男性	女性	男性	女性
15–19	98.4	89.2	1.6	10.2	0.0	0.1	0.0	0.2	0.0	0.2	100	100
20–24	62.5	43.4	36.6	53.3	0.1	0.7	0.6	1.8	0.2	0.9	100	100
25–29	21.6	18.8	76.8	75.0	0.3	2.0	1.2	3.5	0.1	0.8	100	100
30–34	7.1	9.5	90.8	82.0	0.5	3.3	1.4	4.0	0.2	1.2	100	100
35–39	2.7	7.5	95.8	82.0	0.5	4.8	0.7	4.2	0.2	1.5	100	100
40–44	0.9	5.9	97.3	78.3	0.9	8.2	0.8	5.8	0.2	1.7	100	100
45–49	0.4	5.1	97.3	77.6	1.4	12.0	0.5	4.4	0.4	0.8	100	100
50–54	0.4	3.8	96.1	70.5	2.1	19.8	1.1	4.5	0.4	1.4	100	100
55–59	0.4	3.8	95.1	65.0	3.6	27.3	0.5	3.6	0.3	0.3	100	100
60–64	0.3	2.3	93.3	56.5	5.2	37.4	0.9	3.1	0.2	0.7	100	100
65–69	0.6	1.1	89.1	49.8	8.9	44.2	1.2	3.6	0.1	1.3	100	100
70–74	0.2	1.7	83.6	44.5	14.4	50.8	1.6	2.4	0.2	0.6	100	100
75 以上	1.3	1.7	71.9	35.6	23.6	59.0	2.6	3.7	0.6	0.0	100	100

(出所) Cambodia, National Institute of Statistics [2006], Statistical Yearbook 2006 から筆者作成
注 1) 既婚：結婚し，配偶者を有している者。
注 2) 死別・離別：配偶者と死別，離別後，再婚していない者。

第 2 章　カンボジアの社会・経済と調査村の概要 ｜ 47

て教育の場が組織されていた（内海 [1996：191]）。

　現行の学校制度は小学校（បឋមសិក្សា）6 年間，中学校（អនុវិទ្យាល័យ）3 年間，高等学校（វិទ្យាល័យ）3 年間である。自動進級制ではなく，進級試験に合格しなければ原級留置となる。例えば小学 1 年生で試験に不合格になると次の年も 1 年生を繰り返し 2 年生には進級できない。国全体での小学校への純就学率は 93.3 %（女子 93.3 %），中学校への純就学率は 34.8 %（女子 35.9 %），高等学校への純就学率は 14.8 %（女子 13.8 %）である（Cambodia, Ministry of Education, Youth and Sports [2008：44]）。カンボジアでは小学校から高等学校まで，すべての学年を通算の年数で数え，中学 1 年生は「7 年生」，高等学校 3 年生は「12 年生」と言うが，これに従って以下，表記したい。

5.　世帯・親族・婚姻

5.1　世帯

　カンボジアでは住居としての家屋を「プテア（ផ្ទះ）」と言い，主に男女が結婚することによってできる集団を表す概念として「クルォサー（គ្រួសារ）」という集団がある。高橋 [2001] や佐藤 [2005] では，1 戸の家屋に共仕する人々の集団を 1 つの世帯をして分析を行っている。本調査によると「プテア」に居住する人々の単位と「クルォサー」と呼ばれる人々の単位は必ずしも一致していない。つまり「1 つのプテア（家屋）に 2 つのクルォサーがある」と表現される場合もあれば，稀ではあるが「2 つのプテアは 1 つのクルォサーである」と表現されることもあった。

　本書では，村民によって「クルォサー」として表現された集団を 1 つの世帯とした。クルォサーとして表現される集団は核家族，複合家族，老人の独居など様々な形態を含む。村民によると，「クルォサー」として認識される集団は「ボントゥックが一緒である（បន្ទុកជាមួយគ្នា/បន្ទុកតែមួយ）」集団と一致する[3]。ボントゥッ

---

3)　小林 [2011] は，この「ボントゥックが一緒である（បន្ទុកជាមួយគ្នា）」集団を世帯の定義として使用している。

ク（បន្ទុក）とは「①積荷，②（まかされた）仕事，（世話をする）責任」を意味するカンボジア語である（坂本［1988：255］）。つまり，「ボントゥックが一緒である」とは，仕事や互いの世話の責任を共有する集団であり，それが村の人々が認識する「クルォサー」の単位とも一致している。つまり，村民の言うクルォサーとは家畜や土地といった財を共有し，家計を共にする集団を表すものである，と言い換えることができるであろう。

また，クメール語の「世帯主」に相当する「メー・クルォサー（មេគ្រួសារ）」とは，直訳すると「世帯の長」という意味を有する概念である。村での調査によると，夫婦の揃った世帯では，夫婦双方がメー・クルォサーであると認識されるのが一般的であった。ただし行政上の管理，住民票等の記載時には，夫婦が揃った世帯では夫がメー・クルォサーとして記載され，夫のいない世帯では女性がメー・クルォサーと記載されている。また複数の世代が同居する場合，例えば祖父母と父母およびその子が同居する世帯では，祖父母と父母のどちらをメー・クルォサーとして登録するかは，各世帯によって異なる。本書の中で使用する「世帯主」とは，特筆しているケース以外では各世帯において世帯構成員からメー・クルォサーとして認識されている夫婦（あるいはいずれか一方）を指すこととする。

5.2　親族

カンボジアは，他の東南アジア低地稲作社会一般と同様に，双系的な親族組織を特徴としている。個人を中心とする父方母方双方の親族がキンドレッドとして認識されており，父系母系どちらかをたどる単系出自集団のような組織は存在しない（Ebihara［1971：148-156］）。カンボジア語の口語で，親族関係にある者や親族の集まりは「ボーン・プオーン（បងប្អូន）」という言葉で表される。ボーン（បង）は「兄姉・年長者」を，プオーン（ប្អូន）は「弟妹・年少者」を意味し，ボーン・プオーンは狭義には実のキョウダイを意味するが，広義には姻族を含む広範な親族を表す概念である。タイの「ヤート・ピィー・ノーング（yat phi nong）は，血族者の他にその配偶者を含み，協力と相互扶助の母体であり，集団というよりもむしろ喜怒哀楽を共にする機会に招待したり，その時々の状況，必要に応じて協力を依頼しうる親族の範囲を示す概念である（水野［1975：66］）。カンボジアのボーン・プオーンとして表される親族の範囲は，タイのヤー

ト・ピィー・ノーングに類似し，使用される場面によって伸縮し，明確な集団
としての性格を持たない親族の範囲を示す概念である。非常に曖昧な概念では
あるが，カンボジア独自の文脈から親族を描くために，本書ではその表現とし
て「ボーン・プオーン」という概念を使用することとする。

6. 調査村の立地

　調査地は，トンレサーブ湖の北岸に位置するシェムリアップ州プオック郡プ
オック行政区 T 村である（図 2.1）。カンボジアの地方行政区分は上から州（カ
エット：ខេត្ត）・郡（スロック：ស្រុក）・区（クム：ឃុំ）である。本調査においては行
政区分のクム（ឃុំ）よりも小さい単位であり，人々が帰属意識を強く有してい
る"ムラ"や"集落"という訳語に相当するプーム（ភូមិ）を調査対象とした。調
査地の選定基準は第一に，治安が良いこと，第二に，村民らが調査に協力的で
あること，第三に，カンボジア社会の 1 つの典型ともいえる稲作中心の農村で
あることの主に 3 点である。2006 年のセンサスによると，カンボジア全人口
の約 84％が農村に居住している（Cambodia, National Institute of Statistics [2006：
35]）。また農村は「田の村（ស្រុកស្រែ）」と「畑の村（ស្រុកចម្ការ）」の 2 つに大別でき
るが，本調査ではより一般的で農村の大部分を占める「田の村（ស្រុកស្រែ）」を選
定した。プオック郡はシェムリアップ州の中心部，シェムリアップ郡に隣接し
ており，国道 6 号線がシェムリアップ郡中心部とプオック郡中心部をまっすぐ
結んでいる。シェムリアップ中心部から，国道 6 号線を北西へ約 16km の位置
にプオック郡がある。プオック郡中心部には食料品，日用品のほぼすべてが揃
うマーケットが有り，そこから約 2km 南西に調査村である T 村がある。
　国道 6 号線沿いにあるマーケットの前を南に入り，500m ほど進んだところ
を西に折れる。ここからは道路の舗装がされていない。その赤茶けた道をしば
らく行くと T 村がある．T 村と隣村である K 村との境界には何の目印もなく，
ただ同じように民家が道路沿いに並んでいるだけである。しかし，村民には村
の境界が共通認識として存在し，ある 1 つの民家が村の境界となっていた。
　T 村に入る道沿いには高床式の民家が隣接して並んでいるが，村に入るとす
ぐに広い敷地に建つ寺院（វត្ត）が現れ視界が広がる（53 頁写真）。道沿いには自

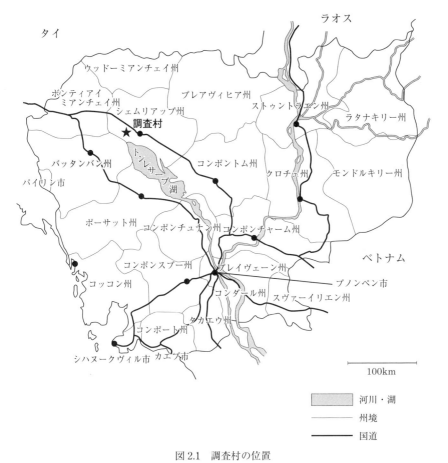

図 2.1　調査村の位置

(出所) 筆者作成

転車修理や雑貨店を営む民家もあり，寺院の前では菓子を販売する人の姿も見られる。民家にはバナナやマンゴー，グァバ，キャッサバなどの緑が豊かに育っているのが見える。寺院の横を通りさらに奥に進むと，だんだんと広大な地平線までつながる水田のパノラマが現れる。その水田はトンレサープ湖へとつながる。道なりに南へ進むと小さな川がありその橋を越えると，"クノン (ក្នុង)"に入ることになる。

　T村は慣習的な呼び名として，クノン (ក្នុង) とクラウ (ក្រៅ) と2つの地域に分かれている。フランス植民地時代の統計資料を見るとクノンとクラウは別の

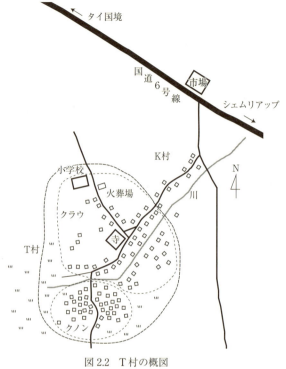

図 2.2　T 村の概図

(出所) 筆者作成
注) □は家屋のおおよその所在を表す。

プームであるように記載されているが，村民は昔から1つのプームであったと語っており，現在"プーム"として呼ばれるのも両地域を合わせた地域である。クノンとクラウはトンレサープ湖と北東部にあるダムをつなぐ川をへだてて分かれており，クラウはクノンの北東側に広がり，村の南から西にかけて水田が広がっている。クノンは土地も狭く家屋が密集しており，逆にクラウは家屋が点在しているが，村と国道をむすぶ道路沿いに比較的家屋が集中している（61頁写真（下））。クラウの中心に前述の寺院があり，そこから北へ約 500m のところに火葬場，さらにその北側に小学校がある。

　村の南東方向にあるトンレサープ湖は雨季になるとその水位が大幅に増し，調査村からトンレサープ湖までは，乾季においては約 15km の距離があるが，雨季に入ると村の水田に水が浸透し始め，雨季の終わり頃には村の居住地から 2，3km のところまで水面がせまってくる（71頁写真）。

写真（上）
T村の中央部。左奥に寺院が見える。村の中で緑がある場所には餌をやるために牛がつながれている。

写真（左）
村の一般的な家屋。木造の高床式、赤い瓦屋根が特徴的だ。

第2章　カンボジアの社会・経済と調査村の概要 | 53

7. 調査方法

　T村での定着調査は2001年，2002年および2004年における1ヶ月から3ヶ月の断続的な調査に加え，2006年11月23日から2007年11月29日までの定着調査を約1年間実施した[4]。また，2010年12月に約2週間の追加調査を実施した。調査方法は質問票を用いた世帯調査および参与観察を主体とし，村の有識者等からのインタビューによって補った。2006年から2007年にかけての世帯調査は村の全世帯204世帯を対象とした悉皆調査である。しかし，調査の中盤で質問項目を追加したため，いくつかの質問の回答世帯数は90世帯である。調査では村で生まれ育ち，村に居住している女性1名をアシスタントとして雇用し，ほぼすべての筆者の調査にアシスタントが同行した。アシスタントのみが調査を分担することはなかった。また，筆者およびアシスタントが現地語であるクメール語を使用し，調査を実施した。

　なお，現地で使用される通貨は現地通貨であるリエルとUSドルである。2007年の調査時の交換レートは1USドル＝4,000リエルであった。

8. 調査村の人口

　調査村の人口は1,111人で女性563人，男性548人である[5]。人口構成を性別および年齢別で表したのが図2.3である。全人口に占める，10代，20代の若者の割合が高く，20歳以下の人口が村全体の43.7％を占める。また，30代から60代，特に50代で男性人口の割合が少なくなっている。これは，内戦期とポル・ポト時代において，男性が多く死亡したことを示している。

---

4)　本章第8節のみ，2002年に同村で実施した調査データを使用している。調査期間は2002年2月15日から4月11日（計55日間）で，質問票を用いた世帯ごとの聞き取り調査を実施した。村の全190世帯のうち，ランダムサンプリングにより76世帯に対し，調査を実施した。
5)　2007年5月から2007年7月にかけて行った筆者の世帯調査の集計による。

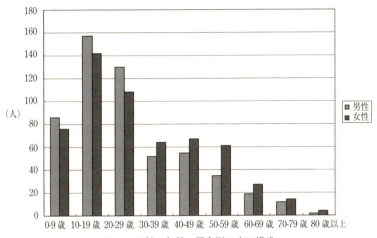

図 2.3　T村の年齢・男女別の人口構成

(出所) 筆者 2007 年調査による

8.1　労働力

　表 2.3 は T 村の人口を性別及び労働力・非労働力別に表したものである。T 村の人口 1,111 人のうち，調査時点から過去 1 年間に何らかの生業に従事した有業者は 663 人（うち女性 336 人）で，男女ともに全体の 59.7％を占めている[6]。また，非労働力の内訳を見ると，村の全就学者は 381 人（うち女性 183 人）である[7]。そのうちの有業者，つまり就学しながら何らかの生業に従事している者は全就学者の約 3 割の 117 人（うち女性 49 人）を占める。しかし，就学しながら働く 117 人のうち，従事する生業内容が稲作のみである者は 61 人（52.1％）を占める。田植えや稲刈りの農繁期に親の稲作の補助者として従事するもので，1 年間の従事日数は 10 日程度と非常に負担の少ない生業である。就学のみに従事する者は，男性で全体の 23.7％，女性で 23.8％を占め，こちらもほとんど違いがなく，有業者，就学者ともに性別による違いは見られない。

　出産後で休業中の者あるいは家事労働のみを行う主婦（主夫）は男性で 0.4％，女性で 3.2％と，女性であってもその割合は少ない。人口編成から見る

---

[6]　有業者とは，2006 年 4 月から 2007 年 4 月までに，何らかの生業に従事した者を指す。
[7]　就学者とは，小学校，中学校，高校，大学および師範学校，医師養成学校に通う者を指す。

表 2.3　Ｔ村の人口構成

(単位：人，％)

	男性		女性		合計	
	(人)	(％)	(人)	(％)	(人)	(％)
労働力（有業者）	327	59.7	336	59.7	663	59.7
非労働力						
就学	130	23.7	134	23.8	264	23.8
主婦・育児	2	0.4	18	3.2	20	1.8
幼児・子ども	62	11.3	50	8.9	112	10.1
老齢	8	1.5	16	2.8	24	2.2
病気・障害者	6	1.1	7	1.2	13	1.2
技術修行	4	0.7	2	0.4	6	0.5
僧侶	9	1.6	0	0	9	0.8
合計	548	100	563	100	1111	100

(出所) 筆者 2007 年調査による

うえでは，性別による労働，就学状況の差異はほとんどないと言えるであろう。

8.2　教育状況

　Ｔ村の人々の教育状況を性別と年代別に見ておきたい。図 2.4 は性別および年代別にその平均就学年数を表したものである。性別による差異はどの年代でも女性の方が低くなっているが，いずれも大幅な違いではなく，特に 20 代，30 代ではその差が縮まっている。また，年齢が若くなるにつれ平均教育年数は増加しており，70 歳以上では男女ともに 3 年未満であるが，40 代では男性 5.2 年，女性 3.8 年に増加し，20 代では男性 8.9 年，女性 8.1 年と男女とも 8 年（中学 2 年）を超えている。

9.　家事労働における女性の役割

　カンボジアの女性は，農業労働力もしくは現金収入を獲得する労働力であると同時に家事労働を担い，各家庭において家計を管理し，家庭を守る役割を期

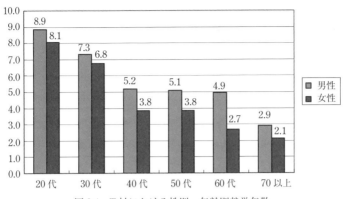

図 2.4　T村における性別・年齢別就学年数
(出所) 筆者 2007 年調査による

待されている (Ledgerwood [1992：16-17] [1996：11], ADHOC [2002：29-37])。首都プノンペンの市場で働く女性たちを対象に調査を実施した Kusakabe [1999] も, 家事は一般的に女性の仕事とされ, 夫が従事するとしてもそれは「補助」でしかなく, 主な責任は女性にあるとしている [ibid.：62-63]。筆者のT村における 2002 年の調査においても, 男性の協力が見られるものの, 家事は主に女性によって担われ, 女性によって世帯の家計管理が行われていた。

　表 2.4 は 2002 年に調査村で筆者が実施した調査による家事労働従事者の性別を示したものである。調査を実施した 76 世帯のうち, 女性のみ, あるいは女性と労働可能年齢以下の子どものみで構成されている 4 世帯は分析の対象から外した。表中,「主な従事者」とは日常的に作業を遂行する者を指し,「従事者」とは主な従事者を含め, その作業に少しでも従事もしくは補助することがある者を指す。例えば, ある世帯で「炊飯」に日常的に従事する者は妻で, 週末等に娘, 息子, 夫が従事することがある, と答えた場合,「主な従事者」は女性,「従事者」は妻, 娘, 息子, 夫となるので,「従事者＝男性・女性」としている。また,「主な従事者」は 1 人であるとは限らず, 2 人以上の構成員が日常的に従事するとの回答を得たケースでは, それらすべてを「主な従事者」としている。

　表 2.4 によると村の事例では, 家事は主に女性が従事していることがわかる。家事労働の中で, 主な従事者が女性のみである割合が最も高いのは「買物」で, 98.6％と, ほとんどの世帯で女性が主な従事者となっている。続いて,「炊飯」90.3％,「調理」87.5％,「育児」85.0％と高い割合を示している。また,「掃除」「洗

表 2.4　T 村における家事労働従事者の性別

(単位：世帯，%)

		女性のみ		男性・女性		男性のみ		しない		合計	
		(世帯)	(%)	(世帯)	(%)	(世帯)	(%)	(世帯)	(%)	(世帯)	(%)
買物[1]	主な従事者[4]	69	98.6	0	0.0	1	1.4	2	—	72	100
	従事者[5]	66	94.3	3	4.3	1	1.4	2	—	72	100
炊飯	主な従事者	65	90.3	3	4.2	4	5.6	0	—	72	100
	従事者	34	47.2	37	51.4	1	1.4	0	—	72	100
調理[2]	主な従事者	63	87.5	7	9.7	2	2.8	0	—	72	100
	従事者	41	56.9	30	41.7	1	1.4	0	—	72	100
育児[3]	主な従事者	34	85.0	1	2.5	5	12.5	32	—	72	100
	従事者	15	37.5	24	60.0	1	2.5	32	—	72	100
掃除	主な従事者	51	71.8	14	19.7	6	8.5	1	—	72	100
	従事者	31	43.7	37	51.4	3	4.2	1	—	72	100
洗濯	主な従事者	50	69.4	18	25.0	4	5.6	0	—	72	100
	従事者	28	38.9	41	56.9	3	4.2	0	—	72	100
水汲み	主な従事者	32	52.5	21	34.4	8	13.1	11	—	72	100
	従事者	12	19.7	44	72.1	5	8.2	11	—	72	100

(出所) 筆者 2002 年調査による
注 1) 買物とは食品の調達等，日常的な買物を指す。
注 2) 調理とは，スープや炒め物等のおかずの調理を指す。
注 3) 育児とは 5 歳以下の子どもの世話を指す。
注 4) 主な従事者とは，日常的にその作業に従事する人を指す。
注 5) 従事者とは，少しでもその作業に従事することのある人および補助する人を指す。ここには主な従事者も含まれる。

濯」ではそれぞれ 71.8%，69.4% と 7 割程度であり，男性と女性の両方が主な従事者である割合が若干高い。また「水汲み」では，女性のみが主な従事者である世帯は 52.5% と，半数程度に留まっていることがわかる。つまり，家事労働の中でも，特に買物，炊飯，調理といった食事に関する作業と育児において，女性が主な従事者となっている。T 村で生業を持たず，家事のみを行う主婦である女性の割合は少ないものの，このような家事労働は主に女性の仕事とされているのである。

　また各世帯での家計管理者は，調査世帯 72 世帯のうち，90.3% の 65 世帯で世帯内の女性 (妻もしくは娘) が管理者となっており，家計の管理者は女性である傾向が見られる[8]。

8)　妻と夫，それぞれが家計管理を行っている世帯は 1 世帯 (1.3%) 存在する。管理するお金がない，もしくは管理者が特に決まっていないと回答した世帯は 6 世帯 (7.9%) であった。

10. 調査村の婚姻・離婚・再婚

　カンボジアでの婚姻は，一夫一婦制が基本である。結婚後は，男性が女性の世帯へ婚入する妻方居住が一般的である。筆者の2007年の調査によると，Ｔ村の結婚平均年齢は男性で25.6歳，女性で22.6歳である。結婚すると妻の両親と数ヶ月から数年同居した後，妻の両親から土地の一部を相続，あるいは新たに土地を購入し，独立した住居を構え，独立した世帯を形成する。そして最後まで残った末娘が両親と同居し，家とその土地を相続する。しかし，それらは一般的傾向としては存在するものの，厳密に遂行されているわけではなく融通性に富んだものとなっている。

　実際，Ｔ村では，Ｔ村が妻の出身村である世帯は204世帯中98世帯（48％），夫の出身村である世帯は39世帯（19.1％），妻・夫双方の出身村である世帯は63世帯（30.9％），どちらの出身村でもない移住世帯が3世帯（1.5％），不明1世帯であった。つまり，Ｔ村が妻の出身村である世帯を合計すると78.9％にのぼる。結婚した夫婦が妻方の村へ居住する傾向が出ており，また村内婚が3割程度を占めている。

　次に，離婚と再婚について簡単に見ておきたい。離婚，再婚に関わる全国レベルでのデータはなく，カンボジア全体での動向を知ることはできない。ここでは，Ｔ村における2007年に実施した筆者の調査結果から，離婚，再婚について概観してみたい。結婚を経験したことのある人口は全村民1,111人（女性563人）のうち，431人（女性242人）で，38.8％を占める。1人当たりの平均結婚回数は1.1回（男性1.2回，女性1.1回）であり，村民の総結婚回数に占める離婚割合は10.3％と，一生で配偶者を1人しか持たない人の割合が高い。

　村民のうち，配偶者との死別・離別を経験したことのある人は延べ126人で，うち女性が89人とおよそ70％を占めている。このうち離別経験者は，女性25人，男性22人とほとんど差がないのに対し，死別経験者では女性が64人，男性が15人と大きな開きがある。これはやはり，内戦とポル・ポト時代による男性の死亡が影響し，女性の死別経験者が男性のそれよりも格段に多くなっていると考えられる。死別・離別経験者の再婚率を見てみると，女性で22人，24.7％であるのに対し，男性は27人，73.0％とこちらも大きな差異が存在して

第2章　カンボジアの社会・経済と調査村の概要　59

いる。

再婚者が，前の配偶者と死別したのかそれとも離別したのか，を確認してみると，女性の場合，死別だった例が11人（50%），離別だった例が10人（45.5%），不明が1人（4.5%）となっている。男性では，死別だった例が9人（33.3%），離別だった例が14人（51.9%），不明が4人（14.8%）であった。Ebihara［1971］では，若い女性の離別者の場合は，比較的すぐに再婚していると報告されているが，T村でも，離別と死別を区別して語られることはなく，離別が死別よりも再婚が難しい，というような社会的障壁は見受けられなかった。

村のメマーイたちに「再婚はしないのか」と問うと，幾通りかの答えが返ってきた。再婚を否定する者のその理由は，「新しい夫に子どもがいじめられると困る」「男は面倒。夫なんていない方がよい」という，主に2つの答えに集約され，親として子を守る義務や責任から離婚はしないという選択と，自ら「夫」という存在を拒否するという2つの姿勢が見られた。また再婚を望んでいると言うメマーイたちの，それが実現できていない理由としては，「お金がないから，誰も求婚してくれない」という経済的理由と，「もっと若くてきれいだったらすぐ再婚できるけれど」といった年齢や容姿に関するものが挙げられていた。

また，カンボジアでは離婚の場合，子どもは母親が引き取ることが一般的であり，母親が子どもを養育する。実際，村でも離婚を経験した女性延べ25人のうち，24人が子を引き取って養育しており，離婚を経験した男性延べ22人のうち，子を引き取って養育しているのは2人のみであった[9]。なお，子を引き取らなかった男性が子の養育費を支払う，といった子の養育に対する男性の義務の認識は低く，前妻に養育費を支払っている例は皆無であった。

前述の通りカンボジアの格言で，「父を死なせても母を死なせるな」というように，カンボジア社会では父子関係よりも母子関係が重視される。子どもの引き取りについても「子どもは父親といるよりも母親といる方がより良い」のだと調査村では語られていた。

---

9) 子を引き取っている男性のうち1人は，全部で子を4人持つ。そのうちの1人をその男性が，残りの3人はその男性の前妻が引き取り養育している。

写真（上）
家屋を見ると世帯の所得状況がわかる。最低限の材木を使い，屋根と壁は椰子の葉で作られている家屋。

写真（中）
所得に余裕がある世帯では，高床式家屋の床から地面までのスペースに煉瓦とコンクリートで1階部分を作り，2階建て家屋に改築するのが流行だ。

写真（下）
T村の"クノン"の屋敷地。親から子への土地分与が続き，家が密集して建っている。

11. 調査村のメマーイ

　ここでは，政府によるメマーイ支援の現状と調査村のメマーイたちの概要を
示す。

　ポル・ポト時代後に成立したヘン・サムリン政権では男性人口の減少，兵士
としての男性の動員，地雷等による負傷により男性労働力が不足したため，そ
れを補うために女性が生産活動に従事することを促す政策がとられていた。農
業面では共同作業と生産手段の共同使用を制度的に促し，また省庁や政府機関，
国営工場やゴム・プランテーションには保育施設が併設され，1988年にはプ
ノンペン市内で80ヶ所，地方で20ヶ所に及び，これらはメマーイへの公的支
援の役割を果たしていた。しかし，1980年代後半，私的経済活動が公認され，
国営企業の改革や外資導入などの自由化政策が採られると，公的な保育施設は
閉鎖されていき，農村部での共同作業も消失してしまう（天川［1996：91-92]）。
現在では公的福祉や特別な農業政策等，メマーイを支援するような国家による
何らかの取り組みは存在していない。

　夫と死別あるいは離別し，調査時点で再婚しておらず夫を有していない女性
はT村内に60世帯に属する67人いる。女性の寿命が男性よりも長いことから，
高齢になってから夫が死亡したケースももちろんここに含まれる。そのような
事例を除くために，分析対象とするメマーイを「夫が死亡した時点で末子が15
歳未満であった者」とした。そのようなメマーイは51世帯に属する55人であっ
た。世帯を分析単位とする場合には，メマーイが世帯内に1人以上存在する世
帯を「メマーイ世帯」（51世帯）とし，それ以外の世帯を「一般世帯」（153世帯）
と呼ぶ。

　その51世帯に属する55人のメマーイについてまとめたのが表2.5である。
年齢は23歳から73歳までで，平均は51.2歳である。子の人数は0から最大9
人で，平均2.9人，最頻値が1人である。死別・離別時の末子の年齢は0～14
歳で，平均3.6歳，最頻値は0歳であり，多くのメマーイが幼児を抱えたまま
夫を失くしている。また，メマーイが夫と死別・離別後に再婚し，2人目の夫
とも死別あるいは離別したという事例が7事例ある。そのため，すべての死別・
離別事例数は62事例ある。死別が44事例，71%，離別が残り18事例，29%

表2.5　T村のメマーイ概要

No.	世帯番号	年齢	死別・離別[1]	死亡理由	死別離別年	死別離別時の年齢	死別離別時の夫の生業	子の人数	死別離別時の末子の年齢	死別離別時の長子の年齢
1	6	73	死別	病気	1969	35	稲作	5	0	18
2	8	55	死別	殺害	1981	29	兵士	2	5	8
3	16	53	死別	殺害	1976	22	兵士	0	—	—
4	21	40	離別	—	1997	30	公務員	0	—	—
5	22	50	死別	殺害	1989	32	公務員	4	0	7
6	23	42	離別／死別	病気	1983／2004	18／39	漁・稲作	4	7	14
7	26	35	離別	—	2007	35	豚の小売	0	—	—
8	28	65	死別／死別	殺害／事故	1975／1993	33／51	兵士・稲作・カヌー	7／1	1／12	14／44
9	30	60	死別	殺害	1977	30	稲作	4	6	13
10		36	離別	—	1998	27	稲作	2	1	4
11	31	46	離別	—	1996	35	兵士	0	—	—
12		36	離別	—	1998	27	兵士	2	4	6
13	37	40	死別	病気	2004	37	土木作業	3	2	11
14	42	61	死別	病気	2003	57	稲作	4	14	30
15	43	54	死別	殺害	1976	23	兵士	1	2	—
16	44	59	死別	病気	2001	53	稲作・漁	4	14	25
17	49	56	死別／死別	殺害／病気	1975／1990	24／39	兵士・稲作	1／1	1／0	17
18	53	55	死別	病気	1987	35	兵士	2	3	11
19	55	52	死別	殺害	1975	20	兵士	0	—	—
20	58	44	死別／死別	病気／病気	1987／1997	24／34	公務員／稲作	3／1	0／3	7／17
21	68	56	離別	—	1994	43	稲作	2	10	15
22	70	54	離別／離別	—	1985／1995	32／42	金小売／NGO	2／1	3／2	4／13
23	72	62	死別	病気	1994	49	稲作	8	6	22
24	74	73	死別	病気	1961	27	稲作	3	2	6
25	77	39	離別	—	2000	32	漁	2	1	3
26	82	35	離別	—	2001	29	漁	1	5	—
27	86	45	死別	病気	1996	34	公務員	4	0	14
28	87	50	死別	殺害	1976	19	稲作	0	—	—
29	92	47	死別	病気	2003	43	建設労働	5	9	25
30	95	62	死別	病気	1984	39	稲作	5	1	20
31	104	54	死別	病気	2007	54	稲作	6	12	29
32	109	56	死別／死別	殺害／病気	1972／2002	21／51	兵士・稲作	4	1／11	23
33	110	67	死別／死別	事故／事故	1969／1979	29／39	運転手	2	1／0	11
34	114	59	死別	殺害	1977	29	兵士	1	6	—
35	117	43	離別	—	1990	26	警察官	3	1	3
36	119	60	死別	病気	1995	48	稲作	7	13	29
37	128	23	離別	—	2007	23	教師	1	0	—
38		48	離別	—	1984	25	兵士	2	0	3
39	134	71	死別	殺害	1977	41	教師	6	6	17
40	135	39	死別	事故	1990	22	公務員	1	0	—
41	138	60	死別	殺害	1976	29	兵士	0	—	—
42		67	死別	病気	1996	56	稲作	3	14	21
43	146	41	死別	病気	2006	40	教師	4	1	9
44	157	59	死別	病気	1992	44	—	9	4	38
45	160	66	死別	病気	1986	45	稲作	7	5	25
46	165	49	離別	—	1988	34	兵士	1	3	—
47	166	47	死別	病気	2001	41	漁	3	0	6

48	169	62	死別	病気	1980	27	時計修理	7	1	15
49	170	57	死別	病気	1982	32	運輸業	5	0	13
50	171	50	離別	—	1980	23	稲作	2	0	3
51	173	31	離別	—	2001	25	教師	1	0	1
52	176	31	死別	病気	2006	30	—	1	0	—
53	180	58	死別	病気	1985	36	稲作	6	0	17
54	181	53	死別	殺害	1988	34	稲作	6	0	10
55	302	31	離別	—	1998	22	稲作	1	0	—

（出所）筆者調査による
注1）斜線を引いて2つ記入してあるものは，2度夫を失くしたことのある者のそれぞれの別離理由。

を占める。死亡原因の31.8%が殺害であり，内戦とポル・ポト時代の影響が見受けられる。死別・離別の年代は1960年代が3事例，70年代が12事例，80年代が15事例，90年代が17事例，2000年以降が15事例と，内戦時期だけでなく90年代以降，そして2000年以降にメマーイとなった者も約半数を占める。

　調査村のメマーイを概観すると，内戦とポル・ポト時代の影響が見られるが，90年代以後の死別・離別事例も約半数を占め，メマーイという女性たちの存在は過去の一時的な現象ではなく農村社会に存在し続けていると言える。

第 3 章

資産所有と相続による資産の獲得

本章では，メマーイの貧困状況に大きな影響を与えると考えられる資産の所有・獲得について論じていく。

　ここではまず，村の人々の居住および農業の基盤となる土地に関して，その制度や所有状況の歴史的変遷，土地所有の認識，そして資産および所得源としての農地について概観する。そして，特に所有する資産として正確な情報が得られた農地（水田），屋敷地，家畜（牛・水牛）の所有状況とその獲得経緯について明らかにする。また，メマーイが夫と死別・離別した際にどのように資産が分割され，メマーイの資産所有にどのような影響を与えているのかを考察する。最後に，社会構造に組み込まれた資産獲得の1つの契機となる相続について分析を加える。

1. 土地制度と土地分配

　T村は「田の村（ស្រុកស្រែ）」と呼ばれる通り，稲作を1つの主な生業とする農村である。稲作の前提となる水田所有の現状を知るために，まずはその歴史的背景から見ていきたい。

1.1　土地所有制度の変遷

　カンボジアの土地所有制度は時の政権とともに変化してきた。フランスによる植民地支配は1863年から1953年まで90年間続いたが，その間の1920年に民法が公布された。そこで土地に対する私的所有権（កម្មសិទ្ធិឯកជន）が確立される。また，カンボジアに古くから存在した占有権（កាន់កាប់）も併用され，すでに耕作や利用がなされている土地に対してその権利が認められた。その後，1953年のフランスからの独立以降も植民地期に成立したそれらの権利が継続していた。しかし，1975年から1979年のポル・ポト政権では，国全体のすべての土地が政権の支配下に置かれた。1979年からクメール・ルージュに代わって政権を掌握したヘン・サムリン政権では同じく全土が国有地とされた。そして，共同耕作をすすめる政策であるクロムサマキ・ボンコーボンカウンポル

第3章　資産所有と相続による資産の獲得 | 67

（ក្រុមសាមគ្គីបង្កបង្កើនផល：生産増大団結班[1]，以下クロムサマキと表記）が1979年5月頃から施行された。クロムサマキの主な目的は，少ない男性労働力と農具・役牛等の生産手段を効率よく利用するために，それら労働力と生産手段を均等に分配し，カンボジアの経済構造の基礎であり，労働人口の80％を抱える農業部門の早期回復をすすめること，および，人民の政治的コントロールを容易にすることであった（Frings［1993：2-7］）。それぞれの村（ភូមិ）内において，農民を班に組織し，村の農地を班に分配し，班内の世帯から労働力，役牛，農具を提供させ，収穫物を労働や役牛等の提供に合わせて分配した[2]。しかしクロムサマキが共同耕作の制度として有効性を保っていたのは，ほとんどの地域ではごく一時期に限られ，1980年代初頭には土地の分配が実施された[3]（天川［1997］［2001：152］）。土地の分配により再び土地の私有化が認められる方向へと向かい，ベトナム軍引き上げ後の1989年に憲法が改正され，2,000m^{2}以下の屋敷地への所有権（កម្មសិទ្ធ）と，5ha以下の農地の占有権（កាក：）が認められ，登記が開始された。この時，ポル・ポト政権以前の土地所有関係は事実上認められなかった。つまり，現在の農地の所有関係はこのヘン・サムリン政権によるクロムサマキ以後の土地分配に大きく依拠しているのである。

　そして，1990年代に入り，市場経済が導入され，土地の使用および所有に関する法整備が行われた。1992年に「土地法（ច្បាប់ភូមិបាល）」が施行され，法的に個人および国家の土地所有が認められた。ただし，所有の対象となったのは宅地のみで，農地は占有とされた。そして，1990年代に450万ha，国全体の14％に相当する土地に正式な登記が行われた。

　その後，土地管理，土地使用を進めるにあたり，1999年に新たに土地管理都市計画建設省（MLMUPC：Ministry of Land Management, Urban Planning and Construction）が設置された。同省では土地管理，土地登記，土地使用計画，地図作成等を管轄しており，各州，各都市の同局が実際の土地管理行政を行って

---

1)　日本語訳は，天川［1997］による。
2)　しかしクロムサマキの実態は村によって異なり，共同耕作の形態も様々であった（天川［1997］）。
3)　クロムサマキが失敗した理由としてFrings［1993］は以下の7点を挙げている。①経済要因・分配システムに対する農民のインセンティブの欠如，分配システムに対する国家の支援の欠如，②クロムサマキを指導する有能な人材の欠如，③各クロムサマキ指導者のクロムサマキ実施に対する信念の欠如，④社会主義体制の開発よりも農業生産促進を目指す政府としての働きかけの欠如，⑤この分野におけるベトナム勢力の力量不足，⑥強制力の欠如，⑦共同耕作を望まない農民の協力および農民の連帯意識の欠如。

いる。そして 2001 年，現在の土地所有が依拠する「改正土地法（ច្បាប់ភូមិបាល）」が制定された。ここでは，農地を含むすべての土地に所有権（កម្មសិទ្ធិ）が認められた。そこでは 2001 年以前から 5 年以上の占有（កោតៈ）が明白で（ពិតប្រាកដ），争いがなく（គ្មានហិង្សា），公に周知されており（ដឹងឮជាសាធារណៈ），誠実（សុចរិត）で，継続（គ្មានអាក់ខាន）が確認されることを要件に，所有権（កម្មសិទ្ធិ）を認めている[4]。

　また，土地登記を実際に進められるために立ちあげられたプログラムが LAMDP (Land Administration, Management, and Distribution Program) である。LAMDP では，その目的を①土地所有の安全性および土地市場の強化と土地紛争の抑止・解決，②公平かつ持続的，効果的な方法での土地と自然の管理，③平等な土地分配の促進，とし 2002 年から 15 ヶ年計画でカンボジア全土の土地登記を行うとしている。登記対象となる土地は全部で 600 万筆以上あるとされているが，2002 年から 2007 年の初めの 5 ヶ年では，11 の州と特別市で 100 万筆の土地を登記するとし，2006 年 12 月の時点で約 70 万筆の土地登記が完了している[5]。

　なお，T 村では 90 年代の土地登記は行われず，現在の「改正土地法」における土地登記も未だ対象地域になっていない。そのため，ほとんどの土地所有は村民の相互認識によって成立しており，村で観察された土地関係の証書は 90 年以降に行われた一部の土地売買の際に，村長あるいは郡の役場から発行された売買証明書のみである。

1.2　T 村の水田面積の変化

　村の人々に内戦以前の生活について尋ねると「昔は良かった。水田が広く米がたくさん収穫できて，生活もずっと楽だった」と口を揃える。1970 年以前の T 村は米の量産地としてシェムリアップで 1, 2 を争うほど知名度のある村であったという。

　内戦以前に所有していた水田面積を記憶している人はほとんどいないため，正確な数字を提示することは不可能であるが，村の村長，班長および高齢者ら

---

4)　改正土地法　第 30 条，第 38 条。
5)　11 の州と特別市は以下の通り。バッタンバン州，シェムリアップ州，シハヌークビル市，プノンペン市，コンポントム州，コンポンチャーム州，プレイヴェーン州，タカエウ州，コンポンスプー州，コンポート州，コンダール州。

第 3 章　資産所有と相続による資産の獲得　69

からの聞き取り調査によると，村の多くの世帯が 3ha から 8ha ほどの水田を有し，1 度に籾で 200 タン（ធាង）（≒ 4.8t）から 500 タン（≒ 12t）の収穫があった[6]。収穫した米は 1 世帯で 1 年間食べるに十分足り，その余剰分を販売し生計を立てていたという。

デルヴェールの調査結果によると，1950 年のカンボジアの平均耕地所有面積は 1.9ha であり，1956 年では 2ha である。人口が粗である他の地域では，平均耕作所有面積が 3ha を超える場合も存在するが，シェムリアップ州では 2ha 未満であり，調査村があるプオック郡では 1.1ha と平均を大きく下回っている（デルヴェール［2002：515-517］）。村人の記憶とデルヴェールの調査に基づく限り，T 村がシェムリアップ州内においては農業面で恵まれた地域であったと言えるであろう。

T 村においても 1979 年からクロムサマキが実施されたが，1982 年の雨季の耕作に入る少し前，おそらく 6 月か 7 月頃に各世帯に対して土地の分配が行われている。分配は他の地域と同様に，老若男女問わず 1 人当たりの面積に世帯構成員の人数を掛けた面積の水田が各世帯に分配された。当時，村には 10 の班が存在し，それぞれおよそ 10 世帯から構成されていた。区（クム：ឃុំ）から配分された村の土地を面積だけではなく土壌・地理的条件を基準に平等になるよう 10 の区域に分け，班長がくじ引きによって班の土地を決定した。そうして決定された班の土地を班内の世帯に対し，班ごとに分配を行ったのである。1 人当たりの面積を班内で等しく定め分配を行ったものの，班を構成する人口は班によって異なり，また班の土地そのものが面積を異にしていたため，村の人々に分配された土地も 1 人当たりの面積が 4a から 15a とばらつきがみられる。なお土地の分配の対象となった水田とは主に雨季に耕作される一般水田（ស្រែ：以下雨季田とする）であり，乾季に耕作される乾季田（ស្រែប្រាំង）に関しては同時期に定められた日時に希望者が村長宅に集まり，当該地に希望者全員と村長が足を運び，その場で分配が行われた[7]。乾季田は間口のみが分配され，トンレサープ湖へ続くその土地は分配を受けた各世帯がその後，自ら開墾を行い，各々の農地を広げていった。

この土地分配により，世帯当たりの水田は内戦以前に比べおよそ 6 分の 1 か

6) 籾米を量る単位。1 タン（ធាង）＝24kg。同じく籾米を量る単位にタウ（តៅ）がある。1 タウ（តៅ）＝12kg。
7) 水田の種類については第 4 章参照。

水田はトンレサープ湖まで続いている。雨季になると徐々に水面が押し寄せてきて，村の屋敷地から肉眼でも水面が確認できる。

乾季が近づき雨量が減ると，水面は徐々に遠ざかっていく。写真は，水面がはるか先に遠ざかった乾季の水田。雨季には青々としていた景色が枯れた草と乾いた土の茶色い乾燥した景色に変わる。

ら10分の1の面積となったのである。一体なぜ同村内での水田の再分配がそれほどまでの所有面積の減少を引き起こしたのであろうか。

　理由は次の2点が挙げられる。第一に区（ʊ̆）から指定された「村の水田」が内戦以前よりも大幅に縮小されていたことである。それまでT村は他村と比べて水田の所有面積が大きく農業面において恵まれていたため，他村との均衡が考慮されたのか，水田分配時には隣村のK村との境界が大幅に移動されたのである。第二に水田を所有する世帯数の増加である。内戦勃発より10年ほど前の資料になるが，1962年のデータによると村の人口は533人となっている[8]。水田分配当時の村の人口を示す資料はないが，調査時の人口は，ほぼ2倍の1,111人である。また内戦以前には水田を有していなかった漁を営む世帯等すべての世帯に水田が分配されたことも世帯数増加の一因となった。

　こうした状況下での水田の分配がもととなり，調査時の各世帯の所有水田面積は平均0.67haとなった。最大の現金収入源ともなっていた稲作が，自給分にも足りない状況へと変化したことは，T村の生業のあり方に大きな変化を与えることとなったのである。

2.　地価と稲作による収益

2.1　近年の地価の上昇

　カンボジアの地価は，内戦終結以後，特にここ10年ほどで大きく変化し，極端な上昇が続いていた。地価に関する統計資料がなく全国的な状況を把握するのは困難であるが，いくつかの個別の報告と筆者の調査によると，都市部および都市近郊農村を中心に2004年頃から地価の上昇が始まった。例えば，首都プノンペンで2004年に1m²当たり250UDSだった地価が2007年には8倍もの2,000USDに上昇している（Ullengerg [2009：15]）。しかし，2007年のアメリカの住宅バブル崩壊に端を発した世界的な金融危機はカンボジアへも影響を

---

8)　Royaume du Camcodge Ministere du plan, *Resultats finals du Recensement de la population* 1962.
　　資料では Ta tok Knong と Ta tok Krao が区別されている。それぞれ233人と300人（合計533人）。

与え，それまで続いた地価の高騰を一気に沈静化させ，逆に急下降を始め不安定な状況が続いている。Lohr［2011］の調査によると，プノンペンとシェムリアップ，バッタンバンの都市部の地価上昇は2008年の中頃から下落が始まっている［ibid：30］。地価の急変動は農村部でも同様の状況が見られ，バッタンバン，コンポントム，プレイヴェーン，タカエウ各州の農村では2004年に1ha当たり500USDから1000USDだった地価が2008年には3,000USDから4,000USDに上昇し，その後，下降傾向に入っている（Lohr［2011：31］）。

　シェムリアップ中心部は急速な観光地化が進み，観光サービス業に国内外から投資が集中した。ホテルやレストランの建設ラッシュが続き，地価が急激に跳ね上がった。地価の高騰は街の中心部のみならず，近郊農村にまで波及し，農村部の水田までその価格を上げた。上昇を続ける地価を前に，都市部の一部の富裕層がわれ先にと土地を購入・転売し，その差額で利益を得，さらなる土地の高騰を招いたのである。

　内戦以前，そして内戦直後のT村周辺の水田にはほとんど価値がなく，家族農業でまかなえる面積以上の水田を購入しようとする者は誰もいなかった。2003年ごろに子どもの病気のために水田を売却しようとしたT村に住むMは，20m^{2}の土地の購入者を探したが，なかなか買ってくれる者が見つからなかった。村内の富裕世帯へ事情を説明し頼み込むと，「買っても耕作できないし，意味はないんだけど。人助けだと思って買っておくわ」と100USDでその土地を購入してくれたと言う。しかし，2007年，たった4年後には同じ土地の価格がおよそ2,000USDにまで上昇したのである。地価の上昇について正確な数字を出す全国的な資料や調査村についての統計データはない。村民によると，地価の急上昇が起こり始めたのは2004年頃からだと言う。

　このような状況を背景に，T村では土地を媒介とした争いがあちらこちらで起こるようになった。それまで法律に依拠する土地の登記書類がなくても，村民の相互認識で何の問題も起きることなく成立していた土地所有も脆弱なものとなった。調停に当たるT村の村長も「これまで村の人々がこれほどまで争ったことなどなかった」とその事態に困惑していた。以前の村民は，土地の所有に対して寛容であった。村内のあまり稲作に熱心でない農家が乾季田を放置していたところ，隣の水田の農家が毎年少しずつ耕作の幅を広げて水田の境界をずらしていき，数年後に気がつくと放置していた水田の幅が数メートル狭くなっていたという。このような話も，以前ならば笑い話で済まされていた。

地価の高騰により土地の資産としての価値も急激な変化に見舞われた。しかし，その後Ｔ村でも 2008 年頃から地価の下落が始まり，土地の所有や売買において不安定な状況が続いている。

2.2　稲作による収益

　Ｔ村全 204 世帯のうち 85.3％の 174 世帯が水田を所有する世帯である。しかし，ここ数年で農業離れが徐々に進んでおり，水田を有していながらも，すべて小作に出し，農業以外の生業を営む世帯が増加している。そのため自ら稲作を行っているのは 125 世帯であり，村全体の 61.3％である。

　ここでは，稲作による利益を自ら所有する水田で自ら耕作を行う世帯，125世帯について確認してみる。年間収益の平均は，37.687 万リエル（≒ 94.2USD）で，ひと月に換算すると 3.14 万リエル（≒ 7.9USD）にすぎない。シェムリアップ中心部での観光業での被雇用労働による月収を見ると，ホテルでのＴ村内の就労者の月収が平均 27.5 万リエル（≒ 68.9USD），レストランが 30.2 万リエル（≒ 75.5USD），また公立の小学校教師は 15 万リエル（≒ 37.6USD），中学校および高校教師がそれぞれ 17.9 万リエル（≒ 44.9USD），20.4 万リエル（≒51.1USD）であり，稲作をやめ他の生業へと転換する傾向の大きな理由がその収益性の低さにあると考えられる。

　また，2007 年は特に大きな水害や干ばつ，害虫被害はなかったが，収益がマイナスの世帯は 15 世帯あり全体の 12％を占める。一方，年間 100 万リエル以上の収益のある世帯は 13 世帯，稲作自作農家全体の 10.4％，200 万リエル以上の収益のある世帯は 2 世帯，稲作自作農家全体の 1.6％を占めるに過ぎない。5ha 以上の耕作面積を持つ農家は 3 世帯あるが，収益の平均は年間 210.4万リエル（≒ 526.0USD）であり月に換算すると 17.5 万リエル（≒ 43.8USD）である。大規模な土地を経営する農家であってもサービス業や公務員，1 人当たりの月収と同程度かそれ以下の収入しか得ることができていない。

　以前は労力交換で補っていた田植えや稲刈りでの労働力はほぼすべて雇用により補わなければならず，耕起でのトラクターの借入など稲作にかかる経費が増加した。一方，1ha 当たりの収量は依然として，籾米で 1.79t と低く，稲作農家の収益率は非常に限られた状態にあると言える。

　稲作による収益は低く，地価上昇以前は資産としての価値も低かったため，

村民は農地の獲得に積極的ではなく，売買があまり行われてこなかったと考えられる。

3. 土地の世帯内における所有認識

調査村では前述の通り，土地の登記は未だ行われておらず土地に対する何らかの権利を証明するものは，ごく一部の村民が有する土地売買の際に村長あるいは区の役場から発行された売買の同意書のみである。しかし，その土地が誰のものであるのか，土地の所有は法的な概念としても用いられる「所有権（កម្មសិទ្ធិ）」という言葉が登記の行われていない土地に対しても村民の間で使用され，村民相互の認識の上に土地の帰属が成立している。T村内の土地は個人の所有が基本であり，村全体で総有されるような農地・屋敷地はない。土地は小作や質入れ等の耕作権の移転および売買，相続，贈与等を通した移転が可能である。ここでは，このような村民の相互認識によって成立する慣習的な土地に対する保有を土地「所有」として扱っていく。

それでは上記のような過程を経て獲得された土地が，各世帯の中で「誰が」所有していると認識されているのであろうか。各世帯の土地の獲得経緯と所有者認識について見ていきたい。ここでは所有関係と獲得経緯がより簡潔な水田に関してまず見ていこう。調査世帯204が所有する水田の総筆数（534ヶ所）について確認した。「所有者」とは，それぞれの土地について「その土地の所有権（កម្មសិទ្ធិ）は誰にあるのか」という質問に対して回答された者を指す。

まずはその獲得経緯について見ていきたい。表3.1の横の欄の合計を見ると，クロムサマキ後の分配により獲得したケースが全体の55.2%を占める。次いで，購入により獲得されたケースが16.9%，妻の親から分与・相続されたケースが11.8%，夫の親から分与・相続されたケースが7.7%となっている。また，クロムサマキ後の分配で間口の分配を受け，開墾により獲得した乾季田は全体の7.7%を占めた。水田はすべてクロムサマキ後の分配により所有関係が一度リセットされたため，購入や分与・相続というのはクロムサマキ後の分配以後に行われた行為であると考えられる。

では，その所有者認識について確認してみたい。同表の縦の欄を見ると，妻

表3.1 水田の獲得経緯と所有者認識

	妻	夫	夫婦	キョウダイで共有	母子で共有	世帯員全員で共有	その他	合計（%）
クロムサマキ後の分配	94	18	172	6	5	0	0	295 (55.2%)
妻の親から分与・相続	8	2	44	9	0	0	0	63 (11.8%)
夫の親から分与・相続	2	0	37	0	2	0	0	41 (7.7%)
購入	8	2	73	1	0	5	1	90 (16.9%)
開墾	8	2	29	2	0	0	0	41 (7.7%)
その他	0	0	3	0	0	1	0	4 (0.7%)
合計（%）	120 (22.5%)	24 (4.5%)	358 (67.0%)	18 (3.4%)	7 (1.3%)	6 (1.1%)	1 (0.2%)	534 (100%)

（出所）筆者2007年調査による

のみが22.5％，夫のみが4.5％，夫婦が67％，所有者が夫婦以外の複数者であるケースが残りの6％であった。夫婦いずれかの親から分与・相続された土地であっても，その大半が夫婦2人の土地として認識されているのがわかる。つまり，夫婦の揃った世帯では，獲得経緯のいかんにかかわらず，夫婦のものであると認識されることが一般的であった。

　屋敷地についても，すでに分与・相続が完了しているケース，あるいは，購入，親族以外からの贈与により獲得した屋敷地を有する世帯計195世帯でその所有者認識を確認してみると，所有者が夫婦2人である場合が136世帯（69.7％），妻のみが54世帯（27.7％），夫のみが4世帯（2.1％），その他が1世帯（0.5％）であった。水田，屋敷地双方とも，妻，夫のどちらか一方が所有者であると認識されているケースの婚姻状況を確認してみると，すべてのケースで死別あるいは離別等により，配偶者を持たない世帯であった。

　しかし，この所有者認識は村民にとって普遍的なものではなく，離婚時の土地の分割について尋ねると，「妻が相続した土地は妻に返し，夫が相続した土地は夫に返す。結婚後に獲得した土地は平等に分割する」と村民は口を揃える。つまり，婚姻形態を維持している状態では，土地の所有者は夫婦両者のものとして認識されるものの，婚姻が解消されれば，個人のレベルに所有権が還元さ

れ，獲得経緯が重視されその帰属が決定されるのである（佐藤［2007：6-8]）。

　また，現在進められている土地登記の登記書類に記載される登記名義は，個人1人を基本としているのではなく，夫婦2人による登録を基本としている。土地の所有者名の記入欄は「夫」「妻」という2つの欄が設けられ，夫婦両者の名義となることを前提としたフォーマットである。また，登記者が独身の場合には，男性であれば夫の欄に，女性であれば妻の欄のみに記入される。そして，名義の種類を選択する項目では，夫婦，妻，夫，未婚，国有，国有以外の公有，寺，私企業，共有等の分類があり，1人の世帯主が自動的に土地の所有者として登録されるような形は取られていない[9]。

　しかし，人々の土地所有認識は夫婦関係が解消される時には，土地の獲得経緯が重視され，その経緯に従って土地の分割が行われている。土地登記によって土地の所有者が「夫婦」として確定されたことにより，所有の経緯にかかわらず，婚姻関係の解消時にはすべての土地が平等に分割される権利を発することになる。そのため，離婚時の夫婦関係に変化が生じ，子を引き取り養育する女性の生活の保障が，土地の権利の確立によって逆に不安定なものになる可能性も指摘できる。

4. 農地（水田）の所有と獲得経緯

　では，実際にメマーイがどれだけの農地を有しているのかを一般世帯との比較から見ていきたい。調査村における野菜および果樹の栽培は，水田あるいは屋敷地内にて行われる。主に川から近い水田では米の雨季作が終わってから，同じ土地で乾季の野菜栽培が行われ，水田と区別された畑地はない（79頁写真）。そのため，ここでは農地を一括して水田としてその所有，獲得状況を確認する。

9）　登記時の住民の負担額は，農村部の農地：1リエル/m²，農村部の居住地：10リエル/m²，郡の中心部あるいは州中心部の近郊地：20リエル/m²，州の中心部あるいはプノンペン近郊地：50リエル/m²，プノンペン中心部：100リエル/m²（1USD≒4,000リエル）と規定されている。

表 3.2　世帯内最年長者の年齢ごとの農地なし世帯

世帯内最年長者の年齢	世帯数	農地なし世帯数	農地なし世帯の割合
20 代	9	7	77.8%
30 代	31	10	32.3%
40 代	52	9	17.3%
50 代	55	2	3.6%
60 代	30	1	3.3%
70 代	22	1	4.5%
80 代以上	5	0	0%

(出所) 筆者 2007 年調査による

4.1　所有状況

　村で水田を有する世帯は 174 世帯，全体の 85.3％を占める。村全体の所有水田の平均面積は 0.67ha であり，1.5ha 未満の水田所有が 88.2％を占め，2ha 以上の水田を有する世帯は 7％弱である。水田を持たない世帯は 30 世帯あるが，若い世代の世帯で水田を持たない世帯の割合が高い (表 3.2)。後に詳述するが，土地の相続は結婚後，親と数年同居した後に，独立した世帯を構える際に行われる傾向にある。しかし，同表によると年齢の若い者が世帯内の最年長者となっている世帯，つまり親から独立した新生世帯で，このように農地を持たない世帯が多くみられる。子どもの数に対して農地面積が小さく，人口増加に伴う農地不足が，若い世帯の土地なし化を招いていると考えられる。

　それでは，メマーイ世帯の所有状況を見てみよう。メマーイ世帯と一般世帯でその所有状況を比較すると (表 3.3)，水田を持たない世帯の割合は，大きな差異はないものの一般世帯で 15.0％，メマーイ世帯で 13.7％とメマーイ世帯の方が土地なし世帯の割合は若干少ない。しかし，1.5ha 以上の比較的広い水田を有する世帯はメマーイ世帯で少ない。平均所有面積を比較しても，一般世帯で 0.72ha であるのに対し，メマーイ世帯は 0.52ha と差異が見られる。雨季田と乾季田とを分けて確認してみると，雨季田では所有平均面積に 0.15ha の差異がある。所有面積別に見てみると，0.5ha 以下の所有割合がメマーイ世帯で高く，1.5ha 以上の所有割合が一般世帯で高くなっている。

　乾季田では所有平均は 0.04ha の差であり，所有面積別に見ても，それぞれ

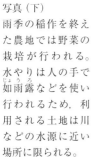
写真（上）
雨季の稲作を終え、野菜栽培をするために鍬で整地する女性。

写真（下）
雨季の稲作を終えた農地では野菜の栽培が行われる。水やりは人の手で如雨露などを使い行われるため、利用される土地は川などの水源に近い場所に限られる。

表 3.3　雨季田および乾季田の所有面積（一般世帯，メマーイ世帯別）

（単位：世帯，%）

			0	0.5ha 以下	0.5ha -1ha	1ha -1.5ha	1.5ha -2ha	2ha 以上	合計	平均
雨季田と 乾季田の 合計	一般世帯	世帯数	23	61	29	19	8	13	153	0.72
		（%）	15	39.9	19	12.4	5.2	8.5	100	
	メマーイ世帯	世帯数	7	26	8	8	1	1	51	0.52
		（%）	13.7	51	15.7	15.7	2	2	100	
	合計	世帯数	30	87	36	27	10	14	204	0.67
		（%）	14.7	42.6	17.6	13.2	4.9	6.9	100	
雨季田	一般世帯	世帯数	27	78	31	9	3	5	153	0.45
		（%）	17.6	51	20.3	5.9	2	3.3	100	
	メマーイ世帯	世帯数	9	33	6	3	0	0	51	0.30
		（%）	17.6	64.7	11.8	5.9	0	0	100	
	合計	世帯数	36	111	36	12	4	5	204	0.42
		（%）	17.6	54.4	17.6	5.9	2	2.5	100	
乾季田	一般世帯	世帯数	116	7	14	10	3	3	153	0.26
		（%）	75.8	4.6	9.2	6.5	2	2	100	
	メマーイ世帯	世帯数	39	2	6	3	0	1	51	0.22
		（%）	76.5	3.9	11.8	5.9	0	2	100	
	合計	世帯数	155	9	20	13	3	4	204	0.25
		（%）	76	4.4	9.8	6.4	1.5	2	100	

（出所）筆者 2007 年調査による

に多少の誤差はあるものの，それほど大きな差異は見られない。雨季田の所有面積の差異がどこから生じているのかを明らかにするために，1.5ha 以上の雨季田を所有している一般世帯 8 世帯について詳しく見てみよう。

　8 世帯のうち，1 世帯はクロムサマキ後の政府分配により 3ha の雨季田を獲得している世帯であった。なぜこのような広大な雨季田を獲得したのかを世帯員に確認したところ，極端に収穫量の少ない痩せた農地であったため，との回答が得られた。水田の分配時には，村から水田までの距離とその肥沃度を考慮し，土地の分配が行われている。他の世帯は 1 人当たり 300m^2 ほどの分配が一般的であったが，このような収穫がほとんど見込めない水田は，1 つの世帯に広大な面積を分配していたのである。

　また，他の 4 世帯では相続により 1ha 以上の雨季田を獲得している世帯である。これはいずれも夫の親からの分与・相続であった。4 つの世帯の夫はトンレサープ湖から離れた遠隔農村の出身である。トンレサープ湖から離れた農村部では人口密度が低く，1 世帯当たりの農地も大きい傾向にある。しかし，

稲作は天水を利用するため1年に一度しか耕作することができず，米の年間収穫量はT村よりもさらに低い傾向にある。

　T村から離れた夫の村の水田を耕作するには追加の費用と労力が必要となるため，4つの世帯のうち，3世帯は夫の出身村の親族にその水田をすべて小作に出しており，収穫の一部を小作料として得ている。

　また，1.5ha以上の雨季田を所有している別の3世帯では，農地の購入により雨季田所有を拡大してきた世帯である。3世帯のうち，2世帯は夫が農業のみに従事している世帯である。自給用の米の耕作だけでなく，稲作から現金所得を得るために，これらの世帯は農地への投資を拡大してきたと言える。つまり，雨季田の所有面積の差異の要因の1つには，一般世帯の中に遠隔地の農村に広い水田を有する世帯があることと，稲作経営の拡大のために水田を購入により広げてきた世帯が存在することが挙げられるだろう。

4.2　獲得経緯

　T村での水田の獲得方法は，前述の通り，親からの分与・相続，購入，そしてクロムサマキ後の土地分配，そして間口のみが分配された乾季田の開墾が挙げられる。これらの方法で獲得した土地が，利便性等の理由から他の世帯の水田と交換されることもある。ここでは，調査時点で所有されていた土地の獲得経緯と土地の売却状況について，その面積から一般世帯とメマーイ世帯を比較してみよう（表3.4）。ただし，ここで示している数値は，調査時点で所有されていた水田の獲得経緯別の面積であり，もともとの相続やクロムサマキ後の分配により獲得された水田面積を示すものではない。つまり，一度獲得した水田を売却や子への相続で消失した土地については，ここに含まれていない。

　所有経緯別にその所有面積を比較して見ると，クロムサマキ後の分配と購入では一般世帯とメマーイ世帯に差異は見られない一方，相続と開墾で差異が見られる。開墾とは乾季田の開墾を指すが，乾季田は前述の通り，クロムサマキ後の土地分配で間口のみが分配され，各世帯の開墾によってその面積を拡大してきた。開墾は主に男性の手によって行われ，乾季田の耕作も男性が行うのが一般的である。そのため，農地分配時にすでに夫を失くしていたメマーイ世帯では，乾季田の分配そのものを受けなかった世帯が多い，あるいは夫を亡くした後に乾季田を手放したことにより，このような差異が生じていると考えられ

表3.4　水田の所有経緯と面積

		合計	雨季田	乾季田
クロムサマキ後の分配		0.22	0.22	—
	一般	0.22	0.22	—
	メマーイ	0.21	0.21	—
分与・相続		0.13	0.11	0.02
	一般	0.15	0.14	0.01
	メマーイ	0.07	0.02	0.05
購入		0.11	0.09	0.03
	一般	0.11	0.09	0.02
	メマーイ	0.11	0.07	0.04
開墾		0.20	—	0.2
	一般	0.22	—	0.22
	メマーイ	0.13	—	0.13
売却		0.30	0.23	0.07
	一般	0.31	0.26	0.05
	メマーイ	0.30	0.15	0.15

(出所) 筆者2007年調査による

る。売却は全体で見ると一般世帯もメマーイ世帯も同程度であり，メマーイ世帯の方が若干低い。つまり，夫を失くしたことにより，メマーイが他の世帯以上に土地を手放すような傾向にはないと言えるだろう。しかし，男性が主な耕作者となる乾季田では，メマーイ世帯はより多く水田を売却している傾向が示されている。

　また，相続による土地獲得面積の差異はどこから生じているのだろうか。まず1つには，T村ではポル・ポト時代に個人の土地所有が否定され，その後の土地分配時にもそれ以前の農地の所有関係は認められなかった。そのため，すべての農地所有がその時点でリセットされた。メマーイ世帯の多くは，内戦時およびポル・ポト時代に夫を失くしている。そのため土地分配以前（1982年以前）の結婚と分類される世帯はメマーイ世帯の62.3％を占める。一方，一般世帯では37.9％である。土地分配以前に相続により獲得していた農地はすべて没収されているため，メマーイ世帯の相続により獲得された水田面積は一般世帯のそれよりも少なくなっている可能性が指摘できる。

　また，T村では稲作による収益は低く，また資産としての価値はこれまで非常に低い状況が続いてきた。第5章で詳述するが，土地所有の階層差は，所得格差を反映しておらず，農外所得の獲得が世帯所得を大きく左右する要因と

なっている。男性労働力が少なく，農業において不利な状況にあるメマーイ世帯は，水田の獲得，特に乾季田の開墾による拡大には消極的な傾向があり，その所有面積は一般世帯に比して少ない。

　一般世帯とメマーイ世帯の所有水田面積の差異は，一般世帯に広い面積の極端に収量の少ない水田が分配されていたケースがあったことと，夫の出身村である遠隔地の農村で水田の分与・相続を受けていること，また乾季田の開墾に消極的であったことが原因となっていた。メマーイ世帯は，食糧自給的価値として最低限の水田は保有する傾向にあるが，所得の拡大や資産拡大のために土地を広げることに積極的でなかったとも考えられる。

5. 屋敷地の所有と獲得経緯

5.1　所有状況

　次に人々の居住基盤となる屋敷地の所有を見てみよう。なお，2004年頃から顕著に地価が上昇し始めたため，それ以前と以後では土地の資産としての価値も大きく異なる。土地売買や分与・相続へも大きな影響を与えると考えられるがその変化についての詳細は今回の調査で把握することができなかった。今回の調査で得たデータの多くが地価上昇以前に行われた土地の移転の事例であることを追記しておく。また，ここでは分類の便宜上，親の生前に資産が子へ分けられることを「分与」とし，親の死をもって資産が子へ与えられることを「相続」と表記している。

　T村で屋敷地を所有していない世帯は5世帯（全体の2.5％）あり，他の97.5％の世帯が屋敷地を有している。屋敷地に所有権のない5世帯のうち，3世帯（すべて一般世帯）は親が所有する土地に居住しており後に分与・相続される可能性が高い。残る2世帯（うち1世帯はメマーイ世帯）は他のキョウダイが所有する屋敷地に居住しており，その屋敷地は購入することがなければ獲得できる可能性は低い。

第3章　資産所有と相続による資産の獲得　83

5.2　獲得経緯

　表3.5はT村の全世帯が所有する屋敷地の獲得経緯について表したものである。世帯員が所有権をもつ世帯で，同表をもとにその獲得経緯を確認すると，妻の親の屋敷地をそのまま相続している事例が全体の32.4％と最も多い。これは妻の生家をそのまま相続する事例であり，主に結婚後，親から独立せずに親と同居を続けた場合にこのような相続を受ける。次いで妻の親から分与を受けた事例が水田であった土地の転用を含めて26.5％と高い割合を示している。親から独立する世帯は親の屋敷地の一部を与えられるが，屋敷地に充分なスペースがない場合には，水田を屋敷地として分与するケースもある。夫の親からの相続，分与の事例は妻の親からの事例に比して少なく，妻方居住の慣行によりこのような結果が出ていると考えられる。また，購入により屋敷地を獲得した事例が15.2％あり，クロムサマキ後の土地分配で得た水田を屋敷地にしている世帯もある。

　T村の中でも特にクノンに位置する世帯は家屋と家屋の幅が2，3mしか離れていない場所も多く，家屋が密集している。屋敷地を分与し続けた結果であり，さらに子へ屋敷地を分与できる土地は非常に限られた状態にあり，今後は水田の屋敷地としての転用や購入による屋敷地の獲得が多くなるだろう。しかし，調査時点までの状況を見ると，親（特に妻の親）からの分与・相続が屋敷地獲得の最たる手段となっている。

　メマーイ世帯では特に親との同居後に，そのまま生家の土地を獲得する事例が多く，全体の45.1％を占める。次いで，妻の親から分与された事例が23.5％と多く，妻の親からの分与・相続された事例だけで全体の7割近くを占める。また，メマーイ世帯に親以外から「贈与」されたというケースが2世帯存在する。これはポル・ポト時代後に入植した世帯に対し，村の寺院の僧侶が土地を与えた事例と，T村出身の女性が結婚して独立する際に屋敷地がなく，村長が所有者のない土地を与えた事例である。

　いずれの事例も，夫と死別する以前に贈与が行われている。また，メマーイは夫と死別・離別しているものの夫の親から分与・相続されている事例が合わせて4事例（メマーイ全体の7.9％）存在している。このような夫の親からの分与・相続の事例については，本章内で詳述する。

表 3.5　屋敷地の獲得経緯（一般世帯，メマーイ世帯別）

（単位：世帯，%）

		一般世帯		メマーイ世帯		合計	
		（世帯）	（%）	（世帯）	（%）	（世帯）	（%）
妻の親の屋敷地（相続）[1]		43	28.1	23	45.1	66	32.4
夫の親の屋敷地（相続）		9	5.9	1	2.0	10	4.9
妻の親から分与	屋敷地	31	20.3	10	19.6	41	20.1
	水田[2]	11	7.2	2	3.9	13	6.4
夫の親から分与	屋敷地	14	9.2	3	5.9	17	8.3
	水田	6	3.9	0	0.0	6	2.9
購入		25	16.3	6	11.8	31	15.2
土地分配により得た水田		7	4.6	1	2.0	8	3.9
土地分配の水田と交換		1	0.7	1	2.0	2	1.0
贈与[3]		0	0.0	2	3.9	2	1.0
購入＋夫の親から分与		1	0.7	1	2.0	2	1.0
購入＋土地分配		1	0.7	0	0.0	1	0.5

（出所）筆者 2007 年調査による
注 1) 親と同居する世帯では世帯主夫婦に未相続の事例を含む。
注 2) 水田であった土地を屋敷地として利用するために分与されたケースを指す。
注 3) 親以外の者から贈与されたケースを指す。

　屋敷地の所有状況については，キョウダイの所有地に居住する 1 世帯を除き，ほとんどすべての世帯が屋敷地を有しておりメマーイ世帯にとって不利な状況は見られない。獲得経緯の特徴として，メマーイ世帯では親との同居後に生家の屋敷地をそのまま相続する事例が一般世帯よりも多く見られた。

6.　牛・水牛の所有と獲得経緯

　牛と水牛は稲作の田起しや運搬に必要な役畜で，主に稲作を行う農家で所有されている。カンボジアでは，牛は水場が必要でなく，性格が温厚であるという理由から水牛よりも好まれる傾向にある。T 村で牛を所有する世帯は 82 世帯（全体の 40.2%），水牛を所有する世帯は 22 世帯（全体の 10.8%）である。牛は重要な資産とされてきたが，農地を有しながらもすべて小作に出し，自らは稲作を行わない世帯が増加している中，牛を所有しない世帯も増加傾向にあり，その価格も低下傾向にあり資産としての価値も下がりつつある。

　調査村で 2007 年に売買された牛の価格を確認すると，子牛で 28 万リエル

第 3 章　資産所有と相続による資産の獲得　85

表3.6 牛・水牛の所有頭数（一般世帯，メマーイ世帯別）

(単位：世帯，%)

		0頭	1頭	2頭	3頭	4頭	5頭以上	合計
一般世帯	世帯数	80	13	26	12	14	8	153
	(%)	52.3	8.5	17.0	7.8	9.2	5.2	100
メマーイ世帯	世帯数	34	3	7	3	1	3	51
	(%)	66.7	5.9	13.7	5.9	2.0	5.9	100
合計	世帯数	114	16	33	15	15	11	204
	(%)	55.9	7.8	16.2	7.4	7.4	5.4	100

(出所) 筆者2007年調査による

(70USD) 〜 32万リエル (80USD)，成牛で100万リエル (250USD) 〜 140万リエル (350USD) であった。

6.1 所有状況

　まず，牛および水牛の所有状況を一般世帯，メマーイ世帯の比較から確認しておく (表3.6)。所有頭数の平均は一般世帯で1.4頭であるのに対し，メマーイ世帯では0.9頭である。牛・水牛を全く所有しない世帯も一般世帯で52.3%であるのに対し，メマーイ世帯は15%近く多く66.7%を占める。牛および水牛の所有は主に稲作を行う世帯で見られるため，稲作を実施しない世帯が一般世帯よりも多いメマーイ世帯では，牛・水牛の所有頭数も少なくなっていると考えられる。

6.2 獲得経緯

　牛・水牛の獲得方法には購入，分与・相続，牛小作である「プロヴァハ・コー (ប្រាក់ស័រគោ)」そして自家繁殖の4つがある。牛小作のプロヴァハ・コーとは，カンボジア農村における伝統的な慣習である。雌牛を他世帯へ預け，その飼育を代行してもらう代わりに役畜としての使用権と預けてから2番目に生まれる子牛が受託者に与えられる。1番目に生まれた子牛は所有者のものとなる。牛を所有する世帯で飼育のための労働力が不足している世帯は，このプロヴァハ・コーで牛を他世帯に預ける。逆に，牛を購入する資金のない世帯で，飼育のための労働力を有する世帯がその受託者となる。

牛を所有する世帯のうち，所有する牛のすべてがその世帯で生まれたものだという世帯は82世帯中15世帯（18.5％），水牛では22世帯中3世帯（13.6％）あった。それらの世帯を含め，飼育を開始した時の獲得方法を尋ねた。まず牛の場合，購入が最も多く過半数を占め26世帯（52.4％），次いで牛小作が26世帯（31.7％），妻の親からの分与・相続が7世帯（8.5％），夫の親からの分与・相続が4世帯（4.9％），物々交換が1世帯（1.2％），不明1世帯（1.2％）となっている。水牛でも購入が最も多く17世帯（77.3％），牛小作が2世帯（9.1％），妻の親からの分与・相続が2世帯（9.1％），夫の親からの相続が1世帯（4.5％）である。調査時に飼育されていた牛・水牛では，購入および牛小作によって得られた数が多く，親からの分与・相続による獲得は限られていることがわかる。

　以上の分析から，メマーイの資産の所有についてまとめると以下のようになる。水田では土地なし世帯の割合は一般世帯に比してメマーイ世帯で少なく，メマーイに土地なし世帯が多い状況はない。また，これまでの水田売却面積にも差異はなく，メマーイ世帯がより多くの水田を手放している状況も見られない。しかし，所有する水田面積は一般世帯よりも少なく，遠隔地に農地を持たないこと，乾季田の開墾など水田の拡大に積極的でなかったこと等がその理由として挙げられる。また，屋敷地に関しては，メマーイ世帯，一般世帯ともに土地なし世帯は非常に限られており，ほぼすべての世帯が屋敷地を有しておりメマーイ世帯に不利な状況は見受けられない。また，牛・水牛の所有については，稲作に消極的なメマーイ世帯は一般世帯よりも所有頭数が少ない。購入あるいは牛小作による獲得には消極的であり，分与・相続で獲得した場合もすぐに売却し，手放している可能性もある。つまり，メマーイ世帯全体の資産を知ることはできないが，稲作に関連する資産に関してメマーイ世帯は獲得に消極的でありあまり多くを有していないと言える。

　資産の購入による獲得は，何らかの社会的制約がなければ各個人，世帯のインセンティブと所得状況によって左右される。資産の購入源となる所得状況については次章で明らかにするが，本章の次節からは個人のインセンティブでは左右し難い，市場とは異なる社会構造の中に組み込まれた資産の獲得がいかなるものであるかを明らかにしたい。まずは，死別・離別時の夫婦間における資産分割について見ていく。

7. 離別・死別時の資産分割

　離別・死別の際の夫婦間における財産の分割において，女性にその権利が確保されているか否かは資産所有に大きな影響を与える。まずは他の東南アジア地域の事例を概観してみたい。

7.1　東南アジアにおける離別による財産分割

　マラヤ北西部のマレー人は，夫婦であっても財産は相続を受けた個人に属するものとして，名義上でも，意識上でも峻別されており，結婚後夫婦が共同で得た財産（主に土地）は離婚に際して等分される（口羽・坪内 [1966]）。中部ジャワのジャワ人は，夫婦各々が結婚時に持参した財産は自分のものとするが，共同で得た財産は 3 分の 2 を夫が，3 分の 1 を妻が取る（Koentjaraningrat [1960：104]）。また，シンガポールのマレー人は，夫婦各々の結婚前からの財産はそれぞれ自分のものとする。結婚後に獲得した財産は，妻に非がなければ妻のものになり，妻に非があれば夫のものとなる（Djamour [1959：39]）。このような状況から，坪内 [1969] は，双系的な親族構造を持つマレー系諸民族の離婚について分析し，共同財産がある場合も，離婚に際するその処理に関して比較的平等な規定が存在していると述べている。

7.2　Ｔ村における離別による財産分割

　離婚時の財産分割について，Ｔ村の人々に一般的な傾向を尋ねた。妻の親から分与された財産は妻のものとなり，夫の親から分与されたものは夫の財産となり，結婚後獲得された財産については夫婦で二等分されると言う。土地に関して言うと，前述の通り，独立した世帯を形成している夫婦は，どちらの親から分与・相続された土地であるかにかかわらず，所有する水田は"夫婦の"土地として認識されている。土地所有に対する村民の認識は，夫婦関係の確立と解消の状況によって柔軟に変化し，前述したように，夫婦関係が解消される時には，土地の獲得経緯が重視されてその帰属が決定されるのである（佐藤

[2007：6-8]）。それは他の資産についても同様である。

　世帯番号193のAは1998年に22歳で離婚した。夫の親と同居していたため，屋敷地の分与は受けていなかったが，夫，妻双方の親から乾季田の分与があった。離婚後，Aは両親の家へ戻り，夫の親から分けられた乾季田は夫の，妻の親から分けられた乾季田は妻のものとなった。その他に夫婦で獲得した土地や家畜など分割すべき財産はなかった。

　世帯番号117のJは，19歳で結婚し，7年後（1990年）に離婚した。当時，水田が1ヶ所あり，牛が2頭いた。水田は妻の親から分与されたものであり，牛は妻の親が購入資金を出して購入した。そのため離婚後，水田も牛2頭もすべて妻のものとなった。

　世帯番号26のB（35歳）は筆者の調査中に離婚した。妻の親から分与された土地に居住していたが，妻はその家に残り，夫が出身村に戻った。結婚後，オートバイ2台と水田1ヶ所を購入していた。離婚時，財産分割についてしばらく揉め事が続いていた。当初，オートバイ2台，水田すべてについて夫が所有権を主張した。豚の小売業を営む夫の所得が，小学校教師である妻よりも高く，夫の稼いだ所得により購入したものであるから，というのが夫の主張であった。しかし，その夫の主張について納得する者は妻の親，キョウダイ，また近隣の村民の中にもいなかった。あくまでも夫婦で獲得した財産は夫婦で分割すべきだというのが人々の認識であった。結局，オートバイを1台ずつ分け，水田は夫が獲得したが，その代わりに夫から妻へ3000USDが渡された。

　これらの事例からも，親から分与・相続された財産はそれぞれの所有へ戻され，結婚後獲得した財産は夫婦で分割される傾向が見てとれる。離別時の財産分割は比較的平等に行われていると言えるだろう。

7.3　死別後の夫婦の財産

　世帯番号135のGは1989年に結婚し，すぐに娘を妊娠したが，1年後に夫の乗った車が地雷にあたり夫は死亡した。結婚後まもなく夫の親から0.1haの水田，妻の親から屋敷地を分与されていた。水田はすでに分与が成立していたため，夫の死亡後もGのものとして残り，Gはその水田を小作に出して小作料を得ている。

　世帯番号95のIは1963年に結婚し，1984年に夫がマラリアで死亡した。

第3章　資産所有と相続による資産の獲得　│　89

結婚後まもなく妻の親からは水田を3ヶ所，合計約1ha，夫の親からは水田を2ヶ所，合計約1ha，および屋敷地を分与された。しかし，ポル・ポト時代に水田はすべて没収され，クロムサマキ後の水田分配により，約0.6haの水田を得た。夫の死亡時にはすでに双方の親から分与された水田は失っていたが，夫の親から分与された屋敷地は残り，現在もそこに居住している。

妻を亡くした男性の事例を紹介しておこう。世帯番号141のK（男性）は1981年に結婚し，6人の子を持つが妻が7年前に病死した。夫婦ともにT村の出身であるが，屋敷地は妻の親から分与された。結婚後，夫の親からは財産分与はなかった。水田はクロムサマキで分配された0.21haと結婚後に購入した0.12haがあるが，すべて夫の所有となっている。妻の死亡後も同じ屋敷地に居住し，隣家の妻の姉2人が食事の支度等を行ってくれている。

歴史的な経緯により，親から分与された財産がすべて失われることもあった。しかし，基本的に，配偶者と死別した後もそれ以前に双方の親から分与された財産は，亡くなった者の親やキョウダイ，あるいは子へ相続されるのではなく，残された妻（あるいは夫）に相続されるのである。そのためメマーイには，夫の死亡前に夫の親から相続された資産もメマーイのもとに残る状況にある。

8. 資産の分与・相続

最後に社会構造の中に組み込まれた資産の獲得の重要な方法としての資産の分与・相続についてその傾向を把握し，メマーイにとってどのような意味を有しているのかを考察する。

先行研究によると，カンボジアにおける子への相続は均分相続が基本であり，性別や生まれた順番による制約はない。ただし，親と同居する子が他のキョウダイよりも多くの財産を相続することがある。そして，土地を相続せずに婚出する主に男子については，金品や牛等の動産で相続が行われる傾向にある（Ebihara [1971]，矢追 [2001]）。そして，屋敷地や農地は夫方よりも妻方相続が優勢であることが示されている（小林 [2011]）。また，カンボジアでの農地の分与・相続は親の死亡時ではなく，子の結婚時に親世帯から分与されるのが一般的であると言われている（Ebihara [1971：353]）。天川 [2001] は，結婚と同時

90

に分与される事例と，結婚後数年してから分与されたという事例の両方があり，より厳密には農地は子世帯が親世帯から生計を完全に分離する際に親から分与されると指摘している [ibid.: 182]。しかし，筆者の調査では，相続の時期の質問に対し，「結婚後まもなく」という回答が得られたが，それが結婚してすぐ，まだ親世帯に同居している時期なのか，親世帯からの独立時かどうかを確認することはできなかった。

　T村では，分与・相続される資産は，屋敷地，水田等の土地，家屋，牛・水牛等の家畜，金（きん），貨幣，そして少数であるがワニ，牛車，オートバイが観察された。まず，子への分与・相続について分析を行い，分与・相続された資産の中でも比較的正確に把握することができた屋敷地，水田，牛・水牛に焦点を当て，何がいつ誰に相続されているのかを確認し，それがメメーイの資産獲得にどのような影響を与えうるのかについて考察を加えたい。

8.1　子への分与・相続

　親がどの子へどれだけの分与・相続を行っているのか，娘と息子，長子や末子などの違いで何らかの傾向があるのか否か，調査村における一般傾向を見ていきたい。調査では，子がすべて結婚した村民に対して，子へ何をどれだけ相続したかについて質問を行った。親が健在で聞き取りが可能であった 11 の事例から回答を得た（表3.7）。

　世帯番号 134 では，屋敷地のみを子へ相続している。3 人の息子と 3 人の娘のうち，娘 3 人はすべて結婚後も村内に残り，屋敷地を得ている。息子 3 人のうち 2 人も結婚後，村内に残っているがうち 1 人は屋敷地の分与を受けていない。屋敷地の分与を受けていない息子は妻の生家で両親と同居している。つまり，屋敷地は村内に残り，かつ親の元に残る子に分与・相続されている。

　世帯番号 97 には，3 人の娘と 1 人の息子がいる。他村へ婚出した娘と息子には分与・相続は何も行われていない。村内に残った娘には屋敷地が分与され，同居している娘には居住している土地をそのまま相続させる予定である。

　世帯番号 7 は 3 人の娘を持ち，みな結婚後も村内に残っている。3 人すべてに水田を分与している。屋敷地は広さに限界があるため同居している娘のみに相続する予定である。

　世帯番号 96 は 4 人の娘と 2 人の息子がある。結婚後も村内に残っているの

表 3.7 子への相続の事例

	性別	居住地	屋敷地	水田	現金	オートバイ
No. 134						
第1子	女	村内	○	—	—	—
第2子	男	他郡	×	—	—	—
第3子	男	村内	×	—	—	—
第4子	男	村内	×	—	—	—
第5子	女	村内	○	—	—	—
第6子	女	村内(同居)	○	—	—	—
No. 97						
第1子	女	村内	○	—	—	—
第2子	女	他村	×	—	—	—
第3子	女	村内(同居)	(○)	—	—	—
第4子	男	他村	×	—	—	—
No. 7						
第1子	女	村内	×	○	—	—
第2子	女	村内	×	○	—	—
第3子	女	村内(同居)	○	○	—	—
No. 96						
第1子	女	他村	×	○	—	—
第2子	女	他村	×	×	—	—
第3子	女	村内	×	×	—	—
第4子	男	村内	×	×	—	—
第5子	女	村内(同居)	(○)	○	—	—
第6子	男	他区	×	×	—	—
No. 103						
第1子	男	村内	○	○	○	—
第2子	男	海外	×	○	○	—
第3子	男	村内	×	○	○	—
第4子	男	村内	×	○	○	—
第5子	女	村内(同居)	(○)	○	○	—
No. 98						
第1子	男	他村	×	○	—	×
第2子	男	他村	×	○	—	×
第3子	男	村内	×	○	—	×
第4子	女	他州	×	○	—	×
第5子	男	村内	×	○	—	○
第6子	男	村内	×	○	—	○
第7子	男	村内	×	○	—	○
第8子	女	他郡(同居予定)	(○)	○	—	○

	性別	居住地	屋敷地	水田	牛	金
No. 56						
第1子	女	村内	×	×	×	×
第2子	男	村内	×	×	×	○
第3子	女	村内(同居)	×	×	○	×
第4子	女	他村	×	×	×	×
第5子	女	村内(同居)	○	○	○	×
No. 28						
第1子	男	他村	×	○	—	×
第2子	男	村内	×	×	×	×
第3子	男	村内	○	×	×	×
第4子	男	村内	×	×	×	×
第5子	男	他村	×	×	×	○
第6子	男	他区	×	×	×	○
第7子	男	他郡	×	×	×	○
第8子	女	村内(同居)	○	○	—	×
No. 153						
第1子	男	他州	×	×	—	◎
第2子	男	村内	○	×	—	○
第3子	女	村内	○	×	—	○
第4子	男	村内(同居)	(○)	(◎)	—	?
No. 17						
第1子	男	村内	○	×	○	×
第2子	男	他州	×	×	○	×
第3子	女	村内(同居)	○	○	○	×
第4子	男	他村	×	○	○	×
第5子	男	村内(同居)	(○)	(○)	○	×

注) 第1子と第2子は水田が分配される前に結婚した。

	性別	居住地	屋敷地	水田	牛	金
No. 15						
第1子	男	村内(同居)	×	×	○	—
第2子	男	他村	×	×	◎	—
第3子	男	村内	○	◎	○	—
第4子	男	村内	○	◎	×	—

(出所) 筆者調査による

は娘2人と息子1人であるが，息子は何の分与も受けていない。1人の娘は水田と屋敷地の分与をすでに受け，もう1人の娘は水田と親と同居している現在の屋敷地を将来的に相続する予定である。その他には，婚出した娘1人が水田を分与されているが，他の婚出した娘，息子には何も分与・相続されていない。息子よりも娘，特に村内に残る娘により多くの土地が分与・相続されているこ

とがわかる。

世帯番号 103 は 3 人の息子と 2 人の娘を持つ。すべての子に対して結婚の都度，現金を均等に分与してきた。海外に住む息子 1 人以外には水田も分与している。屋敷地は村内に居住する娘 2 人と息子 1 人に分与している。村内に居住するものの妻方の屋敷地に住む息子と海外に住む息子には分与していない。但し，同居中の娘へは未相続であり，居住している屋敷地がそのまま相続される予定である。すべての子に平等に相続を行う意向が見られるが，土地に関しては村に残る子に対してのみ行われている。つまり，土地は細かく分割して相続する，あるいは売却してその収益を分ける方法は選択されず，屋敷地は屋敷地として，農地は農地としての機能を最大限に活かせるように相続が行われていると言える。

世帯番号 98 には 6 人の息子と 2 人の娘がいる。8 人の子すべてに 15m × 100m の水田を分与した。最近になって結婚した下から 3 人の子にはオートバイをそれぞれ結婚時に買い与えた。現在，夫婦 2 人で居住しているが末娘夫婦が街からこの世帯へ戻る予定で，将来的には末娘に屋敷地や残りの水田を相続させる予定である。すべての子に比較的平等に相続を行う意向がここでも見て取れるが，時代の経過とともに世帯の経済状況も変わり，相続されるものにも変化が見られる。また，同居する末娘には他の子よりも多くの相続が行われる予定である。

世帯番号 56 は 1 人の息子と 4 人の娘を持つ。第 1 子の娘はポル・ポト時代直後に結婚したため，財産分与は何もなかった。第 2 子の息子には金（きん），第 3，4 子の娘には牛が結婚後分与され，同居している末娘には牛と水田がすでに分与された。居住している屋敷地も同居している娘が相続する予定である。同居する末娘へより多くの相続が行われ，それ以外の子へは財産を等しく分けている。

世帯番号 28 では，6 人の息子と 2 人の娘がいる。すべての子に屋敷地，水田，金（きん）のいずれかを分与・相続している。同居する末娘へは屋敷地と水田の両方を将来的に相続させる予定である。同居する末娘へより多く相続が行われ，それ以外の子へは等しく財産を分けようとしていることがうかがえる。

世帯番号 153 には，2 人の息子と 2 人の娘がいる。結婚後も村に残った子 3 人には屋敷地が分与されている（同居している子には居住している土地を相続する予定）。二重丸は他の子へよりも多く分与・相続していることを示しているが，

金（きん）のみを得た第1子は，屋敷地と金（きん）を得た第2，3子よりも金の量がより多い。また，両親と同居している末娘は屋敷地と水田を得る予定である。ここでも，子へ可能な限り均等に財産を分けようとしている傾向が見られる。

世帯番号17には3人の息子と2人の娘がいる。すべての子に結婚後，牛を1頭ずつ分与している。第1子と第2子は，クロムサマキ後の土地分配が行われるより前に結婚したため，水田の分与は行われていない。残りの3人には水田が分与され，村に残った第1，第3，第5子へは屋敷地の分与・相続が行われている。なお，親と同居する第5子へは水田と屋敷地が相続される予定であり，調査時点では両親に所有権があった。歴史的な背景により，分与・相続の内容が異なるものの，すべての子へ何らかの財産分与があり，村へ残る子に対しては土地が与えられている。

世帯番号15には4人の子があり，すべて男子である。他村へ婚出した第2子には牛2頭のみが分与された。第1子には牛1頭と水田1ヶ所の分与があり，第3子には牛1頭と，水田2ヶ所，屋敷地の分与があった。第4子には水田2ヶ所と屋敷地の分与があった。もともと第3子が居住する土地に両親が居住していたが，現在は妻方の屋敷地に住む第1子と母親（父親はすでに死亡）が同居している。村に残る子に対して土地を分与・相続する傾向が見られる。また，親と同居し親の面倒を看る子が必ずしも屋敷地を相続するとは限らないことが示されている。

以上の11事例から相続の一般的傾向をうかがうなら次のようになる。(1)子が多い場合には子に年齢差があり，結婚した年も大きく異なる。その時々の時代背景や世帯の経済状況で相続のあり方も影響を受けている。(2)結婚後，村から婚出する者に対しては，水田や屋敷地は与えられない。(3)屋敷地の分与・相続は，結婚後も村内に残る者に対して行われるため，息子よりも娘への相続が多い。村内に残っていても妻方の土地へ居住する息子へは分与されない。(4)親の世帯に残り，親と同居した者ほど相続が多く，それは末娘により多く見られる。それは年老いた親の扶養の代償とも取れる。

女性であるメマーイは村に残る傾向にあり，自分の親からの相続が多くなる。死別の場合は夫方に居住していても夫方の親から相続があり，それは夫が死亡してもメマーイの所有が続き，メマーイの資産は確保されることになる。また，親との同居を選択するメマーイが多いことから，他の子よりも多くの資産を得

る可能性が高くなることも指摘できるであろう。

8.2 屋敷地の相続

(1) 分与・相続時期

屋敷地をすでに親から分与・相続したという世帯は，全部で127世帯（75.6%）に上る。それらの相続時期を確認したい。結婚直後に分与・相続されたという世帯は73世帯，57.5%と過半数を占める。親の死亡により分与・相続された世帯が36世帯，28.3%，結婚後まもなく（あるいは結婚から数年後の親世帯から独立する際）が4世帯（3.1%），結婚後，親が高齢になってからが4世帯（3.1%），その他8世帯（6.3%），不明2世帯（1.6%）となっている。親の死亡により分与・相続された36世帯のうち，33世帯（91.7%）は親と同居していたケースであった。つまり，最後まで親の世帯に残り，親と同居する場合には親の死亡とともに屋敷地が子へ相続される傾向にあり，親と同居せずに親の屋敷地の一部や水田の分与を受ける場合は，結婚後まもなく与えられる傾向にあると言える。

(2) メマーイの相続

まず，屋敷地の獲得は妻方居住の傾向から，夫の両親からよりも妻の両親から分与・相続される割合が高い。分与・相続の時期は，最後まで親の世帯に残り，親と同居する場合には親の死亡とともに子へ相続される傾向があり，親と同居せずに親の屋敷地の一部や水田を屋敷地として分与される場合には，結婚後まもなく与えられる傾向がある。離別の際には，妻の親から分与・相続された屋敷地は妻のものとして残され，死別の際はすでに分与された土地はどちらの親から分与されたものであれ，メマーイに残される。実際，死別・離別後の屋敷地の所有状況について確認すると，55人のメマーイのうち，妻の親からすでに分与されていたのが13人（23.6%），夫の親からすでに分与されていたのが5人（9.1%）いた。それらの土地は，夫との死別・離別後も彼女たちの土地として残されている。また，他の19人（34.5%）は，結婚後，独立した家を構えず，彼女たち自身の親と同居していた。その場合，夫との死別・離別後も居住状況に変化はなく，未相続であるものの居住地は確保されている。その他，購入した屋敷地やポル・ポト時代直後に村長から無償で与えられた土地，クロムサマキ後の土地分配で得た水田を屋敷地としていた9人（16.4%）は，いずれ

も夫と死別しており，そのまま屋敷地はメマーイのものとして残されている。残りの9人（16.4%）は夫方の村で夫の親と同居していた。夫との死別・離別により，その9人はすべてT村の生家へ戻ってきている。つまり，これら夫の親と同居していた事例以外の46人（83.6%）は，居住していた場所を動かず，そのまま屋敷地を確保した状態にあったと言える。

　また，これら55人のメマーイのうち，夫と死別・離別前に屋敷地を所有していたにもかかわらず，その屋敷地を失ったというケースは1人だけであった。それは，他村で夫の親から分与された屋敷地に居住していたが，夫の死亡によりその土地を自ら放棄して，T村に戻ったためであった。

　夫と死別・離別した際に独立した世帯を有していたメマーイは，その土地が夫，妻いずれの親から分与された土地であるかにかかわらず，そのまま所有することができた。また，メマーイが本人の親と同居していた場合には，そのまま親世帯に残り親の屋敷地を相続することが可能となった。夫の親と同居していたメマーイは居住していた場所を失うことになるが，生家へ戻り，親と1つの世帯を再形成し，その後，屋敷地の相続を受け（あるいは受ける予定となり），屋敷地を失うことが生じていない状況が観察された。

8.3　水田の分与・相続時期

(1) 分与・相続時期
　親から水田の分与・相続があった世帯について，まずその相続時期を尋ねた（表3.8）。妻，夫双方の親から相続があった場合にはそれぞれを累計している。そのため同表に示された合計は延べ世帯数である。これを見ると，9割近くの89.5%の世帯が結婚後まもなく（あるいは結婚から数年後の世帯独立時）分与・相続を受けている。親の死亡時が7.4%，結婚後数十年経った，親が高齢になった時が2.1%，結婚前が1.1%であった。つまり，水田は結婚後まもなく分与・相続される傾向にあると言える。

(2) 新生世帯の水田耕作
　東北タイのドンデーン村では，カンボジアのT村と同様に妻方居住が優勢であり，結婚後しばらくの間，妻の両親と同居した後に，親の屋敷地の一部を分与される傾向にある。しかし，農地については妻の親との同居を終え，別世

表 3.8 水田の相続時期

(単位：世帯，％)

	（世帯）	（％）
結婚前	1	1.1
結婚後まもなく（あるいは世帯独立時）	85	89.5
結婚後，両親が高齢になってから	2	2.1
両親の死亡時	7	7.4
合計	95	100

(出所) 筆者 2007 年調査による

帯を設けてからも分与されず，親の農地で共同耕作を行う親族労働者となる。収益は収穫米から自己の分け前をもらって，穀倉に持ち帰る。穀倉がなければその都度，消費分を親の世帯へもらいに行く。世帯主が 40 歳前後の頃，妻の両親が年老い，あるいは死亡した時にようやく水田が分与され，名実ともに独立の道を歩むことになる（水野［1968：4］［1969：26］）。

　一方，T村では結婚して親と同居した後に別世帯を設けると，水田がすぐに分与され，親世帯とは独立して生計を立てていくことになる。そのため，若い夫婦は 2 人で稲作経営を始めなくてはならない。牛や牛車がない場合は，親やキョウダイから無償で借りることもできる。また，かつては伝統的な慣習である労力交換のプロヴァハ・ダイ（ប្រវះដៃ）がさかんに利用されていた。田起しの場合は，牛による田起し半日（午前中のみ）と田植え 1 日とが交換される。収穫後の運搬作業では，牛と牛車による運搬 1 回と稲刈り 1 日とが交換される。しかし，最近ではほとんどの場合が牛や牛車，そしてトラクターを現金で雇用することが多い[10]。田植えや稲刈りなども，かつてはプロヴァハ・ダイによって，現在では雇用によって労働力を補い，新生世帯も 1 つの世帯を単位に稲作経営を行うのである。

(3) メマーイの相続

　T村では水田の分与・相続は特に妻，夫どちらかの親に偏ることなく，結婚後まもなく（あるいは結婚から数年後の親世帯からの独立時）行われる傾向にある。離別の場合には，夫の親から相続された水田は夫が所有を続け，メマーイ

---

10)　牛や牛車，トラクターはその持ち主が自ら田起しや運搬作業を行う。

の親から相続された水田はメマーイが所有し続けることになる。一方，死別の場合は本人の親から相続された水田のみならず，すでに分与が成立しているため，夫の親から分与された水田もメマーイのものとして残る。実際，世帯番号146のメマーイは結婚後，夫の親から夫の出身村にある1haの水田と，妻の親からT村の水田を0.12ha分与されていた。夫が死亡した後も夫の親から分与された水田は，そのまま彼女のものとして残されている。

　また，メマーイ世帯と一般世帯での水田の相続状況に違いがないかを再度確認しておこう。ここでは調査時点の所有面積にかかわらず，もともと相続によって獲得された水田面積を確認してみたい。ポル・ポト時代の以前と以後では水田の所有面積に大きな違いが存在し，それが相続される水田面積にも影響していたため，ここではクロムサマキ後の土地分配が実施された1983年以降に結婚した世帯の相続のみを取り上げる。1983年以降に結婚した世帯は一般世帯で95世帯（一般世帯全体の62.1％），メマーイ世帯で19世帯（メマーイ世帯全体の37.7％）である。そのうち，いずれかの親から水田の相続を受けている世帯は一般世帯で46世帯，メマーイ世帯で7世帯である。一般世帯で83年以降に結婚した世帯の48.4％，メマーイ世帯で36.8％を占める。これは，次章で詳述するが，メマーイ世帯は親と同居する割合が一般世帯よりも高いため，結婚後も水田の分与が未だ行われていない世帯があることが一因と考えられる。また，これらすでに相続が行われた世帯で，その面積の平均を比較すると，一般世帯で0.48ha，メマーイ世帯で0.42haとメマーイ世帯で若干少ないものの大きな差異はないと言えるだろう。

　以上のことから，メマーイの水田の分与・相続の状況をまとめると以下のようになる。親から独立する世帯では結婚後まもなく水田を分与されるため，死別の場合でも夫の親から分与された水田はメマーイのものとして確保される。一方，夫と離婚した場合は夫の親から得た水田を失うことになる。しかし，メマーイであることを理由に水田の分与・相続が否定されることもなく，特にメマーイ世帯が夫のいる世帯よりも不利な状況にあるとは言えない。

8.4　牛・水牛の分与・相続時期

(1) 分与・相続時期

　調査時点で飼育されている牛・水牛の獲得方法では，分与・相続の事例数は

表 3.9　妻の親からの牛・水牛の相続時期と頭数

(単位：世帯)

	1頭	2頭	3頭	5頭	6頭	合計
結婚後まもなく	22	3	—	—	—	25
結婚後，親の世帯からの独立時	1	—	—	—	—	1
結婚後，両親が高齢になってから	—	—	—	—	—	0
両親の死亡時	1	2	1	1	1	6
その他	1	—	—	—	—	1
合計	25	5	1	1	1	33

(出所) 筆者 2007 年調査による

表 3.10　夫の親からの牛・水牛の相続時期と頭数

(単位：世帯)

	1頭	2頭	合計
結婚後まもなく	21	6	27
結婚後，親の世帯からの独立時	—	—	0
結婚後，両親が高齢になってから	1	—	1
両親の死亡時	—	—	0
その他	—	—	0
合計	22	6	28

(出所) 筆者 2007 年調査による

少ないものの，それまでの分与・相続において牛・水牛が与えられたという事例は 61 事例あった。それらの事例を分析し，メマーイ世帯が不利な状況にあるのか否かを検証してみる。表 3.9 および表 3.10 にはかつて牛・水牛を分与・相続された経験のあるすべての世帯が含まれている。妻の親から分与・相続を受けた事例数が 33 事例（うち水牛は 5 事例），夫の親から分与・相続を受けた事例数が 28 事例（うち水牛は 2 事例）であった。

　これを見ると，妻の親からの分与・相続では 3 頭，5 頭，6 頭といったより多くの牛・水牛が与えられていることがわかる。3 頭以上の事例では，その相続時期がすべて両親の死亡時であり，3 つの事例すべてが妻の親と同居していた。つまり，同居していた親が所有していた家畜を，親が死亡したために，同居していた子がそのまますべてを相続したのである。

　1 頭，2 頭といった分与・相続では妻方，夫方いずれからの相続も「結婚後まもなく」が圧倒的に多い。結婚を契機とした牛・水牛の分与・相続では特に妻，夫どちらの親からの相続が多いといった偏りは見受けられない。

第 3 章　資産所有と相続による資産の獲得　99

表 3.11　牛・水牛の分与・相続頭数（一般世帯，メマーイ世帯別）

(単位：世帯)

		0頭	1頭	2頭	3頭	4頭	5頭	7頭	合計
一般世帯	世帯数	106	27	13	1	1	0	0	148
	％	71.6	18.2	8.8	0.7	0.7	0.0	0.0	100.0
メマーイ世帯	世帯数	42	3	2	1	0	1	1	50
	％	84.0	6.0	4.0	2.0	0.0	2.0	2.0	100.0
合計	世帯数	148	30	15	2	1	1	1	198
	％	74.7	15.2	7.6	1.0	0.5	0.5	0.5	100.0

(出所) 筆者 2007 年調査による
注) 欠損値が一般世帯に 3 世帯，メマーイ世帯に 1 世帯の合計 4 世帯ある。

(2) メマーイの相続

　メマーイ世帯と一般世帯で，牛および水牛の分与・相続状況を比較しておこう（表 3.11）。牛あるいは水牛の分与・相続を受けた世帯は一般世帯で 42 世帯（欠損値 3 世帯を除く全体の 28.4％），メマーイ世帯で 8 世帯（欠損値 1 世帯を除く全体の 16％）と，メマーイ世帯の分与・相続世帯の割合は一般世帯よりも低い。しかし，分与・相続を受けた牛・水牛の頭数の平均を見てみると，一般世帯で 0.41 頭であるのに対し，メマーイ世帯で 0.44 頭と，メマーイ世帯の方が若干多いことがわかる。それぞれの分与・相続頭数を少し詳細に見ると，確かにメマーイ世帯では分与・相続が行われていない世帯の割合が高いものの，5 頭，7 頭といった多くの牛・水牛が分与・相続されている世帯があり，全体の平均値を上げている要因となっている。

　つまり，メマーイ世帯では水田のケースと同様に，親と同居している世帯が多いため，牛や水牛の分与が未だ行われていない世帯の存在が考えられる。また，親と同居していたメマーイが，親の死亡時に親が所有していた牛・水牛をすべて相続する場合には，独立時の分与では見られないような多くの牛・水牛を相続することになるのである。

9.　小括 ── 娘として，妻として獲得される土地資産

　メマーイの資産所有状況については以下のようにまとめることができる。水

田では土地なし世帯の割合は一般世帯に比してメマーイ世帯で少ない。しかし，所有する水田面積は一般世帯よりも少なく，遠隔地農村に水田を持たないこと，乾季田の開墾等，水田の拡大に積極的でなかったことがその理由として挙げられる。屋敷地の所有状況については，ほとんどすべての世帯が屋敷地を有しておりメマーイ世帯にとって不利な状況は見られない。また，牛・水牛の所有については，稲作に消極的なメマーイ世帯は一般世帯よりも所有頭数が少ない。つまり，メマーイ世帯全体の資産を知ることはできないが，稲作に関連する資産に関してメマーイ世帯は獲得に消極的でありあまり多くを有していないと言える。

　T村で稲作によって得られる所得は非常に限られており，次章で詳述するが，農外所得をいかに獲得するかが世帯所得を決定する最大の要素となっている。メマーイ世帯が稲作を行わず小作に出し，土地の拡大に消極的であったことはメマーイ世帯の1つの戦略であったとも考えられる。

　また，社会構造に組み込まれた資産の獲得手段である分与・相続および夫婦間での資産分割については以下のようにまとめることができる。T村における分与・相続の傾向はその時々の時代背景や世帯の経済状況の変化，個々のケースにおいて違いはある。しかし，いくつかの傾向を挙げることができる。第一に，屋敷地の分与・相続は妻の親から行われることが多い。一方，水田や家畜の分与・相続は特にどちらかの親に偏った傾向は見られない。第二に，土地は結婚後も村に残る子に対して分与・相続される傾向にあり，妻方居住の傾向から，それが娘であることが多い。第三に，特に親と同居する子に対しては，より多くの相続が行われる傾向も見受けられた。そして，いずれの分与・相続においても，世帯を分離する場合は結婚を機に分与が行われる。しかし，親と同居を続ける場合は親の死亡をもって相続される傾向にある。

　このような状況下における，メマーイにとっての財産分割，分与・相続を通しての資産獲得をまとめると以下のようになる。離婚に際しての財産分割はそれぞれの親から分与・相続されたものはそれぞれ自分のものとなり，結婚後共同で獲得した資産は二等分される。個々のケースによっておそらく相違はあるものの，比較的平等的な分割が行われていると言ってよい。また，女性は本人の親から土地の分与・相続が行われる傾向にある。そのため，離別の際に自分の土地が確保される状態にあることも指摘できる。死別に際しては，夫の親から分与・相続された"夫婦の"財産はメマーイ1人にその所有権が変わる。親

世帯から独立する子には結婚後まもなく，あるいは数年の親との同居後，世帯を新たに設ける際に分与が行われるため，夫の親から分与された財産もメマーイのものとして確保される。親が高齢になってから，あるいは親の死亡時に相続が行われる東北タイの事例に比べると，メマーイにとっては有利な状況にあると言える。

　また，メマーイの中に親と同居する者が多くみられるが，親と同居する子にはより多くの資産が与えられ，他の子よりも多くの資産を獲得するケースもあることが指摘できる。

　これらの分析から，メマーイは妻方居住の慣行と女性の資産が確保される慣習から財産の分与・相続において他の世帯に比して不利な状況にあるとは言えず，分与・相続を通して資産はある程度確保されており，メマーイの生計を支える役割を果たしていると言える。

　本章では，メマーイの暮らしそのものや農業の基盤となる土地の所有について主に明らかにしてきた。次章では，メマーイたちが，そしてメマーイとともに暮らす人々がいかに働き，所得を獲得しているのかを明らかにしていく。

幸せな家族像が強いるもの ── 私の中の〈メマーイ〉②

中学2年生のときに父が再婚した。新しい"母"ができたのだ。

新しい母は"本当の母"になるために悪戦苦闘していた。新しい母を「お母さん」と呼び，互いに親子になる努力をした。しかし，様々な歪みが生じ，双方に大きな負担がかかった。互いに生活習慣も異なり，自立心をもつ年齢に達している1人の子どもと1人の大人が，ある日を境に母子関係になることは普通のことではなかった。

そして，父の再婚を機に実母の存在はさらに否定された。継母も"本当の母"になるために，私たち兄妹の中に潜む実母の存在を消そうとしていた。その時すでに連絡は途絶えていたが，後から聞いた話によると，実母自身も「新しい家族を崩してはいけない」「私が出しゃばってはいけない」という意識を強くもっていたそうだ。

$$* \qquad * \qquad *$$

カンボジアの村では継父・継母，あるいは養父・養母と子どものいる家族にも多く出会った。子どもたちは，親の顔を覚えていないような幼少期から継父母や養父母と一緒に暮らしている場合は「お父さん」「お母さん」と呼ぶが，実の親を覚えている場合には「おじさん」「おばさん」と呼ぶことの方が一般的だった。

実の親と子どもの関係について尋ねると，それは"子どものしたいように"というのが基本的な姿勢だった。そのため，実親との親子関係は別居していても維持され，成長した子どもの結婚式で継父と実父，継母と実母が並んで参列する，ということも珍しくなかった。

日本の幸せな家族像は"1人のお父さんと1人のお母さんと子ども"である。2人のお母さんがいるのはまずい。私にとって，そして日本の常識からすると，結婚式で母と継母が並んで座るなど，実現はおろか考えにも及ばない情景だった。

$$* \qquad * \qquad *$$

日本社会の理想の幸せな家族像は"両親がいて子どもがいる，愛に溢れた家族"だ。その幸福な家族像を成立させるために，親子とりわけ母子のつながり

第3章　資産所有と相続による資産の獲得　103

が強調され，幸福な姿を固定化する。それは，理想の家族像から外れることの抑止力になり，人々を"幸せな家族"に押し留める作用があるだろう。しかし，逆に"幸せな家族像"を守るために，そこから外れた者は否定されるか，あるいは"不幸"と見なされることになるのだ。そして，その認識は，理想から外れた親や子どもたちを本当に不幸な存在にしてしまう要因になるのである。私の場合，離婚して家からいなくなった母は家族には含まれず，彼女への否定と子どもへの"かわいそう"という認識が強く作用した。そして，その家族の理想像は再婚家庭にも適用され，愛情関係を築き本当の親子になることが求められたのだった。

＊　　　　　　＊　　　　　　＊

　カンボジアでも親子，特に子にとっての母親の存在は大きい（第1章参照）。しかし，カンボジア社会では親子だけが家族の形ではないし，親子の結びつきには柔軟性があった。子育ての倫理は実の親に限定されず，祖父母やオジ・オバなどにも拡大されている（第5章参照）。そして，その家族関係の柔軟性は実の親子の間にも存在し，親子の愛情関係には"ゆるさ"が伴っていた。

　寄留していた家のお向かいさんはメマーイの母親と離婚した息子と孫娘が1人という3人暮らしの世帯だった。息子は母親とともに農業を行う傍ら，家で簡易な椅子と鏡を置いた散髪屋を営んでいた。しかし，散髪屋にお客がいるのを見たのはひと月に1度ほど。メマーイである母はそんな息子のことをこう話した。

　「子どもはアタリハズレがあるのよね。うちの息子は農業もろくにできないし，商売もできない。うちは子どもが1人しかいないのに，ハズレだったからどうしようもない」。

　また，寄留先の世帯は，長女，長男，次女，次男の4人の子がいたが，母親は息子2人に対して次のように語っていた。

　「次男はよく働くし，性格も合うけれど長男はちょっとね……。でも次男がいるから良かったわ」。

　長男は特に素行が悪いわけでも，怠慢なわけでもない。普通の男の子で，勉強もするし，家の手伝いもしていた。ただ，確かに次男の方が母親と「気が合い」，常に母を助けようとする姿勢が強く見られた。

　このような発言は薄情にも感じられ，「親は子を平等に愛して当たり前」と

思っていた私には衝撃的だった。しかし，親は子どもを平等に愛さなければならない，親は子を自然に，当然ながら愛するものだ，という前提が弱くなると，親も子も1人の人間であり，普通の人と人との関係になる。親の望むような能力をもつ子が生まれるとは限らないし，親と気が合うかどうかもわからない。「かくあるべき」という愛情の押し付けのない関係はとてもフラットで自然な姿であるようにも思えた。

日本では子を愛せないことに深く悩む親がいたり，逆に親の過干渉や過剰な子への期待が引きこもりやニートを生んだりといった親子関係にまつわる社会問題も深刻だ。それは，親子の愛情関係に対する思い込みや強制が1つの要因であるのかもしれない。

親と子の結びつきを強調し，固定化された理想を求める日本社会。家族の範囲が広く，柔軟性をもつカンボジア社会。どちらも幸せな家族を追求する社会であることには変わりない。しかし，夫を失くしたり，離婚したり，親を失くしたり，家族に何らかのほころびが生じた時に，いかにそのほころびを問題として顕在化させないか，いかに生じた問題に対応するのか，その仕組みの違いがはっきりと見えてくるのである。（198頁 コラム③へ続く）

お向かいさんの孫娘。両親が離婚して，父と祖母と一緒に暮らしている。お向かいさん（つまり彼女のおばあちゃん）にべったりと寄り添っている。彼女はいつも元気いっぱい。常に満面の笑顔をカメラに向けてくれた。

第 4 章

所得と就業構造

ここでは，メマーイの経済状況を知るために，以下のような分析を試みた。

　まず，メマーイたちの世帯では誰が働き手として所得を得ているのかを確認するために，世帯内労働力の特徴について分析する。そして，夫を失くした時点でメマーイがどのように世帯を再編成し，生業を変えているのかを論述する。そして，実際にメマーイ世帯の有業者がどのような就業選択を行い，所得を獲得しているのか，またどのようなメマーイが経済的困窮に陥りやすいのかを明らかにするために，メマーイ世帯をいくつかに分類し，詳細に分析を加えてその特徴を検証する。

1. メマーイ世帯の労働力

1.1　世帯構成

　一般的にカンボジアの世帯は，夫婦と未婚の子から成る核家族が優勢であるとされている[1]。T村の一般世帯を例にとると，夫婦と未婚の子（婚出した子を持つ世帯も含む）から成る核家族型の世帯は109世帯（71.2％）を占めている。ここでは，夫婦と未婚の子に加えて，他世帯の未婚の子を預かっているケースも含まれている。では，メマーイ世帯はどのように構成されているのであろうか。表4.1により，メマーイ世帯の構成形態を確認すると，全メマーイ世帯51世帯のうち，メマーイとその子（養子を含む）のみで形成される母子型の形態を取っている世帯は39.2％の20世帯であることがわかる。これ以外の世帯では母子以外の構成員が存在する。すなわち，「子夫婦」との同居世帯11世帯，「親」との同居世帯6世帯，「キョウダイ」との同居世帯6世帯，「夫と死別・離別した子と孫」との同居世帯3世帯，「その他」5世帯である。妻方居住の傾向から，兄弟や息子ではなく姉妹や娘といった女性の親族との同居パターンが多く観察されている。これら母子以外との同居の事例すべてが農作業，家事労働を共同

---

1)　タカエウ州のオンチョング・エー村の事例では，両親と未婚の子からなる世帯が全体の57.1％を占める（矢追［2001：75-77］）。コンポントム州のVL村の事例では，欠損家庭を含む核家族型の世帯は全体の64％を占める（小林［2007：43-44］）。

表 4.1 T村のメマーイ世帯の世帯構成

	世帯番号	メマーイ	子	姉妹・兄弟	孫	親	子や姉妹の配偶者	姪・甥	その他
	No. 22	メマーイ (50)	娘 (25) 息子 (23) (22)						
	No. 23	メマーイ (42)	息子 (17) (16) 娘 (14) (10)						
	No. 37	メマーイ (40)	息子 (14) (5) 娘 (10)						
	No. 44	メマーイ (59)	息子 (23) (20) 娘 (28)						
	No. 58	メマーイ (44)	娘 (22) (20) (13)						
	No. 70	メマーイ (54)	息子 (24) 娘 (25)						
	No. 72	メマーイ (62)	息子 (28) 娘 (21) (19)						
	No. 77	メマーイ (39)	息子 (8) 娘 (10)						
	No. 86	メマーイ (45)	息子 (25) (11) 娘 (19) (16)						
母子 (20)	No. 87	メマーイ (50)	養女 (22)						
	No. 92	メマーイ (47)	息子 (26) (13) 娘 (16) (12) 娘 (22)						
	No. 104	メマーイ (54)	息子 (25) (20) (17)						
	No. 109	メマーイ (56)	息子 (16) 娘 (21)						
	No. 110	メマーイ (67)	息子 (39) (28)						
	No. 117	メマーイ (43)	息子 (20) (18) 娘 (18)						就学男子 (20) (18)
	No. 146	メマーイ (41)	息子 (10) (5) (2) 娘 (8)		孫女 (14)				
	No. 170	メマーイ (57)	娘 (29)						
	No. 180	メマーイ (58)	息子 (29) (22)						
	No. 193	メマーイ (31)	娘 (8)						
	No. 181	メマーイ (53)	娘 (26) (22) (19) 息子 (24)						
	No. 16	メマーイ (53)		妹 (46)		母 (74)	妹の夫 (48)	男 (22) 姪 (27) (23)	
キョウダイ (6)	No. 21	メマーイ (40)		姉 (56)					
	No. 26	メマーイ (35)		弟 (25)					
	No. 31	メマーイ (46)		妹 (36)				姪 (15) 男 (13)	
	No. 55	メマーイ (52)		弟 (38)			弟の妻 (35)	男 (9) (5)	
	No. 138	メマーイ (67)	息子 (25)	妹 (60)					

続柄	No.	本人	子	きょうだい	孫	親	婿	その他
親 (6)	30	メマーイ (36)		姉 (41)				祖父 (91)
	49	メマーイ (56)	息子 (17)		孫男 (13) (10)	母 (60) 父 (79)		
	173	メマーイ (31)	息子 (7) 娘 (6)	姉 (35) (33) 妹 (27)		母 (60)		
	68	メマーイ (56)	娘 (28) 息子 (23)	姉 (21) 弟 (26)		父 (77)		
	82	メマーイ (35)	息子 (11)			母 (86)		
	166	メマーイ (47)	息子 (12) 娘 (10) (6)	妹 (26)		父 (74) 母 (64)		
子夫婦 (11)	8	メマーイ (55)	娘 (34)		孫女 (13) 孫男 (8)		婿 (40)	
	6	メマーイ (73)	娘 (38)		孫男 (16) (14) (12) (5)		婿 (49)	
	28	メマーイ (65)	娘 (32) (18) 息子 (18)		孫男 (1)		婿 (27)	
	42	メマーイ (61)	娘 (31) 息子 (23)				婿 (37)	
	53	メマーイ (55)	娘 (39) 息子 (25)		孫男 (6) (3)		婿 (35)	
	95	メマーイ (62)	娘 (36)		孫女 (0) (0)		婿 (30)	
	114	メマーイ (60)	息子 (35) (32) (28) 娘 (25)		孫男 (16)		婿 (60)	
	119	メマーイ (60)	息子 (16) (14) (10) (6)		孫女 (4)		婿 (28)	
	134	メマーイ (71)	娘 (37)				婿 (39)	
	157	メマーイ (59)	娘 (21) 息子 (19)		孫男 (14)		婿 (25)	
	169	メマーイ (62)	娘 (28)		孫男 (3) (1)		婿 (43)	
死別・離別した子 (3)	43	メマーイ (54)	息子 (33)		孫女 (6)			
	74	メマーイ (73)	娘 (48)		孫女 (23) (19) (14) (14)			
	128	メマーイ (48)	息子 (26) 娘 (23)		孫男 (0)			
その他 (5)	160	メマーイ (66)						就学女子 (21)
	171	メマーイ (50)	娘 (17)		孫男 (15)			友人女 (42)
	135	メマーイ (39)						イトコ男 (22) イトコ女 (26)
	165	メマーイ (49)	息子 (22)					
	176	メマーイ (31)	息子 (1)					祖母 (60) オバの子 (13)

(出所) 筆者 2007 年調査による
注1) 太字は有業者を表す
注2) （ ）内は年齢を示す

で遂行し食事を共にしており，互いの協力の上で世帯を運営しているため，1つの世帯と見ることが可能である。

　一般世帯では，核家族型の世帯が約7割を占めるのに対し，メマーイ世帯が核家族型，つまり母子型の世帯である割合は4割弱であり，メマーイたちはより積極的に親や姉妹等と共に1つの世帯を形成していることがわかる。

1.2　世帯周期

　加齢を基礎として人々の生活が一定の周期的変化をすることをライフサイクル（生活周期）という。ライフサイクル研究の先駆者は，19世紀末のイギリスで労働者の一生における経済的変化を明らかにしたラウントリーである。労働者の一生には規則性があり，それは年齢だけでなく家族の状態とも結びつき，周期性をもっていることを指摘した (Rowntree [1902])。また，20世紀初めのロシアの農業経済学者であるチャヤノフは，農家の行動に影響を与える主要な要因は，小農家族の人口論的な周期であると説明し，また，これに基づいて農業部門では小農経営が優勢であることを根拠づけている (チャヤノフ [1927])。

　これらの家族の発達に伴う周期に着目し，東北タイにおける農村の階層構造を分析した研究に水野 [1968] がある。東北タイの農村では，親との同居を終え，新たに親の屋敷地内に住居を構えた子夫婦は，親世帯と共同で農業生産を行い，収益も親世帯と分け合う。そして，親が老い，あるいは死亡してから子夫婦に農地の相続が行われ，自作農となる。このような事実から，水野は自小作別農家形態と農業生産上の共同関係は家庭の周期的発展段階上の形態と密接な関連を持っているとし，農村の階層構造と家族の周期の関係を分析している。

　メマーイの経済状況を分析するにあたり，メマーイと他の既婚女性たちとの大きな相違点は言うまでもなく「夫を持たない」という点にあり，世帯の労働力となる子の成長は彼女たちにとってより大きな意味を持つ。また，農業および自営業の労働力のほとんどが世帯内労働力に依存していることからも，メマーイ世帯の生計維持にとって，世帯の周期を取り入れて考察することは重要な意味を持つと考えられる。ここではまず，T村の女性が加齢を基礎にどのような世帯構成を経ていくのか，その一般的な世帯周期を示しておこう（図4.1）。まずパターン1は，結婚後に独立した世帯を形成する周期である。結婚した女性は数年間，夫婦で親と同居をした後（パターン1-②）に独立した世帯を形成

する（パターン1-③）。その後，子が誕生し（パターン1-④），子が増え（パターン1-⑤），子が成人し結婚する（パターン1-⑥）。主に娘は配偶者と共に数年同居した後に独立し，息子は結婚後すぐに妻の村へ婚出していく。その後，末子が結婚し（パターン1-⑦），そのまま末子の夫婦とその子が，高齢となった親とともに同居することになる（パターン1-⑧）。パターン2は，結婚後も親と同居を続ける場合の世帯周期である。これは末娘に多く見られるパターンである。年長のキョウダイが結婚し，独立していく（パターン2-②）。そして，結婚後は親との同居を続け（パターン2-③），子が生まれた後もそのまま親と同居し続け，子の結婚を迎えていく。この2つが女性に見られる一般的な世帯周期である。

　一方，メマーイたちの世帯周期は単純化すると次の3つのパターンが見られる（図4.2）。パターンⅠ「母子型」は，結婚後に夫婦で独立した世帯を形成していた時に夫が死亡し，そのまま母子世帯を維持し続けるパターンである。結婚して独立し（パターンⅠ-③），夫と死別あるいは離別（パターンⅠ-④）した場合，そのまま母子世帯となり（パターンⅠ-⑤），子が成長して結婚・婚出（パターンⅠ-⑥⑦），そして最後の子が結婚し（パターンⅠ-⑧），子夫婦および孫と同居することになる（パターンⅠ-⑨）。

　パターンⅡ「生家へ戻る同居型」は，結婚後独立した世帯を構えていたメマーイが夫と死別・離別した後に生家へ戻り，親やキョウダイと1つの世帯を再編成するパターンである。結婚後，親から独立した世帯を形成していた時（パターンⅡ-③）に，夫が死亡する（パターンⅡ-④）。メマーイは母子世帯になるのを避け，子と共に生家へ戻り親と未婚のキョウダイと1つの世帯を再編成する。そして，他のキョウダイが婚出し，メマーイとその子が親世帯に残り続ける（パターンⅡ-⑤）。その後，親が高齢になった頃にはメマーイの子が成人し，結婚していく（パターンⅡ-⑥）。最後に残ったメマーイの子が結婚し，メマーイと同居する。その前後に高齢になった親が死亡する（パターンⅡ-⑧⑨）。メマーイが夫と死別・離別した後に生家へ戻ることにより，生涯母子世帯になることを回避し続けることが可能になるのである。

　パターンⅢ「独立しない同居型」は，結婚後親と同居している時に夫が死亡し，そのまま親との同居を続けるパターンである。結婚後，親と同居していた女性が夫と死別あるいは離別した場合，そこから子と共に独立した世帯を形成せず，親との同居を続ける（パターンⅢ-③）。他のキョウダイが婚出していき，メマーイ親子は優先的に親世帯に残ることになる（パターンⅢ-④⑤）。そして，

第4章　所得と就業構造　113

親が高齢になった頃にはメマーイの子が成長，結婚していく（パターンⅢ-⑥）。最後に残ったメマーイの子が結婚し，メマーイと同居することになる（パターンⅢ-⑧）。親世帯に同居していた時にメマーイとなった女性は，親世帯から独立することはなく優先的に親世帯に残り，パターンⅡと同様にやはり，生涯母子世帯になることを回避し続けることが可能となるのである。

　表4.1で母子世帯の形態を取るメマーイ世帯とは，パターンⅠの④から⑦の時期に該当する世帯である。親と同居するメマーイ世帯とは，パターンⅡの⑤から⑦，パターンⅢの③から⑦の時期に該当する世帯である。また，キョウダイとの同居世帯とは，親との同居世帯の変形パターンであり，生家である親世帯に親が死亡等の理由によりおらず，残ったキョウダイと同居しているケースである。そして，子夫婦と同居するメマーイ世帯とは，すべてのパターンの⑧と⑨の時期に該当する世帯である。死別・離別した子と同居する世帯というのは子夫婦との同居パターンの変形で，子が夫（あるいは妻）と死別・離別しているケースとなる。

　つまり，メマーイたちはパターンⅠの母子型世帯になることを極力避け，可能である場合にはパターンⅡあるいはⅢの世帯周期を選ぶ。そうすることで家事労働力を含む労働力を確保し続けているのである。

1.3　世帯人数

　メマーイ世帯と一般世帯で世帯人数を比較してみると（表4.2），1世帯当たりの平均世帯人数は一般世帯で5.8人であるのに対して，メマーイ世帯では4.4人と後者の世帯人数が少ない。全国レベルの統計調査における女性世帯主世帯に関する調査結果を参考に見てみると，男性世帯主世帯が5.5人，女性世帯主世帯が4.3人と，多くのメマーイが含まれると考えられる女性世帯主世帯の世帯人数は，同様に他の世帯よりも少ない傾向が見られる（Rajalakshmi and Binie［1997：7］）。メマーイ世帯では拡大家族の形態をとる世帯の割合が高いものの，獲得される世帯構成員数は一般世帯の夫と子の数の合計よりも少ないと考えられる[2]。

　2）　ここで言う拡大家族とは，核家族構成員（養子や一時的に受け入れている就学児童の同居を含む）以外の者と1つの世帯を形成している世帯形態を指す。

114

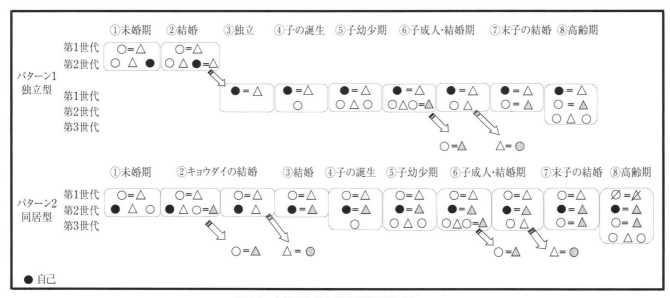

図 4.1　女性の加齢に伴う世帯周期パターン

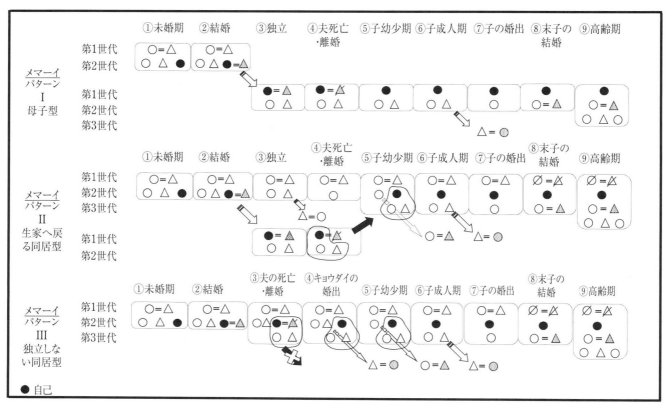

図 4.2　メマーイの世帯周期パターン

表 4.2　世帯人数（一般世帯，メマーイ世帯別）

(単位：戸，%)

		2 人以下	3-4 人	5-6 人	7 人以上	合計	平均（人）
一般世帯	（戸）	13	31	54	55	102	5.8
	（%）	8.5	20.3	35.3	35.9	100	
メマーイ世帯	（戸）	5	25	14	7	51	4.4
	（%）	9.8	49.0	27.5	13.7	100	
合計	（戸）	18	56	68	62	129	5.5
	（%）	8.8	27.5	33.3	30.4	100	

（出所）筆者 2007 年調査による

1.4　有業者と被扶養者数

　世帯内の有業者数を比較してみると，一般世帯とメマーイ世帯ではそれぞれ平均 3.5 人と 2.6 人であり，0.9 人の有意差がある[3]。なお，補助的な稲刈りや田植えだけを行う児童労働をこの分析から排除するために，就学している有業者を除いて計算し直すと，一般世帯で 2.8 人，メマーイ世帯で 2.4 人と有意な差があるもののその差が少なくなる[4]。つまり，子の数が多い一般世帯では，補助的な労働を行う子どもの数が多いことがわかる。本項の以下の分析では就学している有業者を除いたものを「有業者」として扱う。

　一方，有業者 1 人当たりの非有業者数，つまり被扶養者数を両世帯で比較して見ると，一般世帯で 1.2 人，メマーイ世帯で 1.1 人とほとんど差異はないもののメマーイ世帯の方が若干少ない[5]。つまり，子が少ないために世帯人数が少なく，被扶養者も少ないメマーイ世帯では，有業者と被扶養者との関係から見ると，一般世帯と変わらない状態にあると言える。

1.5　メマーイ世帯の有業者

　両世帯における有業者の男女比を見ると，一般世帯では女性の占める割合が47.4% であるのに対して，メマーイ世帯では 62.1% と多い。女性世帯主世帯に

---

3)　t (202) = 0.00, p < .05

4)　t (202) = 0.02, p < .05

5)　t (201) = 0.44, n.s.

表 4.3　世帯内有業者数とその性別（一般世帯，メマーイ世帯別）

（単位：戸，%）

			0 人	1 人	2 人	3 人	4 人	5 人	合計	平均
一般世帯	有業者	（世帯）	0	7	74	34	24	14	153	2.8
		（%）	0.0	4.6	48.4	22.2	15.7	9.2	100	
	男性	（世帯）	6	89	41	14	2	1	153	1.5
		（%）	3.9	58.2	26.8	9.2	1.3	0.7	100	
	女性	（世帯）	12	90	42	7	1	1	153	1.3
		（%）	7.8	58.8	27.5	4.6	0.7	0.7	100	
メマーイ世帯	有業者	（世帯）	1	10	18	16	5	1	51	2.4
		（%）	2.0	19.6	35.3	31.4	9.8	2.0	100	
	男性	（世帯）	20	26	4	0	1	0	51	0.7
		（%）	39.2	51.0	7.8	0.0	2.0	0.0	100	
	女性	（世帯）	1	24	20	6	0	0	51	1.6
		（%）	2.0	47.1	39.2	11.8	0.0	0.0	100	
合計	有業者	（世帯）	1	17	92	50	29	15	204	2.7
		（%）	0.5	8.3	45.1	24.5	14.2	7.4	100	
	男性	（世帯）	26	115	45	14	3	1	204	1.4
		（%）	12.7	56.4	22.1	6.9	1.5	0.5	100	
	女性	（世帯）	13	114	62	13	1	1	204	1.3
		（%）	6.4	55.9	30.4	6.4	0.5	0.5	100	

（出所）筆者 2007 年調査による

関する全国レベルの統計では，より極端な傾向が出ており，女性世帯主世帯の有業者は 71% が女性であり，有業者が主に女性により構成されていることが指摘されている（Rajalakshmi and Binie［1997：8］）。

　世帯内の男性有業者数を比較すると（表 4.3），男性の有業者を有しない世帯は一般世帯で 3.9% であるのに対し，メマーイ世帯では過半数の 39.2% 存在する。1 世帯あたりの平均男性有業者数は，一般世帯で 1.5 人であるのに対して，メマーイ世帯では 0.7 人と男性有業者が少ない。一方，女性有業者はメマーイ世帯で若干多く，メマーイ世帯の男性労働力の不足は女性が補っていると言える。これは妻方居住の傾向から，メマーイがキョウダイと共に世帯を形成する場合は兄弟よりも姉妹，子と共に世帯を形成する場合は，息子よりも娘であることが多いためである。

　また，メマーイ世帯は労働力不足を補うために，子の就学を早期にやめさせている，という可能性も考えられる。しかし，両世帯の子の就学年数における差異は見られない。表 4.4 は，それぞれの世帯における子の中ですでに就学をやめ，就労あるいは家事労働に従事している者の最終就学年数を比較したもの

表 4.4　子の最終就学年数（一般世帯，メマーイ世帯別）

(単位：人，％)

	非就学	1–3 年	4–6 年	7–9 年	10–12 年	合計
一般世帯	2	8	32	39	32	113
％	1.8	7.1	28.3	34.5	28.3	100
メマーイ世帯	0	5	16	21	22	64
％	0.0	7.8	25.0	32.8	34.4	100
合計	2	13	48	60	54	177
％	1.1	7.3	27.1	33.9	30.5	100

(出所) 筆者 2007 年調査による
注 1) メマーイ世帯に 1 人，大学を卒業した者がいるが，10–12 年に含めた。
注 2) 1 から 6 年までは小学校，7 から 9 年は中学校，10 から 12 年は高校での就学を意味する。

である[6]。

　どの学年においても，両世帯で差異はほとんどなく，むしろ高校（10 年以上）まで進学している割合はメマーイ世帯の方が高い。一般世帯とメマーイ世帯で労働力の数に大きな差がないのは，子が就学をやめ早期に就労を始めているわけではないと言える。

　表 4.1 の太字で記されているものは，メマーイ世帯における有業者である。これを見ると，「母子型」以外の世帯形態を取る 31 世帯のうち，24 世帯（77.4％）で母子以外の構成員も就労していることがわかる。残りの 7 世帯では母子以外の有業者が存在しないが，それは，同居している親が高齢である場合や，同居する者が就労年齢に達していない，あるいは就学中である等の理由による。しかし，この 7 つの世帯には，母子以外の構成員が家事を担う主婦（夫）である世帯が 3 世帯含まれている。つまり，親やキョウダイ等と 1 つの世帯を形成することによって，メマーイ世帯は概ね家事労働力を含む労働力を獲得していると言うことができるであろう。

　妻方居住の傾向により，姉妹や娘といった女性の「ボーン・プオーン」との居住がより多くを占める。そのため，男性労働力を持たない世帯はメマーイ世帯で 40％ 近く存在しており，男性労働力の不足は解消されているとは言えない。しかし，夫を失くしたメマーイ世帯は，親やキョウダイ，子夫婦と 1 つの世帯を形成することにより，労働力を確保する傾向にあることが明らかになった。

---

6)　ここでいう子とは，主に世帯主の子を指すが，他世帯の子を「養育責任を伴う移動（第 5 章参照）」で預かっている他世帯の子も含む。

表4.5　世帯内家事労働力数（一般世帯，メマーイ世帯別）

（単位：世帯，％）

		0人	1人	2人	3人以上	合計	平均（人）
一般世帯	（世帯）	5	95	42	11	153	1.4
	（％）	3.3	62.1	27.5	7.2	100	
メマーイ世帯	（世帯）	1	20	23	7	51	1.7
	（％）	2.0	39.2	45.1	13.7	100	
合計	（世帯）	6	115	65	18	204	1.5
	（％）	2.9	56.4	31.9	8.8	100	

（出所）筆者2007年調査による

1.6　世帯内の家事労働力

　最後に，世帯内の家事労働に従事可能な女性（以下，家事労働力とする）の数を一般世帯とメマーイ世帯で比較してみたい。就学中の者を除いた女性有業者に主婦である女性18人を加え，それを世帯内の家事労働力とする（表4.5）[7]。一般世帯では，核家族世帯が多いことから，家事労働力が世帯内に1人である割合が62.1％なのに対し，メマーイ世帯では39.2％である。つまり，約6割のメマーイ世帯には家事労働力が2人以上存在する。メマーイ世帯では親やキョウダイと1つの世帯を形成することにより女性の労働力を確保しているため，一般世帯よりも家事労働力を多く有しているのである。

2.　メマーイの生業変化と就業選択

　本節および次節では，メマーイが夫を失くした後にどのように生業を変えているのか，そして調査時点での所得構成および就業選択の特徴を明らかにしていく。そのために，村全体の経済構造を概観し，村の中でどのような生業を持つ世帯が所得貧困層，あるいは富裕層となる傾向があるのかを把握する。まず，各々の生業がいかなるもので，どのような単位で営まれているのかをまとめて

---

7)　就学中の構成員でも家事労働への従事が見られるが，ここでは家事労働に責任を持つことが可能な者として，就労者女性と主婦を家事労働に従事可能な女性と考える。

いく。そして，性別による生業選択の特徴を示し，女性であるメマーイがどのような生業を選択し得るのかを確認する。その上で，メマーイの所得構成と就業選択の特徴を明らかにしていく。

2.1 T村の生業

ここではまず，T村で観察された生業について概観しておこう。農業の中心である稲作と，様々な自営業，そして観光業などの雇用労働等，村の人々によって従事される生業は非常に多様である。

(1) 稲作

カンボジアの稲作は大別すると雨季作と乾季作に分けられる。雨季作は文字通り雨季に実施される稲作で，そのほとんどが天水およびトンレサープ湖の水位の上昇により，自然に押し寄せ，また減退する水を利用し行われる。乾季作は乾季に実施される稲作で，雨季に増水したトンレサープ湖の水をタムノップ (ទំនប់) により堰き止め，その水を利用して行われる[8]。中耕，水田管理作業がほとんどない非常に粗放な農法で，田起し，田植え，稲刈りの時期以外での労働投入はほとんどない。タイの在来稲作農法と同様のいわば「寝て暮らせる」農法がその特徴である（田坂 [1991：59]）。

雨季作の稲には早稲，中稲，晩稲があり，稲の種類によって収穫までの期間が異なる。早稲で移植から約3ヶ月，中稲で約5ヶ月，晩稲で約6ヶ月である。カンボジアは4月の中旬に新年を迎え，新年が過ぎると雨季に入る。雨季作は6月から7月頃から田起し，播種が行われる。そして，稲の種類により収穫時期は異なるが，10月から1月頃にかけて収穫が行われる。

全204世帯のうち85.3％の174世帯が水田を所有する世帯である。しかし，ここ数年で農業離れが徐々に進んでおり，水田を有していながらも，すべて小作に出し，農業以外の生業を営む世帯が増加している。そのため自ら稲作を行っているのは125世帯であり，村全体の61.3％である。前述の通り，水田には雨季田と，乾季田の2つの種類がある。スラエとは雨季作を行う水田のことで，

---

8) タムノップ (ទំនប់) とは，河川水を水田に導くために流路を締め切る土堤のこと。通常の堰あるいは井堰と異なり，越流を許さないよう上面は両岸よりも高く，すべて土盛りで作られている（福井・星川 [2009：13]）。

第4章　所得と就業構造　121

村の屋敷地に近いところに位置する。スラエ・プランは乾季作を行う水田で，村からトンレサープ湖の方向へ数キロ離れた場所に位置する。スラエの1ヶ所当たり平均面積 1791.6m²，約 0.18ha と小さい。一方，スラエ・プランの1ヶ所当たり平均面積 9,206.3m² と 1ha 弱の大きさがある。それぞれの世帯は複数の水田を有していることがほとんどで，平均 2.6ヶ所，最も多い世帯で 11ヶ所の水田を持つ。水田を所有する 174 世帯の平均水田所有面積は 0.79ha で，最も広い水田を所有する世帯で 5.4ha を有しているが，1.5ha 以下の世帯が 90%近くを占めている。

　稲作は世帯単位で主に世帯員によって行われる。子どもたちは早ければ 10 歳頃から遊びながら田植えや稲刈りに加わり，徐々に作業を学んでいく。田植えおよび収穫時期の農繁期には世帯内だけでは労働力が足りず，労働力が補われる。

　労働力の補充方法としては，前述の通りプロヴァハ・ダイ (ប្រវាស់ដៃ) と呼ばれる労働力交換がある。プロヴァハ・ダイは日本の「ユイ」に似ているもので，賃金や米のやりとりはなく，労働交換のみが一連の過程において行われる。カンボジア農村における伝統的慣習であり，Ebihara [1971] は，特に移植に関しては短期間のうちに全世帯が行わなければならないため，労働交換による共同作業が行われるのが広く一般的に見られると報告している [ibid.：243]。労働力の交換は厳密な等量交換であり，労働の価値は日数と人数で計られ，同時期内に交換されなければならない。例えば 10 世帯から各 1 人ずつ 10 人に終日の稲刈り作業に労働力を提供してもらったならば，その同じ 10 世帯の稲刈りの日それぞれに世帯内の誰か 1 人が終日の労働力を提供しなければならない。男女や年齢の差はそれほど重視しないため，男性の少ない世帯が男性の労働力を補うことは可能であるが，特に何らかのハンディキャップを持った世帯に対し救済的な措置が取られることはない。

　次に，労働力の補充手段としてあげられるのがチュオル (ឈ្នួល)，雇用を意味するものである。個人的に雇用契約が結ばれ，農作業が行われる。以前は労働力交換であるプロヴァハ・ダイが広く行われていたが，2006/7 年に調査内で観察されたプロヴァハ・ダイの事例は 2 事例のみであり，労働力を補充するほとんどの世帯が雇用により不足した労働力を補っていた。

写真（上）
乾季作を行う水田，スラエ・プラン。タムノップと呼ばれる土堤で雨季に増水した湖の水を堰き止め，耕作が行われる。水田の分配時に，分配を希望する世帯に対して間口のみが与えられた。そこから各世帯が自ら開墾し，水田が拡大されてきた。

写真（左）
稲刈りの後，籾を天日に干す少女。子どもたちはできることから少しずつ農作業の手伝いを始める。

第4章　所得と就業構造　123

(2) 家畜・家禽

a. 牛・水牛

　牛 (ໂຄ) と水牛 (ກຶ) は稲作の田起しや運搬に必要な役畜である。T 村全体での牛の所有頭数は 194 頭で，牛を所有する世帯は 82 世帯 (全体の 40.2%)，1 世帯当たり平均 1 頭を飼育している。牛の入手方法には①購入，②親からの分与・相続，③牛小作の 3 つがある。親からの分与・相続は子の結婚，あるいは親の死亡を機に行われる。親から分与・相続を受けず，また購入資金のない世帯でも，牛小作によって牛を得ることが可能である。

　一方，水牛の T 村全体の所有頭数は 68 頭で，水牛を所有する世帯は 22 世帯 (全体の 10.8%) にすぎない。1 世帯当たりの平均にすると 0.3 頭になる。水牛の入手も牛と同じ 3 つの方法がある。

b. 鶏

　鶏 (ໄກ່) は T 村全体で約 1,263 羽 (雛を含む) 飼育されている。鶏を所有する世帯は 117 世帯 (全体の 57.4%) で，1 世帯当たりの平均所有数は 10.8 羽 (雛を含む) である。通常，鶏は屋敷地で放し飼いにされる。鶏の入手は，購入することもあるが，多くが雛をボーン・プオーンや知人に無料で分けてもらう。飼育した鶏は販売し現金に換えることもあるが，多くが各世帯で客人のもてなしや祝い事の食事で消費される。

c. 豚

　豚 (ໝູ) は T 村全体で 45 頭飼育されている。豚を飼育している世帯は 9 世帯 (全体の 4.4%) と少ない。豚は主に販売目的に飼育される。種豚を所有し，自ら繁殖を行っている世帯は 1 世帯のみで，他の世帯では子豚を購入し，数ヶ月〜1 年間飼育した後に転売し，差額を利益としている。

d. アヒル

　アヒル (ເປັດ) は T 村全体で 154 羽飼育されている。アヒルを所有する世帯は 31 世帯 (全体の 15.2%) で，1 世帯当たり平均 5 羽保有している。アヒルは鶏に比べ病気にかかりやすく飼育が難しいという理由から，飼育する世帯は少ない。鶏と同様，屋敷地内で放し飼いにされ，飼育したアヒルは販売し現金に換えることもあるが，多くが各世帯で客人のもてなしや祝い事の食事で消費される。

e. ワニ

　ワニ (ແຂ້) は T 村全体で 230 頭飼育されている。ワニを所有する世帯は 10 世帯 (全体の 4.9%) である。飼育・繁殖されたワニは，革の利用を目的に買い

写真（上）
村で飼育される牛，水牛，アヒル。家畜のいる風景は村の象徴の的な日常風景であり，その匂いや鳴き声も村を象徴する日常の一部である。

写真（左）
村の中で最も早くから，そして最も多くのワニを養殖している世帯のワニ。餌である魚の値段の高騰により，この世帯以外のワニ養殖はすべて赤字だった。

第4章 所得と就業構造 | 125

取りを行う中国人商人へ売られる。1998年頃から飼育・養殖する世帯が現れた。最も高い値がついた時期では，1匹2,000USDから4,000USDで売られたが，2004年頃から価格が下落し始め，2007年の調査時では最高値時の5分の1程度であった。餌となる魚の価格の上昇も伴い，赤字を抱える世帯が多い。

(3) 野菜・果樹栽培

　野菜・果樹栽培の野菜栽培は水田あるいは屋敷地内で行われる。主に川から近い水田の一部では米の雨季作の収穫が終わってから，同じ土地で，乾季に野菜栽培が行われる。水田と区別された畑地はない。水田の土地を利用した栽培では，空芯菜，なす，香草などが作られる。屋敷地内ではココ椰子やマンゴー，パパイヤ，バナナなど主に果樹が栽培されている。それらが収穫されると，一部はそれぞれの世帯で消費され，またボーン・プオーンや近所の人々に分けられることもある。そして，残りの収穫物は主に郡中心部の市場で販売される。果樹や野菜の栽培および販売は主に女性によって行われる。特に販売は女性の仕事であり，世帯内の妻や娘たちが早朝に収穫物を持って市場へ売りに行く。

(4) 漁業

　漁はトンレサープ湖で行い，獲れた魚を主に市場で販売する生業である。ここには明確な性別による役割分業があり，漁を行うのは男性で，販売は女性が担当する。その多くが世帯単位で行われ，夫や息子が漁に出て，獲れた魚を妻や娘が主に郡中心部の市場で販売する。

(5) 耕耘機・牛による耕耘作業

　稲作の田起しには牛あるいは水牛が必要である。しかし，稲作を実施している世帯のうち36%（45世帯）が牛も水牛も有していない。また雌牛あるいは耕起ができるほどの歳に達していない小さな牛や水牛は使用することができない。そのため牛や水牛のすべてが役畜として活用できるわけではない。耕起は主に男性の仕事とされる。そのため，牛や水牛を所有していても実際の作業に従事する男性がいなければ耕起作業を行うことはできない。そのような場合は，牛を持ち，男性労働力に余裕のあるボーン・プオーンの世帯に無償で代行してもらうこともあるが，多くの場合は人に委託し，代金を支払う。

　牛あるいは水牛を使用した耕起の場合，作業は午前中のみ行われ，1日当た

写真（上左）
写真（上右）
寄留先の世帯の庭で収穫したバナナ。1つの果軸にたくさんの実ができる。

写真（下）
お寺の前で具の入ったおかゆを売る屋台。女性たちが比較的容易に参入できる生業の1つ。屋台は村の人々の交流の場でもある。

り約7,000リエルが相場である。1日の作業量は土地の質にもよるが10aから15aほどである。耕耘機を使用した場合，土の質の違いなどにより料金は変わるものの，10a当たり15,000リエル前後が一般的である。

　牛や水牛による耕起は，耕耘機による作業よりも面積あたりの料金が安い。しかし，時間がかかり，また依頼主は委託者へ食事を提供しなくてはならない。耕耘機による作業では時間が短いため，食事の提供は行わないのが一般的であ

る。

(6) 農業労働

　田植えと稲刈りの農繁期にはどの稲作農家も人手を多く要する。世帯内で子どもたちを含め作業のできる者を総動員して行われる。それでも人手が足りない場合には，人を雇用する。

　各農家は田植えや稲刈りの2日ほど前に各世帯を回って労働者を探す。稀に代理人に労働者の獲得を依頼することもある。その場合，雇用者1人当たり1,000リエルほどを代理人に支払う。最近ではT村内に農業労働を希望する者が少なくなり，郡の中心部から離れた農村まで労働者を探しに行くこともある。

　労働者の賃金は1日6,000リエルで，昼食時の副食が雇用主から提供され，労働者は白飯のみを持参していく。農業労働を行っている者の年間の従事日数は1人当たり最少で4日，最大47日で，平均14.5日であった。

(7) 自営業

　T村には実に多くの自営業が存在する。自転車修理や鍛冶屋，梯子の製造，仕立屋，貸し電話業，不動産の仲介業など，それぞれの業種への従事者は1人や2人と非常に少ない様々な業種も存在する。

a. 食品加工業

・菓子

　食品加工業は，菓子や軽食，焼酎等の原材料を郡中心部の市場等で購入して，それを自宅で加工し，村内もしくは郡の中心部の市場あるいはシェムリアップ州の市場で販売するという，食品の加工および販売を行うものである。その規模はいずれも小さく，世帯ごとに経営が行われ，人を雇用している例はない。菓子の製造の場合，前日の夜中から各世帯で世帯員1～3人で加工を始め，早朝にできあがった菓子を市場で販売する。製造される菓子の種類は様々である。もち米とココナツミルクの蒸し菓子であるノム・アーカオ (នំអាកោ) や，もちの中に豆やココナツ，ピーナッツなどを入れ，バナナの葉で巻いた菓子など，その多くが，もち米を使った菓子である。生菓子であるため日持ちがせず，毎日製造し，その日のうちに売り切る。

・焼酎

　焼酎 (ស្រា) は米から作られる。焼酎を製造する世帯では同時に養豚が行わ

写真（上）
挽いた米粉に水を入れて混ぜる。菓子作りには多くの場合，米粉を使うが，米を挽くところからすべて手作業で行われる。

写真（左）
できあがったノム・アーカオ。オウギヤシの実ができる季節にはオウギヤシの果肉を入れる。菓子の上にココナツをのせて食べる。もちもちとした蒸しパンのような食感。

第4章 所得と就業構造 | 129

れるのが一般的である。焼酎製造によってできた焼酎粕を豚の飼料と利用する。焼酎は安価で村の中の家の軒先か雑貨店で売られ，焼酎製造からの利益はほとんどない。

・軽食

軽食の製造販売は，村の中で自宅の前やお寺の前に小さなテーブルと椅子を出し，経営される。市場の中で売り場を賃貸して経営する世帯もある。朝食用のおかゆ（បបរ）やサンドイッチ（នំបុ័ងម៉ាតែ），軽食としてのパパイヤのサラダ（បុកល្ហុង）などをその場で作り販売する（127 頁写真（下））。

これらの販売を行うのは女性である。男性の中にも従事者が見られるが，加工への従事のみであり販売は行わない。

b. 小売業

主に扱われる商品は，魚，野菜，果物，米，調味料などである。また，食品以外の小売業では，古着や布，籠製品などを扱う。食品を扱う小売業は，主に女性によって従事される。販売場所は主に郡中心部の市場である。仕入れ先は商品によって異なるが，市場にやってくる卸売業者，あるいは農家や漁師から直接買い取る。販売規模は概して小さく，人を雇用せず 1 人で行うか，あるいは他の世帯員と共に 2 人ないしは 3 人ほどで行う。

c. 祭事関連業

村の中で冠婚葬祭の行事は頻繁に行われる。結婚式（ការ）や葬儀（បុណ្យសព），そして各種の法事（បុណ្យ）がそのほとんどである。結婚式や個人のための法事では，家の前に日除け雨除けのためのテントが張られ，会場となる。そこにテーブルや椅子が並べられ，参列者に食事が振舞われる。法事には様々な種類があるが，多くは亡くなった故人の供養を行うための儀礼である。祀られる故人を先祖とするボーン・プオーンが共同で開催する。主催者が供物や会場の設営，参列者に振舞う食事の手はずを整える。参列者には軽食が振舞われ，参列者はチュオイ・ボン（ជួយបុណ្យ）と呼ばれる 1 人 3,000 リエルから 10,000 リエルほどの香典を主催者に渡す。それが法事を主催する者の資金ともなる。

村の人々によるとポル・ポト時代以前や 1980 年代頃までは規模は小さく，招待される人の数はボーン・プオーンを中心に 30～50 人程度だったと言う。しかし，復興が進むにつれ人々は競うように規模を拡大し続け，2006/7 年に実施された法事では 1,000 人もの人が招待されるのが通例となっていた。

このような大規模な祭事が人々の家計や市場に与える影響は小さくない。祭

結婚式や法事など,各世帯で執り行われる催事では客人に食事が振舞われる。それらの食事はメー・チョンパウと呼ばれる専門の料理人が主催者から雇われる以外は,村人たちの協力によって作られる。調理の担当は主に女性たちだ。主催者が事前に各世帯に声を掛け,協力が求められた世帯から最低1人が手伝いに行く。女性たちは包丁やナイフを自宅から持参して主催者の家に集まる。村民に「村ではどんな時に助け合いをしますか?」と聞くと必ず返ってくるのが,このような共食のための協働関係であった。

炊飯や大きな鍋を使う作業,テントの設営などの力仕事は主に男性が担当する。大きな鍋で白米を炊く。米は供食の場でも欠かせない主食だ。

もち米で作ったちまきを蒸す。薪で火をおこし,大きな鍋でちまきを蒸していく。

事を開催する者の金銭的負担はもちろん膨大であるが，招待される客の負担も大きい。法事や結婚式の季節になると，家々から「法事が多くて今月はお金がない」「今月はもう4つめの結婚式でお金がない」という愚痴がこぼれる。

このような祭事に関連した自営業が，祭事のコックと机や椅子のレンタル業，音響資材のレンタル業である。

共食の準備は基本的にボーン・プオーンや村の人々の相互扶助＝チュオイ・クニア (ជួយគ្នា) により行われる。主催者は事前に各世帯へ手助け (ជួយ) の依頼を行い，声を掛けられた世帯から最低1人の女性が参加する。手助けに来た女性たちをまとめ，指示を出し，決められた予算から献立を考え，食材を決め，最終的な味付けを行うのはメー・チョンパウ (មេចង្ហាន់) と呼ばれる専門の料理人の女性である。主催者から声を掛けられたメー・チョンパウは，共食準備の請負金額の交渉を行い，料理を任される。メー・チョンパウがさらに数人の助手を雇用することもある。村の中でも料理がおいしいと評判の料理人 (ចង្ហាន់) はあちらこちらから頻繁に声が掛かり，法事や結婚式の季節は非常に忙しくなる (131頁写真)。

机や椅子のレンタル業，音響資材のレンタル業は会場の設営時に必要となるものである。それぞれのレンタル業者が資材を貸し，設営も行う。設営には村の男性たちが手伝いに加わる。

d. 塾

ここに含まれる塾には2つの種類がある。1つはリエン・クォ (រៀនគួរ) と呼ばれるもので，小・中・高の学校の教師が学校の授業とは別に学校の教室や自宅で子どもたちに勉強を教えるものである。もう1つは外国語の塾で，主に自宅で子どもたちを対象に英語や日本語の外国語教育を行うものである。

e. カヌー製造業

カヌー (ទូក) 製造は村の中を歩くと最も目に付く生業の1つで，村の風物詩的な製造業である。製造されたカヌーは主にトンレサープ湖の漁民に販売される。大きさは長さ3～4mほどの木造である (135頁写真 (上))。

f. 雑貨店

T村の中には菓子や調味料，石鹸などの日用雑貨の小売を行う雑貨店が4つある。家の前に小さな小屋を造るか，あるいは家を改造して一部を売り場として利用している (口絵)。郡中心部にある市場の卸売り店で仕入れを行う。

子どもたちは100リエル札を握り締めて，菓子を買いに来る。小額ながら雑

貨店にとって大切な顧客である。村人の多くは食材や日用雑貨を購入する場合，郡中心部の市場を利用する。村の雑貨店は市場より少し高めであるが，市場での買い忘れなどを村の雑貨店で補う。また，その日使う塩や油を買うお金がない，という人々は，村内の雑貨店から買掛で購入する。「市場の人はよく知らないからツケでは買えない。村の人だと頼みやすい」と人々は説明する。信用関係がより成立しやすい村の雑貨店では買掛が頻繁に行われていた（135頁写真（下））。

g. 運輸業

運輸業に含まれるのは主に客を目的地まで運ぶタクシー業である。シェムリアップ州で見られるタクシー業には自動車とオートバイを利用したものがあるが，T村での従事者はオートバイを利用したもののみであった。オートバイを利用したタクシー業には2つの種類がある。1つはモト・ドップ（ម៉ូតូឌុប）と呼ばれる。オートバイを利用し，客を座席後部に乗せて目的地まで運ぶ。もう1つは，ルモーク（រ៉ឺម៉ក）あるいはトゥクトゥク（ទុកទុក/ម៉ូតូកង់បី）と呼ばれる。オートバイの後ろに屋根つきの荷台をつけ，そこに客を乗せて目的地まで運ぶものである。

いずれも郡内で地元の人々を対象に営業を行うケースと，シェムリアップ中心部で観光客を対象に営業を行うケースの両方がある。

(8) 雇用労働

a. 公務員

T村内の公務員は，区や郡の役場，シェムリアップ中心部の各省庁の役人および警察，兵士，医師，そして教師である。郡の役場，省庁，上級警察官等は固定給以外の賄賂による収入もある。

教師は公立の小学校，中学校，高校の教師である。村民からの聞き取りによると就労1年目の教師は見習い期間として給料が支払われず，2年目から給料を得る。

b. 建設労働

主に郡中心部およびシェムリアップ中心部で施工される建設作業での雇用労働を指す。シェムリアップ州の中心部，シェムリアップ郡にアンコール遺跡群が存在し，周辺部では観光都市としての発展が進んでいる。観光客の増加に伴い，ホテルやレストランの建築ラッシュが続き，主に観光サービス業や建設業において多くの雇用が創出されている。

建設労働は作業内容によって給与は異なるが，いずれの場合も日給で支払わる。建設現場が遠い場合には，現場で寝泊まりをすることもある。その規模によって就労日数も異なり，長いものでは1年以上作業が続くが，短いものでは1週間ほどで終わる。そのため，次の雇用を見つけるまで数ヶ月間待機する者もいる。

c. 観光サービス業

シェムリアップ中心部でのホテルやゲストハウスなどの宿泊施設，レストラン，土産店，マッサージ店，旅行会社等での雇用労働である。ホテルやゲストハウスなど，従業員用の宿泊設備のあるところでは住み込みで就労し，そのような設備がない場合でもシェムリアップ中心部に居住するボーン・プオーンの家に寄留するか，ボーン・プオーンや友人同士でアパートを共同で賃貸する。稀ではあるが，T村から毎日自転車やオートバイで通う者もいる。

観光サービス業の中でも，外国語を習得した者の給料は高く，特に外国語の観光ガイドはハイシーズンで月500USDほどの給与がある。レストランやホテル等でも英語，日本語を始めとした外国語のできる者の給料は高い。そのため，T村でも子どもたちの外国語就学熱が高く，シェムリアップ中心部まで毎日塾に通う者もいる。なお，雇用労働の就労先には上記の他に，絹織物会社やNGO，銀行などがあった。

また，従事者数が少ないものの主に女性によって行われる生業の中に，機織やテーラーといった服飾に関する業種がある。機織は郡内にあるフランス人が経営するシルク工房での雇用，あるいはそこからの委託である。また，テーラーは自営業で，自宅でミシンを使い，巻きスカートなどの普段着や，祭事，結婚式などの正装用の衣類を縫製する生業である（155頁写真（下））。

(9) 生業が営まれる単位

農漁業あるいは自営業を見てみると，いずれの生業も，1人もしくは世帯内の夫婦とその子によって経営されていた。同業種であっても他の世帯と共同で製造や販売を行うことはなく，また他世帯の者を雇い入れることも見受けられなかった。調査村の自営業は非常に小規模で家族経営が基本であり，その時々の状況により臨機応変に経営内容を変え，各々の家計の維持を図っていると言えるであろう。

つまり，調査村の経済活動は，農業・漁業，他の様々な自営業，いずれの生

写真（上）
村で製造されるカヌー。製造技術は親から子へ代々受け継がれてきた。完成したカヌーはトンレサープ湖に暮らす人々に売られる。

写真（下）
村で一番大きな雑貨店の壁に書かれた村民の名前と"つけ"の金額。村の中の雑貨店だと互いをよく知っているため"つけ"がきく。そのため，所得に余裕のない人は，市場ではなく割高になっても村の雑貨店で購入する。「はじめはノートにつけていたけれど，つけをする人が多くて壁に書いたのさ」と店主。

第4章　所得と就業構造　135

業においても世帯単位で完結しており，たとえ近隣に居住するボーン・プオーンや同業種の生業を行う世帯であっても共同で農業や自営業を営むことは日常的には見られないと言える。

2.2　T村の所得構成

上記のような様々な生業によって形成されるT村の所得構成について分析を加えていこう。表4.6はT村の家畜・家禽の飼育状況と所得構成を水田の耕作面積別に表したものである。「田の村」と呼ばれるT村は，古くから稲作を主な生業としてきた農村である。その稲作の耕作面積により世帯を分類し，それぞれの所得構成を確認する。

(1) 耕作面積別にみる所得構成

表4.6の全体の合計から所得構成の比率を見ると，稲作からの所得は全体の5.6%を占めるにすぎない。「田の村」と呼ばれ，村から広大な水田が眺められ，田植えや稲刈り，牛車やトラクターによる稲の運搬の光景は，村の風物詩的に目に映る。

しかし，所得を基準に見てみると，農外所得が全体の81.9%を占めており，村の所得は農業以外の生業に大きく依存していることがわかる[9]。各層の世帯所得を比較すると最も所得が高い層は「水田を有するが稲作を行っていない世帯」，ついで「水田を持たず稲作も行っていない世帯」と続く。そして，残りの稲作を行う世帯群は耕作面積が小さくなるにつれ所得も低くなっている。つまり，稲作から離れ農外所得の得られる生業に主に従事している世帯での所得が高く，農外の生業に特化せず，稲作と兼業しながら生計を立てる世帯では所得が低くなる傾向が出ている。

所得の観点からみるとT村の農業への依存度は低く，所得の高低は土地所有との関係よりも農業以外の生業に大きく関係していると言えるであろう。

---

9)　自給用にとられた野菜，果物，魚は所得に含まれていない。

表 4.6　耕作面積別の所得構成

水田耕作面積（ha）	0–0.5	0.5–1	1–1.5	1.5–2	2–	0（土地有）	0（土地無）	合計
世帯数	52	28	19	11	15	50	29	204
所有水田面積（ha）	0.33	0.74	0.99	1.46	2.46	0.56	—	0.67
耕作面積（ha）	0.26	0.73	1.18	1.72	3.15	—	—	0.60
家畜・家禽飼養頭羽数								
牛	1.0	1.3	1.9	2.0	1.7	0.3	0.2	1.0
水牛	0.1	0.4	0.9	0.4	1.9	—	—	0.3
鶏	5.9	6.0	9.5	12.8	6.3	5.6	3.3	6.2
豚	0.3	0.1	—	—	0.1	0.5	—	0.2
アヒル	1.0	1.3	1.0	2.7	0.2	0.1	0.2	0.8
ワニ	1.5	0.0	0.8	0.0	1.8	2.2	—	1.1
稲作所得 A（万リエル）	**13.2**	**34.8**	**51.7**	**39.3**	**108.9**	**—**	**—**	**23.1**
収穫 B	34.0	80.6	114.0	128.6	223.3	—	—	53.7
農業経営費 C	20.8	45.9	62.3	89.2	114.4	—	—	30.6
雇用労賃 D	14.8	28.7	39.1	54.4	72.0	—	—	19.6
雇用者への食費 E	2.5	3.9	4.9	13.9	10.1	—	—	3.1
肥料・農薬費 F	0.9	3.5	5.4	4.2	9.9	—	—	2.2
種籾代 G	2.2	5.3	8.2	10.4	14.9	—	—	3.7
小作料 H	0.4	4.5	4.8	6.4	7.5	—	—	2.1
その他農水牧畜業所得 I（万リエル）	**39.9**	**110.2**	**50.0**	**64.3**	**63.2**	**48.8**	**12.6**	**51.8**
野菜 J	23.8	36.6	23.2	22.3	7.4	4.4	5.2	16.8
果物 K	1.8	4.8	0.5	3.4	1.5	1.6	—	1.9
牛の売却 L	4.4	37.6	20.7	32.7	3.1	4.4	3.7	11.8
水牛の売却 M	—	22.6	2.1	—	44.0	3.7	—	7.4
鶏の売却 N	2.0	1.5	2.7	4.6	1.6	1.4	0.8	1.8
豚の売却 O	4.8	3.0	—	—	—	3.2	—	2.4
アヒルの売却 P	—	0.1	—	—	—	—	1.1	0.2
ワニの売却 Q	—	—	—	—	3.7	23.3	—	6.0
農業雇用労働 R	2.2	2.8	0.5	1.4	1.9	0.2	1.9	1.5
小作料 S	0.8	1.1	0.2	—	—	6.6	—	2.0
農外所得 T（万リエル）	**221.6**	**216.1**	**291.2**	**337.8**	**276.6**	**503.0**	**442.2**	**338.0**
世帯所得 U（万リエル）	**274.6**	**361.1**	**392.9**	**441.5**	**448.7**	**551.8**	**454.8**	**412.9**
1 人当たり所得	63.9	70.3	63.9	70.8	87.7	182.1	141.4	106.9

（出所）筆者 2007 年調査による
注）
世帯数と耕作面積以外はすべてそれぞれのカテゴリー内の平均値
—（ハイフン）は値が 0 のケースを表す
稲作所得：A = B − C
収穫：2006 年 4 月から 2007 年 3 月までの 1 年間に各世帯で収穫された籾の総量に 2006 年の籾の市場価格を掛けた額
農業経営費：C = D + E + F + G + H
雇用労賃：主に苗抜き，田植え，稲刈りの雇用人件費と耕起，収穫した稲の運搬作業における人件費および牛やトラクター，トラックの借賃を含めた雇用費
耕起，運搬作業では牛や牛車，トラクター等のみを借りるケースはほとんどなく，被雇用者である牛やトラクター等の持ち主が自ら作業を行う
雇用者への食費：苗抜き，田植え，稲刈り，耕起，稲の運搬作業において，被雇用者や労力交換等で作業に従事する人々に提供する食事の費用．副食のみの提供で主食である白飯は従事者が各自持参する．また，村の居住地にほど近い水田では，昼食時に従事者が各家へ帰り食事を取り，休息するため，食事の提供は行われない．村から遠く離れた乾季田でも，昼食時に食事を持っていくのは困難であるとの理由で食事は提供されない．しかし，食事の提供の有無で雇用賃金が変わることはない
種籾代：籾は自給するケースと購入するケースがあるが，各世帯の出費に変わりはないため，種籾の総量に市場価格を掛けた額を計上した
その他農水牧畜業所得：I = J + K + L + M + N + O + P + Q + R + S
野菜：2006 年 4 月から 2007 年 3 月までの 1 年間に野菜を栽培，販売して得られた収入から種や肥料，農薬代，出店のための場所代等の経営費を差し引いた利益額
果物：果物の栽培，販売．期間や算出方法は野菜と同じ
牛の売却：牛販売の利益額．牛の販売額に購入時の価格を差し引いた額．自家で生まれた牛を販売したケースは販売額をそのまま利益として換算している
水牛の売却：水牛販売の利益額．算出方法は牛の売却と同じ
鶏の売却：鶏販売の利益額．算出方法は牛の売却と同じ
豚の売却：豚販売の利益額．購入額と飼育期間に必要となった餌代（自給分は省く）の合計を販売額から引いたもの
アヒルの売却：アヒル販売の利益額．算出方法は牛の売却と同じ
ワニの売却：ワニ販売の利益額．購入額と購入から売却までの餌代（魚等）の合計を販売額から引いたもの
農業雇用労働：苗抜き，田植え，稲刈り，耕起，稲の運搬作業で雇用され得られた賃金
小作料：水田を貸出し，得られた籾（あるいは米）に 2006 年の籾の市場価格を掛けた額
農外所得：農業以外の様々な生業から得られた所得（利益額）
世帯所得：U = A + I + T
1 人当たり所得：世帯所得を世帯人数で割った額

写真（右）
プオック郡中心部の市場で魚を売る女性たち。女性たちの前に置かれている籠や台1つが1人の女性の売り場である。

写真（下）
プオック郡中心部の市場でオウギヤシから採取された液状の砂糖を売る女性。村では精製された白糖よりも，この椰子砂糖がコクがあるとして料理や菓子作りでも多用される。

第4章 所得と就業構造 | 139

表 4.7　有業者の 1 年間の生業数

（単位：人，％）

生業数	（人）	（％）
1	327	49.3
2	190	28.7
3	103	15.5
4	38	5.7
5	5	0.8
合計	663	100

（出所）筆者 2007 年調査による

2.3　村民の就業選択

　表 4.7 は 1 人の有業者が 1 年間にいくつの生業を有しているかを表したものである。生業が 1 つである者が全体の約半数を占める。残りの半数は生業数が 2 つの者が 28.7％，3 つの者が 15.5％存在し，わずかであるが 1 年間に 4 つあるいは 5 つの生業に従事している者もいる。

　また，表 4.8 は性別ごとにそれぞれの生業の従事者数を表したものである。T 村の人々は 1 年間に 1 人当たり 1 つから最大 5 つの生業に従事しているが，それぞれの生業から得られた所得が高い順に第 1 の生業，第 2 の生業とした。つまり，公務員でありながら稲作にも従事し，稲作の収穫の貨幣換算した額よりも公務員からの所得が高い場合には，第 1 の生業は公務員，第 2 の生業は稲作となる。

2.4　兼業状況と性別による就業選択の違い

　まず各生業の兼業状況から確認すると，男女を問わず，農漁業および農業労働，日雇い労働に多くの兼業が見られ，逆に運輸業や観光サービス業など被雇用業では兼業が少ないことがわかる。村の中で従事される生業では，農漁業をはじめ様々な自営業を組み合わせながら多角的な経営が行われている。一方，都市部での就労を中心とする雇用労働や運輸業では 1 つの生業に特化した生業選択が行われている。

　では，性別による就業選択の特徴を確認してみたい。主に男性によって従事

表 4.8　男女別生業従事状況

（単位：人）

	男性（人）							女性（人）						
	第1	第2	第3	第4	第5	合計	割合[2]	第1	第2	第3	第4	第5	合計	割合[3]
農業														
稲作経営者	37	37	20	4	1	99	30.3	35	63	20	4	—	122	36.3
稲作補助労働者	41	22	7	1	1	72	22.0	29	23	4	1	—	57	17.0
畑作・果樹経営者	11	10	4	1	—	26	8.0	54	30	15	—	—	99	29.5
畑作・果樹補助労働者	1	5	1	1	—	8	2.4	8	1	—	—	—	9	2.7
家畜飼育業	42	43	28	17	2	132	40.4	17	26	12	4	1	60	17.9
農業労働	3	2	1	2	—	8	2.4	4	4	4	1	—	13	3.9
耕運機・牛による耕起	1	—	5	1		7	2.1	—	—	—	—	—	—	—
漁業														
漁業（漁）	19	15	3	1	—	38	11.6	—	—	—	—	—	—	—
漁業（販売）	—	—	—	—	—	—	—	18	10	4	1	—	33	9.8
自営業														
食品加工経営	5	—	—	—	—	5	1.5	24	5	3	—	—	32	9.5
食品加工補助者	1	—	—	—	—	1	0.3	6	—	1	—	—	7	2.1
食品小売	3	—	—	—	—	3	0.9	28	3	—	—	—	31	9.2
食品小売補助	1	—	1	—	—	2	0.6	3	—	1	—	—	4	1.2
その他小売業	—	—	—	—	—	—	—	4	4	—	—	—	8	2.4
祭事関連業	4	1	—	—	—	5	1.5	7	1	1	—	—	9	2.7
塾	2	2	1	—	—	5	1.5	—	2	—	1	—	3	0.9
カヌー製造業	7	4	1	—	—	12	3.7	—	—	—	—	—	—	—
雑貨店経営	1	—	—	—	—	1	0.3	10	—	—	—	—	10	3.0
雑貨店補助	1	—	—	—	—	1	0.3	1	—	—	—	—	1	0.3
運輸業（バイクタクシー）	8	—	—	—	—	8	2.4	—	—	—	—	—	—	—
その他自営業	15	6	1	—	—	22	6.7	11	2	1	—	—	14	4.2
被雇用業														
日雇い労働	3	2	1	2	—	8	2.4	3	—	—	—	—	3	0.9
公務員	42	5	3	—	—	50	15.3	28	1	1	—	—	30	8.9
建設労働	42	4	1	—	—	47	14.4	1	—	—	—	—	1	0.3
観光サービス業	26	1	—	—	—	27	8.3	32	—	1	—	—	33	9.8
その他被雇用業	11	—	—	—	—	11	3.4	13	2	—	1	—	16	4.8
合計	327	159	78	30	4	598	182.9	336	177	68	13	1	595	177.1

（出所）筆者 2007 年調査による
注 1）―（ハイフン）は値が 0 のケースを表す
注 2）全男性有業者に占める割合
注 3）全女性有業者に占める割合

され，女性の就業が制限されている生業とは，耕耘機・牛による耕起，漁業における漁，カヌー製造業，運輸業，建設労働，公務員である。公務員以外の生業では，主に腕力を要し，危険を伴う生業が男性に特化されたものになっていると言える。また，公務員を詳細に確認すると教師以外の公務員に対し，女性の参入が限られていることがわかった。公務員の中で最も多くを占めるのが教

師であり，男性で 24 人，女性で 26 人と男性の場合，全公務員の約半数を占めるにすぎないが，女性の場合は全公務員の 85％以上にのぼる。一方，各省庁の役人 10 人すべてが男性であり，また警察官 8 人もすべて男性である。

逆に，主に女性によって従事されている生業は，野菜・果樹栽培，漁業における販売，食品加工業，食品小売業，調味料や菓子を主に販売する雑貨店である。これらすべてが食品を扱う生業である。市場でも食品の販売者のほとんどは女性で占められており，食品に関連する生業は女性の仕事とされていると言ってよい。また，これらが補助労働者としてよりも主に経営者として従事されていることも特徴の 1 つであろう。

2.5　年齢による就業選択の違い

また，就業選択の傾向は性別だけでなく年齢の違いによってもその相違がある（表 4.9）。稲作や畑作といった農業への従事は 20 代から 60 代まで幅広い層でみられるが，40 代，50 代の年齢層に多くの従事者がある。次に 30 代，40 代が中心となる生業は漁業，食品加工業，食品小売業などである。そして，建設労働，観光サービス業，その他の被雇用業では 20 代，30 代の若い世代が中心となっている。また就学児童も多く含まれる稲作や畑作の補助労働や家畜飼育（主に牛の世話）などは若年層の従事が多く見られる。

T 村における生業では，漁業や食品加工，小売業といった自営業と農業との兼業が多く見られる。比較的若い世代が自営業と農業を兼業し，高齢になってくると体力的な問題を理由に自営業を辞め，農業のみを続ける傾向が観察された。それに加え，シェムリアップ中心部の観光業が内戦終結以降発展を続けていることに伴い，ホテルやレストラン，マッサージ店等のサービス業への主に若年層への労働力需要が高まった。その結果，20 代から 30 代の若い世代の労働力が都市部に出て行くという傾向が現れている。また，若い世帯で農地を持たない世帯の割合が高く，人口増加に伴う農地不足も若い世代の農業離れに影響している。

2.6　経済環境の変化と女性の生業の変遷

村の世帯調査では，世帯内の成人女性を主なインフォーマントとし，世帯全

表 4.9　年齢別就業選択と各生業の従事者平均年齢

	10代以下	20代	30代	40代	50代	60代以上	合計	平均年齢
農業								
稲作経営者	0	11	33	79	67	31	221	47.9
稲作補助労働者	65	54	7	2	1	–	129	20.7
畑作・果実経営者	1	10	21	41	32	20	125	46.8
畑作・果実補助労働者	12	5	–	–	–	–	17	19.0
家畜飼育業	42	25	24	52	37	12	192	37.6
農業労働	5	6	1	8	1	–	21	31.8
耕耘機・牛による耕起	–	–	1	4	1	1	7	47.1
漁業								
漁業（漁）	3	9	7	10	9	–	38	38.0
漁業（販売）	2	4	10	8	9	–	33	39.0
自営業								
食品加工業	2	8	12	13	9	1	45	39.1
食品小売業	0	5	14	9	3	3	34	39.7
小売補助	1	3	–	–	2	–	6	31.3
その他小売業	2	1	2	1	2	–	8	34.0
祭事関連業	–	2	1	4	5	2	14	47.4
塾	–	3	2	2	1	–	8	34.1
カヌー製造業	–	1	1	6	2	–	12	46.9
雑貨店経営	–	2	2	1	3	3	11	46.3
雑貨店補助	1	–	–	1	–	–	2	31.0
運輸業（バイクタクシー）	–	5	2	1	–	–	8	29.1
その他自営業	–	8	5	8	12	3	36	43.8
被雇用業								
日雇い労働	–	2	3	3	3	–	11	39.8
公務員	–	24	24	22	8	2	80	37.2
建設労働	–	29	13	4	1	1	48	30.6
観光サービス業	4	45	9	1	1	–	60	26.6
その他被雇用業	2	14	5	2	2	2	27	32.3
合計	142	276	199	282	211	83	1193	37.9

（出所）筆者 2007 年調査による

体の状況について尋ねた。調査の中で，彼女たちの現在の職業を尋ねると，多くの場合，第一声に「農民（ᑡᝣᝣᝯ）」あるいは「稲作（ᝯᝯᝯᝯ）」という答えが返ってくる。それは「田の村（ᝯᝯᝯᝯᝯ）」に暮らす村の人々の生業は当然「稲作（ᝯᝯᝯᝯ）」であるという，ある種の紋切型の答えであり，そこには「お金はありませんよ」という謙遜の意味も込められているようであった。しかし，そこからさらに各世帯員の生業や，農地の有無，水田耕作の状況について詳しく聞い

第 4 章　所得と就業構造　143

ていくと，稲作だけでなく他の様々な生業に従事している現状が見えてくる。それらの世帯の主な収入源は他の生業である場合がほとんどであった。中には「農民（អ្នកស្រែ）」と答えておきながら，全く稲作をしていない世帯もあった。

ポル・ポト時代以前に結婚した，高齢の女性たちに結婚当時の生業について尋ねるとまた一様に「稲作（ធ្វើស្រែ）」という答えが返ってくる。さらに「他の仕事は？収入源は？」と尋ねると，これもまた一様に「タバコ栽培を少し（ដាំថ្នាំបន្តិច）」と全く同じように答える。しかし，さらに質問を重ねてみても，それ以上の生業の状況は見られず，彼女たちの話は当時の現状をおおよそ反映しているようであった。前述の通り，ポル・ポト時代以前，T 村の各世帯は 3〜8ha の水田を有し，余剰米を売っていた。そして，稲作の農閑期にはタバコを栽培する，というのが村の人々，村の女性たちの一般的な生業のあり方だったようである。

ポル・ポト時代が終焉し，T 村の人々の所有する水田が極端に縮小すると，村の女性たちの生業は多様化する。農業に加え，主に食品を扱う小規模な製造・加工業や小売業を始める女性が増加する。中でもノム・アーカオ（នំអាកោ）という米から作る蒸し菓子は，この村の特産品となり多くの女性に作られ，彼女たちの生計を支えていった。当時は輸入品の菓子も少なく，手作りの生菓子への需要が高かった。ノム・アーカオはこの村の女性たちが作り，シェムリアップ中心部の市場で販売していた。市場でノム・アーカオを販売しているのはこの村の女性ばかりであったという。菓子作りは「誰から教わったというわけではなく，自然にできるようになった」と女性たちは話す。なぜ，この村でノム・アーカオが広く作られるようになったかは不明であるが，村の人々の間で自然と知識や技術が共有されていったようである。

ノム・アーカオは，米粉に水や砂糖，ココナツミルクを加え，バナナの葉で作った小さな器に流し入れ，それを蒸してできあがる。米は石臼で挽く。器もすべて自分たちで作る。バナナの葉を集め，適当な大きさに切る。楊枝は木の枝をナイフで削って 1 本ずつ作る。バナナの葉を楊枝で留め，立体的な器に作りあげていく。ココナツミルクは椰子の実を乾燥させ，中の果肉を削り，それを水につけて濾過する。器に生地を入れて蒸し，できあがったものを市場で販売する（129 頁写真）。それらすべての工程がそれぞれの世帯内で行われる。いずれの世帯も世帯内の 2 人以上の女性，例えば母と娘の 2 人が作業を共同，分業しながら菓子を作り，それを売る。菓子の生地作り，蒸し作業は夜中の 12 時，

1時ごろから始め，朝4時ごろに菓子ができあがる。女性たちは自転車の荷台に菓子を載せ，村の入り口に集まり，揃って約8km離れたシェムリアップ中心部の市場まで売りに出かける。そして，朝7時ごろには販売を終えて，村に戻る。仮眠を取った後，米を挽く作業や菓子の器作りを行う。夫を持たないメマーイたちの多くは，世帯内の娘や姉妹等と協力しながらこのような作業を毎日繰り返し，生計を維持してきたのである。ノム・アーカオ作りというこの村に特有の，そして女性に限られた生業がポル・ポト時代以後T村の女性たち，メマーイたちの生計を支えてきたのである。

1993年の総選挙により内戦が終結し，経済発展が加速すると，中国やタイ，ベトナム等から様々な輸入食品が増加した。その影響もあり，村の女性たちが作ってきたノム・アーカオへの需要も低下し，菓子を作る女性の数も減少してきた。一方，シェムリアップ中心部では観光産業が急激に発展し，観光サービス業への労働需要が生まれた。2007年11月に観光省シェムリアップ観光事務所で入手した資料によると，シェムリアップ州で営業を行うホテルの数は94軒，レストラン89軒，ゲストハウス184軒，マッサージ店24軒，それらの総従業員数は8,362人で女性は全体の47.5%を占める。この他にも土産物店，観光ガイド，バイクタクシー，インターネットサービス等，様々な観光関連サービス業が存在する。それに伴い，外国語を学習する子どもや若者が増え，主に20代から30代で観光サービス業への従事が増加してきた。

現在も田の村と呼ばれるT村は，広大な田園風景を持ち，村民の過半数が稲作を行う農村である。しかし，T村の女性たちの生業はポル・ポト時代以前，以後，そして現代と，それぞれの特色を持ちながら時代とともに変化してきたのである。

2.7 メマーイ世帯の再編成と生業変化

では，このようなT村の経済環境の中，女性が夫と死別あるいは離別した後に，生計を維持していくために，どのように世帯を再編成し，生業を変えているのかを見ていこう。

表4.10はメマーイが夫と死別あるいは離別する以前の生業と以後の生業，そして夫と死別あるいは離別した直後の居住状況を示したものである。死別・離別後に親や祖父母，キョウダイと同居している者は55人のうち，29人

（52.7％）である。その 29 人のうちの 17 人（58.6％）は死別・離別以前から親やキョウダイと同居していた。残りの 12 人（41.4％）は結婚後，親から独立した世帯を形成していた，あるいは夫方の両親と同居していたが，夫と死別あるいは離別した後に生家へ戻り，親やキョウダイと同居した。

　死別・離別以後の生業の欄で，「－（ハイフン）」で示されているのは，夫との死別・離別以前とメマーイの生業に変化がないことを示している。生業の変化と居住状況を合わせて見ると，親やキョウダイ等と同居している 29 人のうち，69％は生業に変化がない。また，網掛けで示している 11 事例は夫との死別・離別時に長子の年齢が 20 歳以上であった者である。これを見ると，11 事例中 81.8％の 9 事例で，メマーイ自身の生業に変化がない。つまり，世帯内にメマーイ以外の労働力がある場合には，いずれの年代の場合も生業の変化がない事例が多く，メマーイ自身は主婦として，あるいは夫と死別・離別する以前の生業をそのまま維持し，世帯全体の生計に貢献しているのである。

　一方，夫との死別・離別後も両親がすでに死亡している場合やキョウダイがいない等の場合は母子世帯を維持することになる。母子世帯でかつ長子が 20 歳未満である事例は 55 人中 15 人（27.3％）である。そのうち，13 人（86.7％）が死別・離別後に生業を変えている。主婦や稲作のみに従事していた者も，現金収入の得られる生業を行うようになっている。具体的にはポル・ポト時代以降に盛んになった野菜や魚の小売，菓子の製造などの食品の小売や加工業が主である。

　前述の通り，T 村で観察された自営業はいずれも小規模で，1 人で行うか 2〜4 人程度の世帯員のみによって行われる家族経営の形態を取る。人を雇用するケースはなかった。郡中心部の市場では，ザルや桶に野菜や魚，菓子などを載せて，1 人でそれらを売る女性の姿が並ぶ。彼女たちは，その日 1 日，自分で売れるだけのものを仕入れ，あるいは製造し，わずかな利益を得て，市場でその日の世帯の食事となる肉や魚を調達して家に帰る。少し大きな規模のものでは，調味料や雑貨，服飾品などを扱う小売業や軽食の屋台などのブースがある（155 頁写真（上）（中））。そこでも 1 人，あるいは 2，3 人といった世帯員による経営が行われている。もちろん都市部では多くの従業員を抱える製造業や小売業，卸売業が存在する。しかし，都市近郊に位置しながらもプオック郡には家族経営で行う小規模な自営業がその主体となっている。

　つまり，生業転換を行うメマーイは小規模な自営業で，女性にとって参入が

表 4.10　メマーイの生業変化

世帯番号	年齢	死別離別時の年齢	死別離別以前の生業	死別離別以後の生業	死別離別時の長子の年齢	居住	死別離別後の実家への移動
16	53	22	主婦	—	—	親と同居	有
55	52	20	主婦	—	—	親と同居	—
92	47	43	稲作	—	25	核家族	—
138	60	29	稲作	—	—	姉妹と同居	—
117	43	26	稲作	—	3	親と同居	—
8	55	29	稲作・畑作	—	8	祖父母と同居	有
21	40	30	稲作・畑作	—	—	姉妹と同居	—
72	62	49	稲作・畑作	—	22	核家族	—
86	45	34	稲作・畑作	—	14	核家族	—
109	56	21／51	稲作・畑作	—	23	核家族	
42	61	57	稲作・畑作	—	30	核家族	—
44	59	53	稲作・畑作	—	25	核家族	—
146	41	24／40	稲作・畑作	—	9	親と同居	—
166	47	41	稲作・畑作	—	6	姉妹と同居	有
49	56	24／39	稲作・農業日雇	—	17	単身	有／有
138	67	56	稲作・野菜小売	—	21	核家族	—
181	53	34	稲作・野菜小売	—	10	核家族	—
157	59	44	稲作・魚小売	—	38	核家族	—
180	58	36	稲作・軽食製造	—	17	親と同居	—
30	36	27	稲作・菓子製造	—	4	親と同居	—
171	50	23	稲作・菓子製造	—	3	親と同居	—
104	54	54	稲作・テーラー	—	29	核家族	—
31	46	35	菓子製造	—	—	親と同居	有
31	36	27	菓子製造	—	6	親と同居	—
68	56	43	菓子製造	—	15	親と同居	—
165	49	34	菓子製造	—	—	姉妹と同居	有
119	60	48	軽食製造	—	29	親と同居	—
128	23	23	果物小売	—	—	親と同居	—
135	39	22	野菜小売	—	—	親と同居	—
26	35	35	教師	—	—	兄弟と同居	—
176	31	30	教師	—	—	祖父母と同居	有
53	55	35	主婦	米の小売	11	親と同居	—
70	54	32／42	主婦	高利貸	4／13	核家族	—
114	59	29	主婦	稲作・軽食製造	—	核家族	—
128	48	25	主婦	鶏の小売	3	核家族	—
173	31	25	主婦	雑貨店	1	親と同居	有
6	73	？／35	稲作	稲作・菓子製造	18	核家族	—
28	65	33／51	稲作	稲作・軽食製造	14／44	親と同居	有／—
30	60	30	稲作	稲作・畑作・菓子製造	13	核家族	—
87	50	19	稲作	稲作・軽食製造	—	親と同居	有
134	71	41	稲作	稲作・野菜小売	17	核家族	—
160	66	45	稲作	稲作・魚小売	25	核家族	有
302	31	22	稲作	稲作・養豚・焼酎製造	—	親と同居	有
58	44	24／34	稲作	米の小売	7／17	核家族	—
74	73	27	稲作	魚小売	6	親と同居	—
82	35	29	稲作	菓子製造	—	親と同居	有
43	54	23	稲作・テーラー	教師・テーラー	—	親と同居	—
95	62	39	稲作・畑作・テーラー	菓子製造	20	核家族	—
23	42	18／39	漁・稲作・畑作	稲作・畑作	14	核家族	—
22	50	32	雑貨店	菓子製造	7	核家族	—
37	40	37	雑貨店	軽食製造	11	核家族	—
169	62	27	雑貨店	焼酎・菓子製造	15	核家族	—
170	57	32	雑貨店	稲作・米の小売	13	核家族	—
77	39	32	漁	菓子小売／農業日雇	3	核家族	—
110	67	29／39	野菜小売	菓子製造	11	姉妹と同居	有

（出所）筆者 2007 年調査による
注）―（ダッシュ）は夫を失くした前と後とで生業が変らなかったケース。

容易な菓子作りなどの食品関連の生業を選択しているのである。

2.8 メマーイ世帯の生業選択

調査時点でメマーイ世帯がどのような生業を選択しているのか，その特徴を見ていきたい。まず，全51のメマーイ世帯を世帯構成の形態により分類を試みた。

夫を失ったメマーイ世帯が所得貧困に陥るとすれば，その大きな要因の1つは，夫という労働力を失ったことに起因する。そのため，この分類では，世帯内にメマーイ以外の労働力があるか否かを主な基準としている。母子のみで構成される母子型世帯と，親やキョウダイ等と同居する同居型世帯，メマーイのみが単身で世帯を構成している独居型世帯に分類し，さらに母子型世帯を長子が20歳未満であるもの（以下，母子型・子小と表記）と，20歳以上であるもの（以下，母子型・子大と表記）に分けた（表4.11）。また，メマーイ世帯と一般世帯との比較を容易にするために，一般世帯も同様に分類した（表4.12）。

この分類に従い，メマーイ世帯と一般世帯の所得構成を見てみたい（表4.13）。なお，独居型世帯のメマーイは子どもからの支援で生計を立てている世帯であり，メマーイ自身は就労していない。そのため分析の対象から外している。

まず，世帯の1人当たり所得の平均から見てみよう。村全体の平均は90.9万リエルである[10]。メマーイ世帯だけを見てみると，母子型・子大世帯の1人当たり所得が最も高く112.5万リエル，次いで同居型世帯が104万リエル，そして母子型・子小世帯が45.2万リエルと最も低く，村全体の平均の約半分でしかない[11]。やはり，有業者がほぼメマーイ1人に限られる母子型・子小世帯では所得が大幅に低くなっている。一方，一般世帯では夫婦のみの世帯が最も高く，121万リエル，次いで核家族型・子小世帯が99万リエル，そして同居型世帯が94.8万リエル，そして最も低いのが核家族型・子大世帯で68.3万リエルである。一般世帯ではメマーイ世帯と異なり，核家族型・子小世帯の所得が同居型世帯や核家族型・子大世帯よりも高くなっている。子の人数がメマー

---

10) 極端な外れ値である1世帯の値を引いた203世帯の平均。その1世帯を加えた平均は106.9万リエル。

11) 極端な外れ値である1世帯は一般世帯に属するため，一般世帯からその1世帯の値を除いている。その1世帯を加えた平均は109.3万リエル。

第4章　所得と就業構造　149

表 4.11　メマーイ世帯の分類

	世帯	%
母子型（長子が 20 歳未満）	5	9.8
母子型（長子が 20 歳以上）	16	31.4
同居型	28	54.9
独居型	2	3.9
―	0	0
合計	51	100

(出所) 筆者 2007 年調査による

表 4.12　一般世帯の分類

	世帯	%
核家族型（長子が 20 歳未満）	54	35.3
核家族型（長子が 20 歳以上）	54	35.3
同居型	38	24.8
独居型	0	0
夫婦型	7	4.6
合計	153	100

(出所) 筆者 2007 年調査による

イ世帯よりも多い一般世帯では，核家族型・子小世帯では被扶養者である子の人数が少なく，子大世帯になると 20 歳を超え就労を始める子が存在する一方，被扶養者である子の人数も多くなり，全体的な 1 人当たり所得が低くなっていると考えられる。

　メマーイ世帯と一般世帯を比較して見ると，同居型世帯と母子型（核家族型）・子大世帯ではメマーイ世帯の所得が高い。つまり，子がすでに就労年齢に達している，あるいは親やキョウダイと同居しているメマーイ世帯は一般世帯よりも安定的な所得が得られている。一方，母子型（核家族型）・子小世帯ではメマーイ世帯の所得が低い。子どもが小さく，ほとんどの世帯で有業者がメマーイ 1 人である母子型世帯の所得は，一般世帯を含め，他の世帯群に比して著しく低くなっている。

　また，稲作所得，その他農業所得，そして農外所得からなる所得構成の構成比をそれぞれの世帯群で比較してみると，農外所得が他の世帯では 70％以上を占めるのに対し，母子型・子小世帯では 41.2％を占めるにすぎず，農業所得の割合が高いことがわかる。表 4.14 の農外所得を構成する生業を比較してみ

表 4.13 一般世帯とメスマーイ世帯の所得構成

| | 一般世帯 | | | | メスマーイ世帯 | | |
| | 核家族型 | | 同居型 | 夫婦のみ | 母子型 | | 同居型 |
	核家族（子小）	核家族（子大）			母子（子小）	母子（子大）	
世帯数	54	54	38	6	5	16	28
所有水田面積 (ha)	0.41	0.97	0.91	0.21	0.47	0.31	0.28
耕作面積 (ha)	0.35	1.11	0.72	0.11	0.54	0.45	0.56
家畜・家禽飼養頭羽数							
牛	0.5	1.4	1.4	0.3	0.6	0.6	0.6
水牛	0.1	0.6	0.5	0.3	0.0	0.4	0.1
鶏	6.5	7.9	5.8	5.7	7.4	3.9	3.8
豚	—	0.6	—	—	1.8	—	0.1
アヒル	0.6	1.1	0.7	—	1.0	0.1	1.0
ワニ	0.2	1.7	2.4	—	—	—	1.4
稲作所得 A (万リエル)	9.6　2.5%	41.8　11.0%	34.4　6.6%	3.5　1.6%	11.3　7.7%	13.3　3.7%	12.0　3.3%
収穫 B	31.6	92.0	69.3	10.8	25.1	36.6	31.1
農業経営費 C	22.0	50.2	34.9	7.3	13.8	23.3	19.1
雇用労賃 D	13.5	31.6	21.9	6.1	9.3	18.1	12.8
雇用客への賃貸 E	1.8	5.5	4.1	0.6	0.3	2.0	1.8
肥料・農薬費 F	2.2	3.3	2.3	0.1	1.7	0.3	1.5
種籾代 G	3.0	5.7	4.6	0.5	2.5	2.1	2.3
小作料 H	1.5	4.1	2.0	—	0.0	0.8	0.8
その他農林水畜産業所得 I (万リエル)	27.0　7.1%	62.6　16.5%	61.1　11.8%	58.1　26.9%	74.9　51.1%	68.6　19.3%	54.7　14.9%
野菜 J	10.2	18.4	27.7	7.0	18.9	24.6	10.9
果物 K	1.5	3.3	0.9	5.8	0.8	1.9	0.6
牛の売却 L	6.6	22.5	7.7	10.0	32.4	7.5	4.9
水牛の売却 M	2.3	8.7	7.4	30.8	—	—	—
鶏の売却 N	1.3	2.5	1.6	3.5	—	28.9	1.5
豚の売却 O	—	2.2	7.2	—	12.0	2.2	—
アヒルの売却 P	—	0.7	—	—	—	—	31.0
ワニの売却 Q	2.5	1.0	4.2	—	—	—	1.4
農業雇用労働 R	0.9	2.0	1.3	—	10.8	2.1	2.3
小作料 S	1.7	1.3	3.1	1.0	—	1.4	2.1
農外所得 T (万リエル)	341.3　90.3%	275.8　72.6%	423.3　81.6%	154.4　71.4%	60.5　41.2%	273.5　77.0%	300.1　81.8%
世帯所得 U (万リエル)	378.0　100%	380.1　100%	518.9　100%	216.1　100%	146.7　100%	355.4　100%	366.8　100%
1 人当たり所得	99.0	68.3	94.8	121.0	45.2	112.5	104.0

（出所）筆者の 2007 年調査による
注）各項目の内容は表 4-6 の注を参照。

第 4 章　所得と就業構造　　151

ると，一般世帯よりもメマーイ世帯，特に母子型・子小世帯は生業の種類が少ない。その原因は，メマーイ世帯の労働力に女性が多いこと，そして，母子型・子小世帯のほとんどは，労働力がメマーイ1人だということにある。また，労働力がメマーイ1人である母子型・子小世帯では，メマーイが家事や子育てを行いながら営むことが可能な農業や，村周辺での零細な生業にしか就くことができない。そのため，生業選択が限られてしまい，低い所得しか得られないことが考えられる。

農外所得の生業の中でも，メマーイの同居型世帯および母子型世帯で特徴的に見られるのは，「仕送り」割合の高さである。これらの世帯群が比較的高い所得を得られていることの一因とも考えられるため，その詳細を見てみたい。ここで言う仕送りとは，主にシェムリアップ中心部での観光サービス業での従事者からの送金を指す。観光サービス業の従事者の性別を確認すると，一般世帯の男性従事者は全男性有業者283人のうち20人で7.1%を占め，女性従事者は全女性有業者252人の，うち14人で5.6%を占める。一方，メマーイ世帯では男性従事者は全男性有業者44人のうち7人で15.9%を占め，女性従事者は全女性有業者84人のうち9人で10.7%を占める。男女ともメマーイ世帯の従事者の割合は一般世帯の約2倍である。それら観光サービス業従事者の婚姻状況を性別ごとに見てみると（表4.15），男性では既婚者，未婚者に従事者があり，どちらもほぼ同じ割合で従事しているのがわかる。一方，女性の従事者では一般世帯では従事者すべてが未婚者であるが，メマーイ世帯では未婚者は約半数にとどまり，既婚者あるいは離別・死別者にも従事者が存在することがわかる。一般世帯では，家計の管理や家事を担う女性が夫と子，特に夫を置いて出稼ぎに出ることはできず，未婚の女性のみに就労機会が限定されている。一方，メマーイ世帯では子を持つ者でも年長の子あるいは同居している親やキョウダイが家事を行い，また夫の側で夫を支えるという役割を求められることがないため，村を離れて就労することが可能となっているのである。

2.9　幼い子を抱える母子世帯

所得が他の世帯群に比して格段に低くなっている子の小さい母子世帯は5世帯ある。それらの世帯の世帯構成や生業についてその詳細を確認しておきたい。

世帯番号146のメマーイは2歳から10歳までの4人の子を持つ母子世帯で

152

表 4.14　一般世帯とメマーイ世帯の農外所得

(単位：万リエル、%)

		一般世帯							メマーイ世帯					
		核家族型				同居型				母子型				同居型	
		核家族（子小）		核家族（子大）		同居型		夫婦		母子（子小）		母子（子大）			
		（万リエル）	%	（万リエル）	%	（万リエル）	%	（万リエル）	%	（万リエル）	%	（万リエル）	%	（万リエル）	%
自営業	漁業	16.3	4.8	18.0	6.5	8.4	2.0	20.3	13.1	—	—	3.0	1.1	6.1	2.0
	食品加工	9.1	2.7	19.8	7.2	29.4	6.9	75.0	48.6	45.0	74.4	17.3	6.3	25.3	8.4
	カスー製造	0.9	0.3	8.2	3.0	3.4	0.8	—	—	—	—	—	—	—	—
	食品小売	42.2	12.4	60.1	21.8	17.5	4.1	37.5	24.3	—	—	5.9	2.2	40.6	13.5
	その他小売	1.1	0.3	—	—	1.9	0.4	—	—	—	—	5.2	1.9	1.7	0.6
	雑貨店	9.3	2.7	3.3	1.2	12.7	3.0	11.2	7.3	—	—	—	—	6.8	2.3
	祭事関連業	9.4	2.8	8.3	3.0	14.1	3.3	—	—	—	—	32.8	12.0	16.2	5.4
	塾	0.4	0.1	2.2	0.8	6.7	1.6	—	—	—	—	—	—	19.2	6.4
	運輸業	12.5	3.7	—	—	10.7	2.5	—	—	—	—	29.0	10.6	10.3	3.4
	その他自営	28.7	8.4	52.8	19.1	33.0	7.8	10.5	6.8	—	—	15.4	5.6	10.1	3.4
雇用労働	建設労働	76.1	22.3	28.1	10.2	17.2	4.1	—	—	14.8	24.5	19.1	7.0	10.2	3.4
	公務員	72.7	21.3	24.9	9.0	153.1	36.2	—	—	—	—	—	—	56.3	18.8
	観光業	17.2	5.0	5.1	1.8	4.2	1.0	—	—	—	—	5.6	2.0	14.6	4.9
	その他雇用労働	37.0	10.8	17.6	6.4	65.8	15.5	—	—	0.7	1.2	35.4	12.9	18.0	6.0
	日雇い	1.7	0.5	1.0	0.4	7.3	1.7	—	—	—	—	2.3	0.8	3.1	1.0
その他	仕送り	6.7	2.0	22.8	8.3	36.7	8.7	—	—	—	—	102.6	37.5	59.0	19.7
	その他	—	0.0	3.7	1.3	1.1	0.3	—	—	—	—	—	—	2.8	0.9
合計		341.3	100	275.8	100	423.3	100	154.4	100	60.5	100	273.5	100	300.1	100

(出所) 筆者 2007 年調査による

表 4.15　観光サービス業従事者の婚姻状況（一般世帯，メマーイ世帯別）

(単位：人，%)

		未婚		既婚		離別		死別		合計	
		（人）	（%）	（人）	（%）	（人）	（%）	（人）	（%）	（人）	（%）
一般世帯	男性	15	75	5	25	0	0	0	0	20	100
	女性	14	100	0	0	0	0	0	0	14	100
メマーイ世帯	男性	5	71.4	2	28.6	0	0	0	0	7	100
	女性	5	55.6	1	11.1	2	22.2	1	11.1	9	100

(出所) 筆者 2007 年調査による

ある。兄と妹と父がいるが父は 76 歳ですでに就労はしておらず，妹世帯と兄世帯が交代で父の面倒を看ている。兄も妹も妻子（夫子）があるため同居はできず，母子世帯として残されている。教師であった夫が調査の 9 ヶ月前に死亡した。夫の出身村と T 村に合計 1.37ha の水田があるが，夫が死亡したため今後，夫の出身村の水田での耕作は難しくなった。屋敷地内で行う野菜栽培からの収入があるだけで，1 人当たり所得は 13.6 万リエルと村全体の平均の 15% を占めるにすぎない。夫が亡くなってまだ 1 年も経たないこともあり，メマーイとしての生計維持の戦略もまだ「これから」という状況であった。

　世帯番号 302 のメマーイは 8 歳の娘を持つ。両親と同居しているが，世帯は分けている。養豚と焼酎の製造を生業としている。調査を実施した年は飼育している豚が病気にかかり大量に死亡し，1 人当たり平均所得は 52.4 万リエルと低かった。しかし，そのような危機に際しても，両親を頼ることができ，生活は安定している。

　世帯番号 23 のメマーイは 10 歳から 17 歳までの 2 人の息子と 2 人の娘を持つ。隣家が両親の世帯であり，そこには両親と未婚の弟が居住している。0.93ha の水田を有し，稲作と野菜栽培を行っている。1 人当たり平均所得は 38 万リエルと村の平均の 41.8% にすぎない。稲作の耕起は隣家の未婚の弟が無償で行い，弟が漁に出て得た魚はメマーイ本人が市場で販売するなど生業面での共同関係が見られ，所得に含んでいない弟からの現金支援もある。すでに家屋があるため世帯を分けているものの親世帯への依存度が高い。

　世帯番号 37 のメマーイは 5 歳と 14 歳の息子と 10 歳の娘を持つ。主な生業は屋敷地内での軽食販売であり，1 人当たり平均所得は 97.5 万リエルと村の平均よりも高い。村内に両親とキョウダイ 9 人のうち 4 人が村内に独立した世帯を形成している。常にキョウダイが互いの世帯を行き来し，メマーイ世帯の危

写真（上）
プオック郡中心部の市場の衣料品販売ブース。食料品以外にも日用品，衣料品，装飾品など様々な品物が売られている。

写真（中）
プオック郡中心部の市場の靴販売ブース。食料品の販売は主に女性によって従事されるが，食料品以外の売り場では男性が販売する姿も見られる。

写真（下）自宅に足踏みミシンを1台置いて，服を仕立てる女性。縫製関係の生業も主に女性によって従事される。

第4章　所得と就業構造

機に対して対応が可能な環境にある。長男は11歳から13歳までの期間を祖父母の世帯で暮らしていた。

世帯番号77のメマーイは8歳の息子と10歳の娘を持つ。菓子の小売と農業労働を行い，1人当たり所得は24.6万リエルと村の平均の27.1％を占めるのみで，インタビューを行う筆者にも切々と貧窮状態を訴えた。夫と離別する前に同居していた両親が死亡した。キョウダイは3人姉妹で，みな村内に居住している。しかし，いずれのキョウダイも夫と子があり，同居はできない。村内に居住している姉とは両親の死亡の際の相続問題で諍いが起こり支援を受けられない状況にある[12]。

メマーイ世帯はすでに独立した家屋を持ち，両親やキョウダイからの支援を受けながらも生計が維持できる場合には，自ら母子型の世帯を維持することを選択することもある。一方，親がすでに死亡している，あるいは高齢である，またキョウダイがいない，あるいは配偶者を持っている等の理由がある場合には同居が不可能であり，母子世帯として残される。世帯番号146や77のように母子世帯でかつ親やキョウダイから支援も受けられない環境にある世帯は非常に所得が低く，貧窮していた。その2つの世帯は，幼い子をもつ母子世帯が，親やキョウダイから支援を受けられなければ所得貧困に陥りやすい存在であることを示していると言える。

頼れる親やキョウダイもおらず貧窮している者に対しては，近隣の村民が米などの食糧を支援することもわずかながら観察された。村の中でも底辺の経済状況で暮らす人々は，収穫された米と庭でできた野菜，川で穫れた魚を食べ，わずかな現金収入でその日その日を過ごし，貧しいギリギリの生活を続ける。新たな生業を始めるための資金やそれを借りるための信用関係がなければ，貧窮した生活状況を変えることはなかなか難しい。そして，子が就労できるようになると少し生活にゆとりができるようになる。幼い子を抱えるメマーイにとっては，次章で取り上げる「子の移動」も1つの重要な戦略となる。子を他のボーン・プオーンの世帯へ移動させ扶養の負担を減らし，子自身もベターな生活環境を手に入れることが可能となるのである。そして，村の調査では把握しきれなかったが，村での生活が成り立たなければ，村を離れていく人々も当

---

12) 調査から約1年後この世帯を再訪した際には，世帯主のメマーイの表情は明らかに当時と比べて明るくなり，貧窮を訴える様子がなくなっていた。聞くと，相続問題で揉めていた姉妹と和解したのだという。

156

然ながら存在するだろう。

3. 小括 —— 世帯を超えたつながりとメマーイの生業選択

　メマーイ世帯は親やキョウダイと1つの世帯を形成することにより母子型の世帯になることを回避し，家事労働力を含む労働力を確保する傾向が見られた。しかし，妻方居住の優勢から，同居する者が兄弟よりも姉妹，息子よりも娘であり，男性労働力不足を解消するには至っていない。その一方，一般世帯よりも世帯内により多くの女性家事労働力を有する状態にある。

　T村で観察された生業の中には，はっきりとした性別による分業が見られるものがあった。特に食品に関連する生業は女性の仕事とされていた。食品の小売や雑貨店の経営は，特別な専門技術や知識も必要とせず，小規模であるため新たに商売を始める場合でもその資金は多くなく，比較的誰でも参入が容易である。このような背景から，夫との死別・離別後にメマーイ自身が生業を変えている例では，食品関連の生業への参入が多く見られた。そこにはポル・ポト時代以降，村の特産品となる菓子作りに多くの女性たちが従事していくことが深く関連していた。また，近年では内戦終結以降，急速に発展するシェムリアップ中心部での観光業への従事が若い世代で増加している。村を取り巻く経済環境の歴史的な変化に対応しながらメマーイやその子たちは生業を選択し，生計を維持してきたのである。

　一方，夫と死別・離別後に生業を変えていないメマーイは，半数以上存在する。もちろん，それ以前から従事していた生業で充分な収入が得られている場合には，生業を変える必要はない。しかし，主婦や稲作のみを行うメマーイにも生業を変えていない者が少なからず存在する。メマーイは，親やキョウダイとの同居が可能な場合は，彼らと1つの世帯を形成し，家事労働力を含む労働力を獲得している。あるいは子がすでに就労可能な年齢に達している場合は，子が労働力となる。その場合，メマーイ自身は生業を変えることなく家事労働力や稲作労働力として世帯に貢献し，生計を維持することが可能なのである。親やキョウダイと同居しているケースや，子がすでに就労可能な年齢に達しているケースでは，世帯所得も高く，夫の不在が所得に与える影響も小さいと考

えられる。

　このように夫との死別・離別後に，親やキョウダイとの同居を選択するケースが多く観察された。つまり，世帯構成の柔軟性がメマーイを他の世帯へと吸収し，夫との死別・離別以前と変わらない生業，生活レベルを維持することが可能となっているのである。また，他世帯と1つの世帯を構成することは世帯内に2人以上の家事労働力を有することにつながり，夫や家事に縛られることなく女性が都市部で就労することを促進していた。

　しかし一方で，親やキョウダイとの同居が不可能で，子が小さくメマーイが世帯内の唯一の労働力である母子世帯は非常に所得が低い。つまり，子が就労年齢に達するまでのメマーイは，母子世帯として残されると所得貧困に陥る可能性が高くなるのである。中でも親やキョウダイから支援を得られない母子世帯は非常に経済的に貧困な状態にあった。つまり，メマーイは夫との死別・離別後に何の手立ても打てず，親やキョウダイ等からの支援を受けられない場合には所得貧困に陥る可能性が非常に高いと言える。これら経済的に貧困なメマーイの存在は，結果的に農村社会において何らかの支援がなければメマーイが所得貧困に陥りやすいことの証になっているとも考えられる。

　また，夫を失くした女性たちのこのような経済活動の特徴から，農村女性の実態の一側面が見えてくる。女性の有業者率は男性と同等であり，経済活動が活発に行われている。しかし，一般世帯の既婚女性が1人として都市部で就労していないことから，既婚女性の場合，家を離れず夫の世話をし，家事を行いながらできる範囲の経済活動に限られていると言える。つまり，夫の世話を含む家事労働と経済活動という二重役割を担う女性たちは，夫を失くし，家事労働を担う他の世帯員を持ったメマーイたちとは異なり，経済活動，社会進出が制限されていると言えるだろう。

　カンボジア農村におけるこれまでの経済活動の分析は「世帯」を単位に行われてきた。T村で観察された日々の経済活動も一見すると世帯単位で完結しているように見える。しかし，メマーイの事例では，夫を失くすというリスクに対応し，柔軟に世帯の再編成が行われ，世帯そのものの構成を変えることによって生計を維持するための最適化が行われていた。

　また，世帯の再編成が行われなかった事例では，近隣に居住する男性のキョウダイが漁に出て，それをメマーイが売りに行く，あるいはメマーイ世帯と義理の姉妹関係にあたる世帯が共同で稲作を実施する事例など，世帯を超えた生

産活動における共同関係も観察された。このように，実際の人々の暮らしは，決して世帯で完結しているわけではなく，何らかの問題が発生した場合には共住経験を核とするボーン・プオーンのつながりが基盤となり，対処しているのである。その様子は，生産単位として世帯に固執した近代経済学の分析では捉えることができないのである。

　次章ではさらに近代経済学で分析の対象とされてきた「生産」の領域を超え，「再生産」領域の分析に踏み込んでいく。世帯の中で労働力としては"不十分"な子どもや高齢者に焦点を当て，人々の生活をより広範に把握することを試みたい。

第 5 章

子どもと老親のケア

本章では，メマーイがいかにして子や老親をケアしているのかに焦点を当てる。ここでは，子どもや高齢者の暮らしを支えるための営みや配慮を「ケア」と呼ぶこととしたい[1]。

　ここで主に分析の対象とするのは「子の世帯間移動」という現象である。個々のメマーイへのインタビューの際，筆者は必ずメマーイが幼い子を抱え，なおかつ働かなければならないという状況下において，どのようにしてそれを成し遂げてきたのかを訊ねた。仕事に出る間は，同居する親やキョウダイが子の面倒を看てくれた，あるいは別世帯の親やキョウダイに子を預けた，という答えの他に，「子を数年間，親の世帯に預けた，キョウダイの世帯に預けた」という回答が何人ものメマーイから得られた。筆者は「子を数年にわたって他世帯へ移動させる」という事実に大きな関心を抱き，世帯調査の途中から「子の世帯間移動」に関する質問項目を増やした。そしてメマーイ世帯だけでなく，他の世帯に対してもその詳細を訊ねることにした。

　本章では，まず子の移動に関する先行研究についてまとめる。そして，より多くの事例からＴ村で観察された子の世帯間移動という現象の特徴やその機能を明らかにするために，まずは一般世帯を含めたすべての調査世帯における事例を分析する。その上で，メマーイ世帯にとって子の世帯間移動という現象がどのような機能を有し，どのような限界を持つものなのかを論証していく。また，子が移動するのと同じように高齢者が世帯間を移動する事例も多く観察された。一般世帯より多くの割合で親と同居する傾向にあるメマーイ世帯にとって，高齢者のケアは子のケアとは別の世帯周期における負担となる可能性

---

1)　カンボジア語には英語の care にそのまま置き換えられる概念はないが，類似の概念としては以下のようなものが挙げられる。タエ (ថែ) は，①世話する，面倒を見る，看病する，（火の）番をするという意味の動詞である。また，レアックサー (រក្សា) は，①保護する，（家，財産，健康，戒律を）守る，大切にする，②（病人を）看護する，③（子どもを）よく監督してきちんと育てるという意味の動詞であり，この２つを合わせてタエレアックサー (ថែរក្សា) という語彙も使われる。タエレアックサー (ថែរក្សា) は，①世話する，保護する，大切に育てる，②（国を）治める，という意になる。また，チェンチャム (ចិញ្ចឹម) は，①養う，育てる，②（動物を）飼う，という意味の動詞で，親が子を育てるなど，衣食住を与え生活全般を与えることを含意する。また，ムール (មើល) は①（物，人，手相を）見る，（正しいかどうか）見る，（本を）見る，（本を）読む，見物する，（病人を）診る，②（ために〜して）みる，を意味する動詞で，親の留守中に年長の子が弟や妹の世話をするような場合にはこのムール (មើល) が使用される。また，ヨークチェットトックダック (យកចិត្តទុកដាក់) は，直訳すると「気持ちを置く」という意味で，人や物への注意や配慮を行う際に用いられる（坂本［1988：113，201，351，363］）。

もある[2]。その高齢者の世帯間移動についても若干の分析と考察を加える。

1. 子の移動に関する先行研究

カンボジア研究において，子が世帯を移動するという現象に焦点を当てた研究は未だ行われていない。しかし，他の国・地域において，子どもの世帯間移動に関する研究は，主に養子（adoption）・里子（fosterage）慣行を対象とした人類学分野に多くの蓄積がある。それらの研究の中では，子が養子・里子として世帯を移動することは，孤児の保護や子を持たない者への相続人の分配（Rynkiewich [1976]，Goody [1969]），生活・経済・教育状況の改善（Fonseca [1986]），労働力の分配（Cohen [1969]）等の意味を有している[3]。東南アジアの地域研究の中では，養子慣行に加えて，親の死亡や離婚に伴う代親による子の養育についての記述も，いくつか見つけることができる（坪内 [1972]，坪内・前田 [1977]）。また，多くの女性出稼ぎ者を出しているフィリピンでは，世帯構成の柔軟性の延長線上で，残された子どもの養育代行が親族によって行われていることが明らかにされている（Young [1980]，長坂 [2001]）。

このように，子が世帯を移動するという現象は主に親族論の文脈で取り上げられ，その中でその機能について触れられてきた。しかし，子が世帯を移動することが家計にどのような影響を与え，いかなる機能を有しているのかを主題として分析された研究は見当たらない。本章ではどのような場面で子が世帯を移動し，その移動がどのように行われ，それぞれの世帯，個人にいかに作用し，どのような機能を有しているのかを，家計分析を用いて明らかにする。

ここでは，子が一定期間以上世帯間を移動するすべての現象を取り上げる。子の移動をその内容から分類し，それぞれの実態をその分類ごとに詳述する。主に移動する子の年齢，移動期間，世帯の子の人数および所得，そして受入世

---

2)　親との同居等，世帯構成については第4章参照。

3)　メイヤスーは，家族制共同体では社会的生産物と消費の調整は，生活資源を移動させるよりも諸個人を移動させることによって行われるとし，親族関係の操作（例えば，養子など）である子どもの流通が生産関係の永続的な再生を促進すると述べている（メイヤスー [1977]）。メイヤスーは，子どもの移動という現象が共同体の維持を促しているということを，具体的な事例分析には欠けるものの，その理論的枠組みから指摘している。

幼児をあやす子どもたち。面倒をみている幼児が自分のキョウダイとは限らない。親戚の子であったり,近所の子であったりするケースも多い。「面倒をみる」というより,日常の遊びの延長でもある。

第5章 子どもと老親のケア | 165

帯，送出世帯の親族関係，世帯の経済状況について分析を行う。そして，補足として子と同じように世帯を移動する高齢者の事例を紹介する。最後に，それらの移動がメマーイ世帯においてどのように行われているのか，分析を加える。

2. 子の世帯間移動

2.1　子どもの生活

　村の中で子どもたちは，非常に多くの人々の中で育てられる。赤ん坊たちは，両親だけでなく近隣に住む多くの大人や年長の子どもたちに代わる代わる抱かれ，あやされる (165頁写真)。少し大きくなった幼い子どもたちも同様に，両親のもとだけに留まらず，近所の様々な場所で遊んでいる姿をよく目にする。しかしよく観察すると，近隣に居住する人々がどの子どもに対しても等しく接しているかと言えばそうではない。そこではやはりボーン・プオーンの役割が大きい。子の親がそのどちらかの両親と同居している場合はもとより，独立した世帯を形成している場合でも，すぐ隣や近隣に (多くは妻方の) 親やキョウダイが居住しているため，ボーン・プオーンと子どもたちとの日常的な接触は物理的にも多くなる。親が多忙な時には頻繁に (特に妻方の) 両親やキョウダイの家に預けられ，親が戻るまでの間，ボーン・プオーンが面倒をみる。

　幼児期からボーン・プオーンの世帯に頻繁に預けられていた子どもたちは，就学を始める6歳頃からは自分たちだけで祖父母やオジ・オバの世帯を頻繁に訪ねて行くようになる。それは時に親のおつかいであり，時にはイトコたちと遊ぶためであり，時には庭になった果物を採りに行くためであり，そのままそこで食事を取ったり就寝したりすることもある。両親が忙しいために，昼食はほぼ毎日オバの世帯で取るという子や，毎晩のように祖父母の世帯に泊まりに行く子もいる。様々な日常の場面で子どもたちは祖父母やオジ・オバの世帯を行き来し，両親だけではなくボーン・プオーンとのつながりの中で生活を送っているのである。

2.2 子の世帯間移動の分類

前述したように，子が世帯間を移動する現象は，人類学分野における研究において，養子 (adoption)・里子 (fosterage) という2つの概念で説明されてきた。この2つの概念の定義は明確でなく，それぞれの研究において異なった性格を有している。例えば Brady [1976] は，養子 (adoption) を，「親族における出生，婚姻以外の絶対的かつ公式な取引であり，親族の新たなつながりを創る」ものであり，里子 (fosterage) を「親族グループにおける一時的な移動であり，非永続的な居住の再編成」であると定義している [ibid.: 10-15]。また，Payne-Price [1981/1982] は，養子 (adoption) を，「法律上のプロセスであり，生物学上の両親が子に対するすべての権利を放棄する」ものとし，里子 (fosterage) を，「子が実親以外の人々によって育てられることであり，親は子に対する権利を放棄せず，親としての権利の永久的な移転を意味しない」としている [ibid.: 134]。

本書では，カンボジア農村の実情を可能な範囲で忠実に描き出すために，これまでの研究で用いられてきた「養子」「里子」といった2分類に従うのではなく，子が世帯間を移動する現象を一括して「子の移動」と呼ぶこととする。特に今回の分析では，移動先の世帯に6ヶ月以上滞在するケースを対象として取り上げる。また，ここで言う移動する「子」とは，就学中あるいは移動当初20歳以下であった未婚の男女とする。

2006/7年に，子を他の世帯に移動させていた世帯は，子を有する世帯190世帯のうち19世帯で，子を有する世帯全体の10%を占め，逆に他世帯の子を受け入れていた世帯は，全204世帯のうち38世帯で全世帯の18.6%であった。

調査時点だけでなく，子を移動させた，あるいは他世帯の子を受け入れた経験があるか否かについて，全204世帯のうち90世帯に質問を実施した。90世帯のうち子を有する世帯は83世帯で，そのうち子を移動させた経験のある世帯は28世帯であり3世帯に1世帯以上を占める。逆に他世帯の子を受け入れた経験のある世帯は90世帯のうち29世帯で，およそ3世帯に1世帯にのぼる。

多様な形態を持つ子の移動の特性を理解するため，T村で観察された事例をもとに，以下の分類を試みた（図5.1）。まずは，他世帯の子を受け入れた世帯が，受け入れた子に食事など生活に必要な物を与え，家庭でのしつけなども行うと

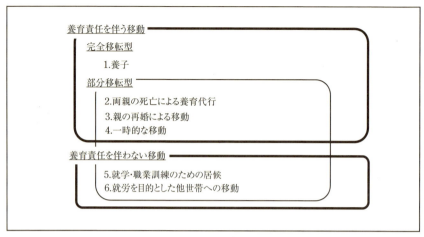

図 5.1　子の移動の分類

(出所) 筆者作成

いった養育者としての責任を持つものと、そうでないものとに分類する。そして、養育責任を伴う子の移動をさらに、完全移転型と部分移転型に分ける。完全移転型とは、「養育責任」、「財産に対する権利」、「親子関係上の地位」がすべて移転する移動を言う。権利を有する財産は実親から代親のそれへと変わり、実親の子から代親の子へと親が誰であるかという親子関係上の地位も移転する。この完全移転型に分類されるのは、従来の研究でも取り上げられてきた、いわゆる「1. 養子」である。そして、部分移転型とは、「養育責任」のみが移転し、「財産に対する権利」や「親子関係上の地位」は移転しない移動を指す。つまり、居住場所が変わり、実質的な養育者が変わるものの、あくまでも実親の子として一時的に移動するものである。ここに分類されるのは、以下の3つの移動である。両親が死亡し、ボーン・プオーンの世帯が養育を代替するという「2. 両親の死亡による養育代行」、親が再婚の際、子を他世帯に預けるという「3. 親の再婚による移動」、そして、死亡や離婚再婚といった親の生存や居住状態に変化がないにもかかわらず、子を他世帯へ移動させるケースを総称し「4. 一時的な移動」と呼ぶこととした。

そして、養育責任を伴わない移動は、次の2つに分類することができる。この2つの移動は、子の「財産に対する権利」と「親子関係上の地位」の移転も伴わない。1つは就学や職業訓練といった教育を受けるために他世帯へ移動する

「5. 就学・職業訓練のための居候」であり，もう1つは村外へ働きに出るための「6. 就労を目的とした他世帯への移動」である。

　以下，この分類に従い，すべての移動の内容と特徴について詳細に見ていく。なお，以下で扱う事例には，上記の90世帯の中で挙げられたものに加え，90世帯以外でも調査時点で子を移動させていた，あるいは受け入れていた世帯の事例を加えている。また，同一の親の複数の子（つまり2人以上のキョウダイ）が，同一の世帯へ移動したケースは1事例として扱っている。

2.3　養育責任を伴う移動

(1) 完全移転型移動・養子

　他の国や地域でも多く観測される養子慣行はカンボジア社会にも存在する。しかし，子の移動という観点から見ると，他の移動に比べてT村で観測された実例は少ない。調査で確認された養子の事例は6例ある（表5.1）。養子は他のすべての移動とは異なり，子は元の親の子ではなく，受け入れた代親の子として認識される。他者へ紹介する時も実子として紹介し，子も代親を「お母さん（ម្ដាយ）」「お父さん（ឪពុក）」と呼ぶ。また，実子同様に親から相続の権利も付与される。

　調査で観測された事例とは，夫の病気と死亡で生活が貧窮していた時期に2人の子を村内の別々のボーン・プオーン世帯に移動させ，そのまま養子として受け入れられている例。娘が5人いる世帯で，子のいない夫の兄の世帯へ娘1人を養子に出した例。妻と死別し，再婚した際に前妻の子を前妻の姉の養子とした例。そして，子のない夫婦が病院から孤児を紹介され養子とした例と，息子を持たない夫婦が，再婚を機に移住するイトコから，養子を受け入れた例である。6事例のうち，村内での移動は3事例である。子の人数は送出世帯では概して多いが，受入世帯では極端に少ないケースとそうでないケースに分かれている。移動時の子の年齢は0〜11歳で平均5歳，最頻値は0歳である。

　また，両世帯の世帯主夫婦の関係を確認したい。ここで言う世帯主とは便宜上，世帯内の最年長世代の夫婦とする。例えば親夫婦と娘夫婦が同居している場合は親夫婦を世帯主とする。送出世帯の世帯主である夫婦のいずれかと受入世帯の世帯主である夫婦のいずれかがキョウダイであるのが3事例，イトコが1事例，回答者自身もどのような続柄になるか把握していない「遠いボーン・

第5章　子どもと老親のケア　169

表 5.1 養子による移動

送出世帯	受入世帯	性別[1]	送出者からみた 受入者	子の年齢[2]	送出世帯の 子の数[3]	受入世帯の 子の数[3]
No. 157	No. 121	男	遠いボーン・プオーン	11 歳〜 (22 歳)	7 人 (男×5　女×2)	6 人 (男×4　女×2)
No. 157	No. 122	女	妻の妹	4 歳〜 (25 歳)		5 人 (男×2　女×3)
No. 74	村外	女	夫の兄	5 歳〜 (－歳)	6 人 (男×1　女×5)	－
No. 217	No. 87	女	妻の姉	0 歳〜 (22 歳)	5 人 (男×2　女×3)	1 人 (女×1)
村外	No. 40	女	病院からの紹介	0 歳〜1 歳(死亡)	－	0 人
村外	No. 148	男	夫のイトコ	0 歳〜 (0 歳)	－	1 人 (女×1)

(出所) 筆者 2007 年調査による
注) －は不明なデータを表す。
注 1) 移動した子の性別。
注 2) 子が移動していた時の年齢。( ) は調査時点で移動先での居住が継続しているケースで，( ) 内の数は調査時点の年齢を表す。
注 3) 移動が成立していた期間中に各世帯にいた子の数。結婚して独立した子や出稼ぎなどで離れて居住する子の数は除いている。

プオーン」が 1 事例，ボーン・プオーン以外が 1 事例である。事例が少ないものの，移動は村内に限らず，主に同世代のボーン・プオーンであるキョウダイあるいは，イトコ間で行われる傾向にあることがわかる。

(2) 部分移転型移動

a. 両親の死亡による養育代行

　次に挙げるのは両親の死亡に伴う移動である（表 5.2）。両親が死亡した場合，残された子が自分たちで生計を維持できない場合に，親のボーン・プオーンに引き取られることになる。誰が誰を受け入れるのかについての決まりはなく，その時々のケース，状況によって臨機応変に受入世帯が決定される。1 度引き取られた子は，結婚して独立するまでをその世帯で過ごすこともあれば，受入世帯の都合などで，さらに他世帯へ移動することもある。

　本ケースのように養子とされない場合には，実子とは区別され，代親から相続権は基本的に与えられない。引き取られた子が代親をどう呼ぶかは個々のケースや親密度などで異なる。乳幼児期から代親に育てられた場合は，代親を

表 5.2　両親の死亡による子の移動（受入世帯）

世帯番号	性別	移動元	送出者から見た受入者	子の年齢	移動期間[1]	受入世帯の子の数	移動理由
No.34	女 男	村内	妻の兄	12歳～ （28歳） 11歳～ （27歳）	（16年＋）	0人	両親死亡
No.46	男 女	村内	妻の姉	7歳～ （12歳） 4歳～ （9歳）	（5年＋）	4人 （男×2　女×2）	両親死亡
No.165	男	村内	妻のオバ	12歳～ （－歳）	－	1人 （男×1）	両親死亡
No.167	女	村内	妻の親	5歳～ （15歳）	（10年＋）	5人 （男×3　女×2）	離婚後死亡
No.189	男	村内	夫の祖父のイトコ	12歳～ （12歳）	（1ヶ月＋）	3人 （男×1　女×2）	母死亡 父逃亡
No.169	男 男	村外	息子	1歳～ 15歳 3歳～ 16歳	14年 13年	5人 （男×2　女×3）	父死亡 母蒸発
No.142	女	村外	夫の親	13歳～ （27歳）	（14年＋）	5人 （男×4　女×1）	両親死亡
No.155	女	村外	夫の姪	4歳～ （10歳）	（6年＋）	5人（男×5）	両親死亡

（出所）筆者2007年調査による
注1）子が移動していた年数。（　）は調査時点で移動先での居住が継続しているケースを示し，（　）内の数字は調査時点での年数を表す。

「お母さん（ແມ່），お父さん（ພໍ່）」と呼ぶ場合もあるが，子自身が実親に対する認識をすでに確立させているような場合には，代親を「おばさん（ແມ່/ນາ）」，「おじさん（ນ/ລຸງ）」と呼ぶことが多い。

　死亡者と受入者との関係を見てみると，親子が3事例，キョウダイが2事例，オジオバ／姪甥が2事例，その他ボーン・プオーンが1事例となっている。つまり，関係の範囲は親子，キョウダイとオジオバ／甥姪間が主となっていることがわかる。また，村内での移動が5ケース，村外から移動してきたのが3ケースであり，若干，村内での移動の割合が高い。

　事例を紹介すると，世帯番号46に引き取られた2人の兄妹（兄T，妹S）は両親をHIV/AIDSで亡くした。両親の生前から同居していた祖母が2人を養

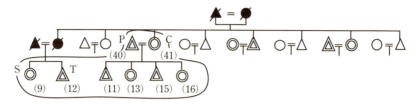

図 5.2　世帯番号 46 の親族図

（出所）筆者作成
注 1）二重線で示した者は T 村内の居住者。
注 2）（　）内は年齢を表す。

育していたが，数年後に祖母も死亡した。7 歳と 4 歳だった T と S は，彼らが生まれ育った両親の家に隣接している世帯番号 46 の伯母（母の姉・C）世帯に引き取られた（図 5.2）。T 村内には，母の実のキョウダイ世帯が 3 世帯あるが，経済的に余裕があり，2 人が生まれた時から密に接してきた世帯番号 46 の C が引き取ることになった。その C には夫 P との間に子が 4 人いるが，実子と預かった 2 人は常に区別され，他者に対しても実子として紹介することはない。T と S も，C，P 夫婦を「伯父さん/伯母さん（育）」と呼んでいる。日常生活のほぼ全般をその世帯が見ているものの，母方のオジオバや父方のオジオバから衣服やこづかいをもらうこともある。兄妹は，もとの屋敷地および家屋，そして両親が所有していた水田に所有権を有しており，代親からの相続権はない。

b．親の再婚による移動

　親の死亡あるいは離婚によって，母親か父親いずれか 1 人の親の元にいた子が，親の再婚を機に他の世帯へ移動することがある（表 5.3）。この再婚にかかわる移動は，調査の過程で筆者を最も驚かせた事柄の 1 つであった。他村から T 村の再婚相手の世帯へ婚入した女性が，単身で移住してきたため，「子どもはいないんですか？」と聞くと，「10 歳になる息子がいるけれど，村の姉の家に置いてきた」という答えが返ってきた。また，妻を亡くし，未婚の子 2 人と同居していた男性は再婚のため，子 2 人を置いて，1 人で他村の再婚者の世帯へ移住してしまった。筆者は当初，子を置いて出て行く親の行動を理解できずにいたが，村の人々は非難もせず，ごく普通のことだと捉えていた。

　このような親が再婚のため T 村から他村へ移住し，子を T 村に残した，あるいは親が再婚のため他村から T 村へ移住し，子を元の村に残してきたとい

表 5.3　親の再婚による子の移動

送出世帯	受入世帯	性別	送出者からみた受入者	子の年齢	移動期間	送出世帯の子の数	受入世帯の子の数	移動理由
（村内）	No. 157	男	妻の親	12 歳〜 （14 歳）	（2 年＋）	−	5 人 （男×4 女×1）	妻死亡 夫再婚
（村内）	No. 67	男	娘	16 歳〜20 歳	4 年	−	未婚	妻死亡 夫再婚
村外	No. 84	男 女	妻の兄	6ヶ月〜 （16 歳） 2 歳〜 （18 歳）	（16 年＋）	− −	3 人 （男×3）	妻死亡 夫再婚
（村内）	No. 87	女	妻の妹	0 歳〜 （22 歳）	（22 年＋）	−	1 人 （女×1）	妻死亡 夫再婚
（村内）	No. 127	男 女 女	妻の親	3 歳〜 （13 歳） 7 歳〜 （17 歳） 5 歳〜 （15 歳）	（10 年＋）		9 人 （男×4 女×5）	離婚再婚
No. 65	子が生まれた村	男	妻の妹	16 歳〜24 歳	8 年	2 人 （男×2）	−	離婚再婚
No. 100	子が生まれた村	女	妻の親	−	−	2 人 （男×2）	−	離婚再婚
No. 112	村外	女	娘	15 歳〜 （20 歳）	（5 年＋）	3 人 （男×1 女×2）	−	離婚再婚

（出所）筆者 2007 年調査による
注）「子が生まれた村」とは，子を再婚前に居住していた村に置いてきたことを意味する。

う事例が再婚による移動の全 8 事例中 6 事例（75％）を占めている。残りの 2
事例は，再婚を機に出身村以外の村へ子を移動させた事例である。移動する世
帯間の関係は，親子が 5 事例（62.5％），キョウダイが 3 事例（37.5％）であり，
親子，キョウダイ間で子が移動していることがわかる。

　再婚に際して，前配偶者との子の処遇方法は以下の 4 分類になる。①再婚前
からの世帯に後妻（後夫）が婚入し，子も同居，②-1 後妻（後夫）の村へ移動し，
子は元の世帯に残す，②-2 後妻（後夫）の村へ移動し，子は元の村の他世帯に
預ける，③後妻（後夫）の村に子と共に移動し，子も同居。子を持つ者が再婚

第 5 章　子どもと老親のケア　173

表 5.4　再婚に際する子の処遇方法

(単位：人，%)

男性	(人)	(%)
①後妻が村の再婚前からの世帯に婚入，子も同居	2	25.0
②後妻の村へ移動し，子は元の村に残した	4	50.0
③後妻の村へ子と共に移動		
④後妻が村の再婚前からの世帯に婚入，一部の子は同居，一部は他村	1	12.5
の他世帯に預けた	1	12.5
合計	8	100

女性	(人)	(%)
①後夫が村の再婚前からの世帯に婚入，子も同居	12	66.7
②後夫の村へ移動し，子は元の村に残した	3	16.7
③後夫の村へ子と共に移動	3	16.7
合計	18	100

(出所) 筆者 2007 年調査による

する場合はこの 4 つのうちから 1 つ以上の方法を選択する。②-1 は子の中にすでに就労していて世帯管理の能力を持つ年齢に達した子がいる場合で，年長の子が年少のキョウダイを世話することになる。子の移動は，この選択肢の中の②-1 か②-2 を選択した場合に発生する。

　ここで再婚時の子の処遇方法にどのような傾向があるのかを確認しておきたい。T 村で再婚を経験した村民は延べ 46 人（うち女性 22 人）である。それぞれの子の処遇方法をまとめたのが表 5.4 である。ここに示されているのは，再婚経験者 46 人のうち，再婚時に子を有していた女性 18 人と男性 8 人の計 26 人である。

　この村における調査結果から，以下のようにまとめることができる。再婚する本人の移動を見ると，村を移動しない①と④の合計は男性で 37.5%，女性で 66.7% とほぼ逆転しており，再婚の際も男性が移動する妻方居住の傾向が出ている。一方，再婚者の子の移動状況を見ると，子が村に残る①と②の合計は再婚者が男性の場合 75%，女性の場合 83.4% と共に子は村を移動させない割合が高い。つまり，再婚でも親が村を移動しない場合には子もそのまま親の新しい配偶者と同居することになり，親がボーン・プオーンのいない他の村へ移動する場合には，元の村のボーン・プオーン世帯に預けられ，親とは離れ，村のボーン・プオーンと暮らす傾向にある。

　両親の死亡と再婚による以上 2 つの移動についてここで簡単にまとめたい。

親の死亡後，ボーン・プオーンが孤児の養育を代行していることから，親の危機にボーン・プオーンが対応し，社会保障的な役割を果たしている。村の高齢者の聞き取りにより，このようなボーン・プオーンによる子の受入は内戦以前から行われていたことがわかっている。カンボジアは長年の内戦と民主カンプチア政権期を経たことにより，多くの人の死を招いた。しかし，従来から存在したボーン・プオーンによる「養育代行」という慣習が内戦による子の生活の危機を吸収してきたと考えられる。また，子どもたちは幼少期から頻繁にボーン・プオーンの世帯を行き来し，再婚で親が村を出る際には，子を村のボーン・プオーンの世帯へ預けるという傾向からも，子は親だけが育てるというよりも，むしろ祖父母・キョウダイをはじめとしたボーン・プオーンのつながりの中で育てられる側面を有している，と考えることが可能である。親が他村へ移動する際，子を村のボーン・プオーンに預ける理由を，村の人々は口を揃えて「継母（父）に子がいじめられるから」と言う。つまり，片親とともにボーン・プオーンのいない他の村で継母（父）のもとで子が育つよりも，親がいなくともボーン・プオーンが多く居住する村に残る方が子にとってより好ましい環境であると考えられている，と捉えることができる。子育ての倫理が両親のみに限定されていないため，再婚の際に子の養育を代行できる者が存在する場合には，子を残して再婚者の村へ単身で移住する，ということが自然に行われている。

c. 一時的な移動

　筆者が寄留していた世帯の隣家（世帯番号45）には，11歳の男の子（V）がいた。Vはその隣家で，当然のように食事を取り，そこで寝て，朝には水汲みをしていた。しばらくの間，Vが隣家の子だと疑わなかった。しかし，そこはVの祖母の世帯であり，Vの親やキョウダイのいる「本当の」世帯は，そこから200mほど離れた別の世帯である，としばらく後になってから知った。Vは4人キョウダイの末っ子で，メマーイである母親（L）が多忙であるため，幼児の頃から，祖母の世帯に預けられていた。自分で歩けるようになってからも，頻繁に祖母の世帯と自分の世帯を行き来し，主な食事，就寝場所は祖母の家であった（図5.3）。ここで取り上げる一時的移動とは，移動する子はあくまでも実の親の子でありながら，一時的に主な就寝や食事の場所を移動先の世帯へ変える形態である。子の世帯間移動の事例の中で最も多く観測されたのがこのパターンである（表5.5）。

　移動の決定に直接関わるのは，送り手である実親と受け手である世帯の夫婦

第5章　子どもと老親のケア｜175

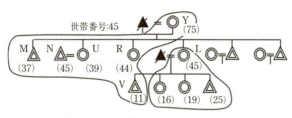

図5.3 世帯番号45の親族図
(出所) 筆者作成

(あるいはいずれか1人) とその間を動く子どもの3者である。子の送り出しを希望する実親，あるいは子の受け入れを希望する受入世帯の夫婦 (あるいはいずれか1人) が，相手世帯に相談し，双方および移動する本人である子自身が同意すると交渉が成立する。親たちが強要することは少なく，最終決定には移動する子，本人の意思が尊重される。交渉が成立し，子が移動した後でも，いつでも子が「家に帰りたい」と言えば，実親世帯へ戻ることができる傾向にあり，非常に柔軟な性格を有している。誰を移動させるのか，誰を受け入れるかは，それぞれの相性や選好によって決定される。また，特に村内の移動では子は自由に親の家と移動先の家とを行き来することができる。

この移動は1事例を除いてすべてボーン・プオーンの世帯間で行われている。全31事例のうち，約半数の15事例が村内での移動である。まずは，子の移動がどのようなボーン・プオーンの間で行われているのか，両世帯の関係を確認したい。親子関係であるものが9事例 (29%)，キョウダイ関係であるものが15事例 (48.4%)，オジオバ／甥姪関係が3事例 (9.7%)，その他のボーン・プオーン，離婚した前夫，他人，不明がそれぞれ1事例 (3.2%) となっている。つまり，親子，キョウダイ間での移動が77.4%を占め，多くが非常に近いボーン・プオーンの間で行われている。

移動期間は，すでに移動が終了しているもので確認すると，最も短いケースで1年，最も長いケースで11年であり，平均4.9年，最頻値が5年である。移動開始年齢は0〜17歳で平均10.1歳，最頻値は10歳，12歳，13歳の3つが同率である。移動終了年齢は3〜24歳で平均14.7歳，最頻値は14歳である。また，同表で子の移動当時に各世帯に残っていた実子の数を比較してみると，概して受入世帯は少なく，送出世帯は多い。平均で比較すると，受入世帯で1.5人，送出世帯で4.8人となっている。つまり，子の多い世帯から少ない世帯へ

表 5.5　一時的な子の世帯間移動

送出世帯	受入世帯	性別	送出者からみた受入者	子の年齢	移動期間	送出世帯の子の数	受入世帯の子の数	移動理由	就学状況	就労状況	送出世帯の1人当たり所得1	受入世帯の1人当たり所得1
No.22	No.12	男	夫の姉妹	0歳〜(11歳)	(11年+)	4人(男×3 女×1)	0人	扶養支援	就学	非就労	67.5	114.2
No.142	No.90	男	妻の妹	11歳〜(13歳)	(2年+)	5人(男×4 女×1)	1人(男×1)	扶養支援	就学	自営業	107.7	113
No.88	No.103	男	夫の姉	10歳〜(19歳)	(9年+)	6人(男×4 女×2)	1人(女×1)	扶養支援/労働力不足	就学	非就労	86.7	132
No.108	No.111	男	夫の親	13歳〜(18歳)	(5年+)	6人(男×3 女×3)	2人(女×2)	扶養支援	就学	非就労	32.4	164.4
No.74	No.153	男	妻の妹	10歳〜(16歳)	(6年+)	3人(男×1 女×2)	2人(女×2)	扶養支援	就学	非就労	56.6	62.6
No.14	No.176	女	妻の親	11歳〜(13歳)	(2年+)	2人(男×2)	1人(男×1)	扶養支援	就学	非就労	50.6	123.8
No.102	No.170	女	妻の親	5歳〜(14歳)	(9年+)	5人(男×1 女×4)	0人	移動する子本人の希望	就学	非就労	156.3	112
No.86	No.45	男	離婚した夫	0歳〜(11歳)	(11年+)	4人(男×1 女×3)	0人	扶養支援	就学	非就労	82.2	155.7
No.193	No.32	女	妻の親	0歳〜3歳	3年	1人(女×1)	3人(男×1 女×2)	扶養支援	—	—	—	—
No.167	No.33	女	妻の姉	3歳〜6歳	3年	9人(男×5 女×3)	2人(男×1 女×1)	扶養支援	—	—	—	—
No.37	No.52	男	妻の親	11歳〜14歳	3年	3人(男×2 女×1)	0人	扶養支援/父のDV	—	—	—	—
No.92	No.55	女	妻の親	10歳〜14歳	4年	5人(男×3 女×2)	0人	扶養支援/労働力不足	—	—	—	—
No.28	No.24	男	妻の親	17歳〜24歳	7年	5人(男×3 女×2)	0人	扶養支援/労働力不足	—	—	—	—
No.35	No.181	男	—	6歳〜8歳	2年	5人(男×2 女×3)	—	扶養支援	—	—	—	—
—	No.63	女	妻の父のいとこ(女)	10歳〜15歳	5年	—	1人(男×1)	扶養支援	—	—	—	—
No.60	村外	女	妻のオバ	10歳〜20歳	10年	6人(男×3 女×3)	—	扶養支援	—	—	—	—
No.70	村外	女	離婚した夫	11歳〜15歳	4年	3人(男×1 女×2)	—	扶養支援	—	—	—	—
No.72	村外	男	妻の妹	12歳〜17歳	11年	8人(男×3 女×5)	—	扶養支援	—	—	—	—
No.119	村外	女	夫の姉	9歳〜20歳	5年	5人(男×3 女×2)	—	扶養支援	—	—	—	—
No.169	村外	男	夫の姉妹	13歳〜18歳	10年	6人(男×3 女×3)	—	扶養支援	—	—	—	—
No.196	村外	男	—	—	1年	6人(男×3 女×3)	—	扶養支援	—	—	—	—
村外	No.17	男	妻のオジ	13歳〜14歳	4年	—	4人(男×1 女×3)	離婚・扶養支援	—	—	—	—
村外	No.18	女	夫の姉	12歳〜16歳	5年	—	3人(男×1 女×2)	離婚	—	—	—	—
村外	No.76	女	妻の姪	12歳〜17歳	1年	—	2人(男×2)	扶養支援/労働力不足	—	—	—	—
村外	No.116	女	妻の姪	13歳〜14歳	1年	—	1人(男×1)	扶養支援/労働力不足	—	—	—	—
村外	No.125	男	妻の親	17歳〜(18歳)	(1年+)	—	2人(女×2)	扶養支援	—	—	—	—
村外	No.151	男	夫の親	12歳〜(18歳)	(1年+)	—	2人(男×1 女×1)	労働力不足	—	—	—	—
村外	No.160	男	妻の姉	1歳〜(5歳)	(4年+)	—	0人	離婚・扶養支援	—	—	—	—
村外	No.26	男	妻の親	13歳〜(15歳)	(2年+)	3人(男×1 女×2)	2人(男×1 女×2)	離婚	—	—	—	—
村外	No.60	男	夫の親	4歳〜(4歳)	(7ヶ月+)	—	2人(男×2)	離婚・扶養支援	—	—	—	—
村外	No.218	男	他人	20歳〜(21歳)	(1年+)	—	8人(男×6 女×2)	扶養支援	—	—	—	—

（出所）筆者 2007 年調査による

注：単位はリエル（1USD ≒ 4,000 リエル）。1 人当たり年間所得とは、世帯全体の現金収入、米の収入による利益分（自家消費分を含む）の現金換算を足したものと、自家消費分の野菜や果物、自家消費用に獲った魚の現金換算。他世帯からの金銭支援、米支援の現金換算。これらすべての総計を世帯人数で割った値。

移動が行われる傾向がある。

　子を預けたり預かったりする理由は様々である。とはいえ，31事例中，29事例，つまり90％以上の世帯で「チュオイ・チェンチャム（ຊຸຍເຈັ້ງ；ໝ）」という全く同じ言葉での回答が得られた。「チュオイ」とは，「助ける」「手伝う」という意味を持つ動詞であり，「チェンチャム」というのは，「養う」「育てる」という意味を持つ動詞である（坂本 [1988：145，113]）。つまり「チュオイ・チェンチャム」とは，「（子を）養うのを助ける」という意味であり，送り出し側の世帯が経済的に困窮していて，子に充分な食事を与えられない，教育を続けさせられない，あるいは親が多忙で子の面倒が見られない場合等に，子の養育を助けることを目的に，子が他の世帯へ移動しているのである。その他には，子が日常の雑用を行える年齢に達しているケースでは，「家事を手伝ってくれる女の子がいない」，「男手が足りない」，「留守番が必要」，「おばあちゃんの話し相手になり，面倒を見てくれる子がいない」といった受入側の雑用のための労働力不足が，その理由として6事例（19.4％）で挙げられている。

　表5.5の太枠部分に，調査時点に村内で移動が成立している事例を示した。この8事例で移動先での子の就学，就労状況を確認すると，すべての子が就学していることがわかる。就労状況では，直接，生産活動に関わっているのは1例のみである。つまり，生産活動の労働力として子が移動しているわけではない，と言える。

　また双方の世帯の1人当たり所得は，1事例を除いて，送出世帯より受入世帯の方が高いことがわかる。移動した子が主に日常の雑用のための労働力として受入世帯に貢献しているとはいえ，それが大きく所得に影響するものとは考えにくい。また，受入世帯は移動してきた子を受け入れたことにより食費等の養育費が増加していることは容易に推測でき，子の受け入れがなければ1人当たり所得がもう少し高くなる。ここに出された1人当たり所得の値から，受入世帯は概して送出世帯より経済的余裕があると言ってよい。ボーン・プオーンの中で比較的所得の低い世帯から所得の高い世帯へ子が移動しているのである。ほとんどの世帯で「養育を助ける」ことが，子の移動の理由とされていたが，ボーン・プオーンの世帯の中で，比較的経済的に余裕のある世帯が，比較的困窮している世帯の子のケアを一時的に肩代わりしている，と言えよう。

　Vの事例を見ると，Vの母親（L）の世帯はLと未婚の子3人で形成されている（図5.3）。子3人のうち女子2人は就学中であり，主な就労者はL本人と息

178

写真（上）
川で洗濯する少女。川の近くで暮らす村民は井戸ではなく川で洗濯を行う。小さな頃から子どもたちは親の家事や仕事をよく手伝う。洗濯や炊事は女子，水運びや牛の世話などは男子の役割であることが多い。

写真（左）
魚をさばく少女。魚のうろこを取り，ワタを取りだしてさばくのもお手の物。

第5章 子どもと老親のケア | 179

子の2人である。Lは0.8haの水田を有し、稲作および野菜栽培の農業を主な生業とし、農繁期には娘や息子も農業を手伝う。息子は土木建設業の日雇い労働に従事している。夫がおらず、子の一部が未だ就学中であることも加え、1人当たりの年間所得は82.2万リエルと村の平均所得124.9万リエルの3分の2程度である。一方、Vが居住する祖母（Y）の世帯は、同居人数はVを含めて6人であるが、V以外のすべてが就労している。Yは0.82haの水田を有し、未婚の娘Rと息子Mはともに稲作に従事している。また、娘Uとその夫Nはそれぞれ小学校と中学校の教師であり、固定給を得ている。祖母の世帯は、被扶養者がV1人であることからも、1人当たりの年間所得は155.7万リエルと村の平均よりも25％ほど高い。Vの父親はVが生まれて4日目に病気で死亡している。Vが幼少であった時期のLの世帯は、今よりも生活が貧窮していた。そのため、子を養育するための労働力にも、収入にも比較的余裕があるYの世帯へVが移動した、と理解できる。

　世帯番号108の世帯は夫の親世帯（世帯番号111）に長男を5年ほど前から預けている。送出世帯は2歳から18歳までの7人の子を持ち、2歳と5歳の子を除きすべて就学中である。農地はなく、夫婦で湖での漁業を営んでいる。1人当たり年間所得は32.4万リエルと村の平均よりも74％も低く、夫の賭博癖も重なり生活は貧窮している。一方、受入世帯である夫の親の世帯では、夫婦とその娘夫婦1組と、未婚の娘1人が同居している。数年前に不作が続いたため、農地はすべて売却した。夫は自営でカヌー製造に従事。妻は家事の一切を行う主婦である。娘2人はカンボジアシルクの会社で就労している。娘婿は地元の市場で金の細工師をしている。夫と娘2人、娘婿の4人の収入で比較的安定的な生活を営んでおり、1人当たり年間所得は164.4万リエルと村の平均と比べても31.6％高い。受入世帯である親世帯は特に男手が必要であるというわけではないが、息子世帯に子が多く養育の負担が大きいため、子を1人預かっている。親世帯から息子世帯までは50mほどしか離れておらず、移動した子は2つの世帯を行き来している。

　また、世帯番号103では息子がすべて婚出してしまい、水汲みや牛の世話などを行う男の子がいなくなったため、6人の子を有する夫の姉世帯に願い出て、息子1人に来てもらうことになった。移動した子は、移動先の世帯で主に寝食するものの、移動先から100mほど離れた実親世帯とも行き来し、親の家で食事を取ることも多い。

表5.5の世帯番号102は，一時的な子の移動の中では例外的な性格を有している。両世帯の所得を把握している太枠内の事例の中で唯一，受入世帯の所得が送出世帯よりも低い。送出世帯は夫婦が共働きで家を空ける時間が長いため，子を妻の母の世帯に預けている。母は夫に先立たれ1人暮らしで，以前は行商を行っていたが年齢を理由に行商へ出る回数を減らしており，行商からのわずかな収入とシェムリアップ中心部のゲストハウスで就労している未婚の娘からの仕送りで生活している。送出世帯の夫婦は，幼い子を母に預け，母と預けている子の食糧を毎日，母に渡し，半ば娘夫婦が母を扶養している形になっている。この事例は，子を預かった世帯が金銭的な負担を含んだ養育支援をする，という他の事例とは異なる。しかし，多忙な夫婦が妻の母親に子を預け，その代わりに，老齢の母親をケアするという親子間の相互扶助が行われている。子の移動を介したボーン・プオーン間の相互扶助という点では，他の移動と同様の機能を有しているのである。

一時的な子の移動にも様々なパターンがあるものの，その傾向と機能を次のようにまとめることができる。移動する子は10歳前後で就学児童である。そして，移動期間は5年前後の短期的移動である。また，所得の低い世帯から高い世帯へ，子の多い世帯から少ない世帯へ移動が行われる傾向がある。以上の傾向から，一時的な子の移動は，ボーン・プオーン内における，①所得の高い世帯から低い世帯への一時的な所得の再分配，②世帯間の雑務労働力の調整，そして③移動した子の就学の継続，を実現していると言えるであろう。

(3) 部分移転型移動の成立

Kim [2001] は，農村における親族の互助関係の基盤は，親族のメンバーが他の親族の経済的状況が改善するよう支援し，幸せを確保する義務を持っていることである，と述べている [ibid.: 58]。

T村では，キョウダイがおらず，子も息子が1人いるだけという世帯番号43の女性のことを，誰もが「彼女はキョウダイがいないし，子どもも1人しかいないから本当にかわいそう」と言う。その理由を，病気になっても生活に困窮しても，誰にも助けを求められないからだ，と説明する。ボーン・プオーンの中でも，特に親子・キョウダイは「助け合える (ຊ່ວຍເຫຼືອກັນ)」仲であり，気兼ねなく当然のこととしてチュオイを求めることができる。部分移転型の移動の事例を見ても，移動が行われる範囲は主に親子・キョウダイであり，送出世帯，

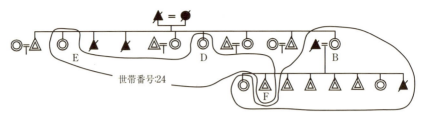

図 5.4 世帯番号 24 の親族図

(出所) 筆者作成
注) 姉の息子 F を引き取っていた時の世帯構成を示す。

受入世帯の双方で，その主な理由は「チュオイ・チェンチャム＝養育を助ける」ためだと述べられ，「チュオイ＝支援」であることが相互に認識されている。それは，Kim が指摘するように，ボーン・プオーン内，特に親子・キョウダイ間において互いの生活をより良い状況に維持できるよう助け合うことが当然であるという認識のもとに，子の移動が成立しているのであろう。

しかし村民の本音を覗くと，ボーン・プオーン内における関係は，「チュオイ＝支援」であると認識されている一方で，互助的な側面も垣間見える。つまり，一方的な支援で終わるのではなく，将来，支援していた者が何らかの困難に直面した場合には支援が返されるという期待が抱かれる。筆者の調査で，すでに老齢に差し掛かった世帯番号 24 の未婚姉妹 D と E は，姉 B の息子 F を 5 歳頃から世話をするようになり，17 歳から 24 歳で結婚して独立するまでの 7 年間は自宅に引き取っていた (図 5.4)。

F は高校を卒業した後に結婚し，妻方の村で独立した世帯を形成している。しかし，F から，高齢になった D と E に何の支援も行われていない。姉妹は，「あれだけ世話をしてやったのに，家を出て行ってしまった後は，何の面倒もみてくれないんだよ」と不平をもらしていた。

村の人々は高齢になると，子や孫の世代のボーン・プオーンや親しい人々から金銭などの支援を得るようになる。特に正月 (ធ្នូលឆ្នាំ) や故人の供養を行う盆 (ភ្ជុំបិណ្ឌ) の時期には，金銭や衣類，日用品などを高齢者に贈る慣習がある。正月と盆における金銭の授受をここで参考までに見てみたい。子や孫などから 2006 年の正月と盆に金銭を受け取った高齢者がいる世帯は全 204 世帯のうち 79 世帯ある。その 1 世帯当たりの受け取り金額の総額は，最も少ない世帯で 6000 リエル，最も多い世帯では 123 万リエルにのぼり，世帯の年間収入の最小で 0.2％，最大で 55％に及ぶ。

ここでは実際，養育代行をした子から，どれだけの支援が高齢になった代親に行われているかを示すデータはない。また，このような不満をもらす人もいれば一方で，「小さい頃に育ててやっても，大きくなって親のところに戻れば，親を助けるだけ」とケアした子からの見返りを否定する村民もいる。将来の見返りが子を預かる目的ではなく，すべての人がそのような期待を持つわけではない。しかし，ケアの支援を行うことは，将来，より多くの支援が返される期待につながり，またボーン・プオーンの子に，より高い学歴を与えることは，将来その子がより良い仕事を得て多くの見返りをもたらすかもしれない，と考える人の存在も否定できない。

つまり，親子・キョウダイであるから助け合うのは当然であり，子という大切な財産により良い環境を与えるべき，という共有された倫理のもと，長期的な意味での互助関係への期待にも支えられ，子の部分移転型移動が成立している，と言えるであろう。

2.4 養育責任を伴わない移動

(1) 就学・職業訓練のための居候

T村内には小学校があり，村から自転車で10分程度のところに中学校と高校がある。街からさらに遠く離れた農村には，いまだ中学や高校がない地域もある。それらの地域で中学や高校に通学するには，学校のある地域のボーン・プオーンや知人の世帯に子を預けなければならない。そのため，T村では多くの受入事例が観察されている（表5.6）。また，仕立屋やオートバイの修理，散髪などの技術職は，技術習得のために技術者に弟子入りをすることがある。多くの場合，技術指導料は「習得するまでの指導すべてでいくら」と決められており，訓練期間は定められていない。技術を習得するまでの数ヶ月から数年間，現場で見習いとして無給で働きながら技術を学ぶ。訓練を受ける場が村から遠く離れている場合には，その期間中，家を借りるか，ボーン・プオーンや知人世帯で居候する。

また，T村から村外への移動の事例は少なく，都市部での高校進学のための移動が1事例と首都での職業訓練のための移動が1事例あるのみだった。

この移動の場合は，就学に係る費用，衣服等その他生活用品と主食である米は親元が負担し，食事の際の副食，寝床は受入世帯から供給され，その見返り

第5章　子どもと老親のケア　183

表 5.6　就学・職業訓練のための子の移動

送出世帯	受入世帯	性別	送出者からみた受入者	子の年齢	移動期間	送出世帯の子の数	受入世帯の子の数	学校職種
No. 33	村外	女	遠いボーン・プオーン	18歳〜20歳	2年	3人(男×1 女×2)	−	高校
No. 121	村外	女	夫の姪	18歳〜20歳	2年	3人(男×2 女×1)	−	仕立屋
村外	No. 1	男	他人	18歳〜(18歳)	(0年+)	−	6人(男×2 女×4)	高校
		女		22歳〜(22歳)	(0年+)			高校
村外	No. 16	男	イトコ	−	7年	−	4人(男×1 女×3)	中学〜高校
		男		−	3年			高校
		男		−	2年			高校
		女		−	3年			高校
村外	No. 41	男	遠いボーン・プオーン	19歳〜(20歳)	(1年+)	−	3人(男×2 女×1)	高校
村外	No. 41	男	妻の弟	16歳〜18歳	2年			中学
村外	No. 110	男	他人	17歳〜(18歳)	(1年+)	−	0人	高校
		男		18歳〜(20歳)	(2年+)			高校
村外	No. 119	女	他人	−	3年	−	4人(男×3 女×1)	高校
		女		−	3年			高校
村外	No. 121	男	他人	−	4年	−	5人(男×2 女×3)	中学〜高校
		男		−	4年			中学〜高校
		男		−	4年			中学〜高校
		男		−	4年			中学〜高校
		男		−	4年			中学〜高校
村外	No. 171	女	遠いボーン・プオーン	21歳〜(21歳)	(0年+)	−	0人	高校
村外	No. 214	男	娘	20歳〜(20歳)	(0年+)	−	2人(男×2)	バイク修理
		男		18歳〜(18歳)	(0年+)			バイク修理
村外	No. 96	女	夫の姉	16歳〜(17歳)	(1年+)	−	0人	高校
村外	No. 154	女	他人	18歳〜(21歳)	(3年+)	−	0人	高校
村外	No. 155	男	夫の姪	17歳〜(19歳)	(2年+)	−	4人(男×4)	高校
		男		14歳〜(15歳)	(1年+)			高校
		女		15歳〜(18歳)	(3年+)			高校
村外	No. 172	女	夫の姉	5歳〜(21歳)	(16年+)	−	4人(男×3 女×1)	小学〜高校

（出所）筆者 2007 年調査による

として移動した子は受入世帯の日常の雑用を手伝う。移動世帯間の関係を見ると，ボーン・プオーンが15事例中10事例で，その内訳は，親子が1事例，キョウダイが3事例，オジオバ/甥姪が2事例，イトコが1事例，回答者自身もどのようなボーン・プオーンの関係にあるか把握していない「遠いボーン・プオーン」が3事例となっている。また，ボーン・プオーン以外の知人や知人からの紹介が5事例（33.3%）となっており，親子・キョウダイといった近いボーン・プオーンに限らず，遠いボーン・プオーン間やボーン・プオーン以外の者同士でも行われる。

(2) 就労を目的とした他世帯への移動

　次に挙げるのは就労を目的とした他世帯への移動である（表5.7）。20歳以下の者の出稼ぎでも，借家や就労先に住み込みで働いている場合はここに含めていない。調査で見られたのは主にT村から都市部への移動であり，すべてボーン・プオーンの世帯間で行われていた。具体的には，親子が2事例，キョウダイ，イトコ，その他のボーン・プオーンがそれぞれ1事例となっている。

　就労内容はT村から村外へ移動した例で，移動先の世帯が営む自営業での就労が3世帯，移動先の世帯でのケア労働が1世帯（2人）となっている。移動している子はすべて女性であり，これは娘を出稼ぎに出す場合には，借家住まいや他人の家に住まわせることに息子よりも不安があるためである。また，一般的にカンボジアの自営業者が雇用者を探す場合，他人よりも信頼のおけるボーン・プオーンから探す傾向にあり，受入世帯にもボーン・プオーンを雇用することに「信用」という一定の利益がもたらされている。就労に対しては当然ながら賃金が支払われ，余裕がある場合には親への仕送りが行われている。

2.5　移動が行われるボーン・プオーンの範囲とその特徴

　すべての子の移動がどのような範囲のボーン・プオーンの間で行われているのかを再度整理してみたい。6つの移動のうち，他世帯の子を受け入れた世帯が，その子の養育責任を伴う4つの移動，「養子」「両親の死亡」「親の再婚」「一時的な移動」の合計53事例を総合して見ると，キョウダイが最も多く23事例（43.4%），次いで親子が17事例（32.1%），そして，オジオバ/甥姪が5事例（9.4%），イトコが1事例（1.9%），その他のボーン・プオーンが3事例（5.7%），

第5章　子どもと老親のケア｜185

表 5.7　就労のための子の移動

送出世帯	受入世帯	性別	送出者からみた受入者	子の年齢	移動期間	職種
No. 38	村外	女	妻のイトコ	18歳〜（20歳）	（2年＋）	子守
	村外	女		17歳〜（17歳）	（0年＋）	家政婦
No. 73	村外	女	妻の姉	17歳〜（23歳）	（6年＋）	ゲストハウス
No. 218	村外	女	娘	17歳〜（21歳）	（4年＋）	食品加工販売
No. 72	村外	女	娘	18歳〜（26歳）	（8年＋）	調味料小売
村外	No. 111	男	義理の息子の親	19歳〜（22歳）	（3年＋）	電話修理

（出所）筆者 2007 年調査による

離婚した夫が 1 事例（1.9%），ボーン・プオーン以外が 2 事例（3.8%），不明が 1 事例（1.9%）である。つまり親子およびキョウダイ関係が全体の75.5%を占め，移動の大部分が，それぞれが結婚する以前に同一のクルォサーを形成していた者の範囲で行われていることがわかる。

　一方，受け入れた子の養育責任を負わない残りの 2 つの移動「就学・職業訓練のための居候」「就労のための移動」では，その範囲が拡大される。両者の合計 20 事例を見ると，親子およびキョウダイ関係は 7 事例（35%）にすぎず，オジオバ / 甥姪，イトコがそれぞれ 2 事例（10%），それ以外のボーン・プオーンが 4 事例（20%），他人が 5 事例（25%）と，親子・キョウダイ以外のボーン・プオーンやボーン・プオーン以外の世帯への関係の広がりが見られる。

　つまり，養育責任を伴う支援的側面の強い移動は，親子・キョウダイを中心とした極めて近いボーン・プオーン間で行われ，養育負担を伴わず，支援的側面の弱い移動ではその範囲がその他のボーン・プオーンやボーン・プオーン以外にも拡大される傾向にある。

2.6　メマーイ世帯の子の世帯間移動

　夫を失ったメマーイにとって，子をいかに養育するかという問題は重要である。特に，親やキョウダイと同居せず，母子世帯を形成するメマーイは自分自身が世帯の重要な労働力であるために子育ての時間が限られ，子の養育のための資金も不足しがちである。

　全メマーイ世帯 51 世帯のうち，子を移動させたことのあるのは 13 世帯で，

表5.8　メマーイ世帯の子の移動におけるメマーイと受入世帯との関係

(単位：事例数，％)

	養子	一時的移動	合計	(％)
メマーイのキョウダイ	1	4	5	35.7
夫のキョウダイ	0	2	2	14.3
メマーイの親	0	3	3	21.4
夫の親	0	1	1	7.1
メマーイのイトコ	1	0	1	7.1
その他メマーイのボーン・プオーン	0	1	1	7.1
離婚した夫	0	1	1	7.1
合計	2	12	14	100

(出所) 筆者2007年調査による

25.5％を占める。移動ケースは全部で14であり，子の移動の分類に従うと，「養子」が2事例，「一時的移動」が12事例である。

　メマーイと受入世帯との親族関係を確認してみると (表5.8)，メマーイのキョウダイが5事例，死別した夫のキョウダイが2事例，メマーイの親が3事例，死別した夫の親が1事例，メマーイのイトコ，その他ボーン・プオーン，離婚した夫がそれぞれ1事例となっている。死別の場合には，夫の親やキョウダイの世帯へも子が移動している。

　死別した夫の親・キョウダイも含めると，親やキョウダイへの移動が78.5％と8割近くを占めており，メマーイのケースだけを見ても近いボーン・プオーン間で子が移動している。移動理由はすべての世帯で「扶養支援」が挙げられ，複数回答で「雑用の労働力の不足」が2世帯，生前の「夫の暴力」が1世帯で挙げられた。生前の夫の暴力を挙げた世帯では，夫の死後もそのまま親の世帯に子を預けていた。

　逆に，メマーイが他世帯の子を受け入れた事例もある。他世帯の子を受け入れた経験のある世帯は13世帯で，全メマーイ世帯の25.5％を占める。「養子」が1事例，「親の死亡による養育代行」が2事例，「親の再婚による移動」が1事例，「一時的移動」が5事例，「就学・職業訓練のための居候」が4事例である。メマーイの中で実子を持たない者が3人いるが，その内1人は死亡した姉妹の子を養子として受け入れ，もう1人は同じくメマーイで子を5人持つ姉妹から，1人を受け入れた。受け入れた子を養子としたかったが，5年後に移動した子

第5章　子どもと老親のケア　187

が「帰りたい」と言い出し，親の世帯へ戻ってしまった。もう1人のメマーイは姉妹の世帯に同居し，姉妹の子や母親とともに暮らしている。また，子が就労のため，あるいは結婚によりすべて家から出てしまったというメマーイ2人は，日常の雑用を担い，また話し相手となる就学児童を受け入れている。

このように，子を持たないメマーイは何らかの形で子を得ようとし，子がすべて婚出してしまった場合には，就学児童を受け入れ，雑務労働力や話し相手を得ようとしている。また，メマーイに子がいる場合にも，子が大きくなりある程度余裕が出てきた時や，キョウダイの死亡などの緊急時には子を一時的に受け入れる，あるいは就学児童を受け入れる事例も観察された。

子を移動させる事例は，特に親やキョウダイと1つの世帯を形成していない母子世帯で多く見受けられる。世帯構成については第4章で述べたが，調査時点で母子世帯であったメマーイ世帯19世帯のうち，約半数の9世帯で子を移動させているか，あるいは過去に移動させており，親やキョウダイといったボーン・プオーンに子の扶養負担のチュオイを得ていた。つまり，メマーイ世帯は他の世帯一般と同様に，子の扶養負担を軽減し，子をよりよく育てるためにボーン・プオーンの世帯へ子を移動させ，それが貧困回避にもつながっているのである。

しかし，メマーイであっても拡大家族を形成せず，子を他の世帯へ移動させたこともない母子世帯が10世帯（メマーイ世帯全体の19.6％）存在する。これらの母子世帯について，少し詳細に見ることにより，拡大家族の形成や子の移動における親族間の相互扶助の限界を明らかにしてみたい。

拡大家族を形成せず，子の移動もさせていないその主な理由は主に以下の7つを挙げることができる。①拡大家族を形成したり，子を移動させたりする必要のないケース。具体的には，高齢になってからのメマーイ世帯で，子の多くが成人し，親はすでに死亡し，子の一部がすでに結婚して独立しているため，世帯内に充分な労働力と収入が確保できている。この理由に当てはまる世帯は3世帯ある。そして，②親，キョウダイがすべて死亡しているケースが2世帯，そして，下記に挙げる残りの③から⑦のケースに当てはまるのはそれぞれ1世帯である。③親がすでに死亡しており，キョウダイも経済的に困窮していてチュオイを求めることができないケース。④親がすでに死亡しており，キョウダイとは不和でチュオイを求めることができないケース。⑤親が高齢な被扶養者であり，キョウダイも経済的に困窮していてチュオイを求めることができない

188

ケース。⑥親がメマーイである他のキョウダイと同居しており，他の独立しているキョウダイもみなメマーイで互いにチュオイができないケース。⑦親が高齢な被扶養者であり，キョウダイは障害者のケアなどで他のチュオイができないケース。

　つまり，メマーイの拡大家族形成および子の移動による貧困回避の限界とは，同居対象や子の養育の倫理を共有している範囲が主に親・キョウダイと非常に狭い範囲であるために，親やキョウダイがいない，あるいは経済的に貧窮している等の何らかの問題がある場合には，チュオイを求めることができなくなることである。具体的には，親世帯は１つしかないため，複数の子の問題には対応できない。また，親，キョウダイが死亡している，あるいは１人っ子でキョウダイがいない場合，そして親，キョウダイがみな経済的に貧困である場合には，メマーイを支援することはできなくなるのである。

3. 高齢者の世帯間移動

　世帯調査の際，頻繁に世帯を移動する子どもたちがどの世帯に属するのかを確定するのに困ったと述べたが，それは子どもたちだけではなかった。世帯の中で，主な生産活動から退いた高齢者も子どもたちのように世帯を移動し，いったいどこの世帯の構成員と考えたらいいのか，戸惑うことがあった。

　カンボジア農村における老親のケアについて Ebihara [1971：125-126] は，親世帯に誰が残るかについての明確な規範はないが，親世帯に残った子が老親のケアに対して他の子よりも大きな責任を負う，としている。また，高橋 [2001：235] は，親世帯に最後に残った末娘が婿とともに親世帯と共に暮らすことが多いと述べている。筆者の調査村でも末娘の同居傾向が見られたが，末娘以外の娘夫婦が同居するケースや息子夫婦が同居するケースも存在した。子夫婦と同居するようになった親は，体力があるうちは生産活動の労働力として，また家事労働力として世帯内で大きな役割を果たす。しかし，親が高齢になると生産活動や家事労働から退き，被扶養者となる。時には生産活動や子育てを終え，自由を得た高齢者が自らの意思で複数の子の世帯を移動し，時には病を負った高齢者が本人を含め子同士の話し合いにより，経済的あるいはケア労働

第5章　子どもと老親のケア 189

力により余裕のある世帯へ移動する。しかし，医療の未整備から特に農村部では，カンボジアの人々の寿命は長くなく，被扶養者となり長生きする高齢者の数はそれほど多くはない。カンボジアの平均余命は男性60歳，女性64.3歳である（CIA［2009］）。T村で，70歳以上の人口が村の全人口に占める割合は2.8%（男性14人：2.6%，女性18人：3.2%）にすぎない。そのため，被扶養者となった老親や病気を患った老親を長期間扶養，看病し続けるという例は稀である。しかし，高齢者の存在自体が少数とはいえ，高齢者が移動しているという事実は農村社会において何らかの機能を有しているはずである。

　ここでは，子の移動と同様に，高齢者の世帯間移動の事例を挙げ，移動の時期，理由，移動が行われる世帯の特徴，所得の実態を検証する。そして，そこから見える高齢者の移動の傾向とその機能を考察する。

3.1　移動する高齢者

　世帯を移動する高齢者とは，その子がすべて独立し，本人は主な生産活動から退いた者である。移動先となるのは，独立した子の世帯である。T村には，1組の子夫婦（およびその子）と同居する者，あるいはすべての子が結婚し独立し，どの子夫婦とも同居していない者は40人（うち女性28人）いる。ここでは，その40人を分析の対象とする。

　40人のうち，高齢者自身が夫婦で形成していた世帯から，居住を目的に独立した子の世帯へ移動したことがある者は13人（うち女性8人）で，約3人に1人が移動の経験を持つことになる。その事例をいくつか紹介してみよう。

　世帯番号15の女性（78歳）は，4人の息子を持つ。最後に結婚した末子の夫婦と約4年間同居したが，末子夫婦はT村内にある妻の親の屋敷地を分与され，独立した世帯を形成した。その後は1人で居住していたが，1997年頃に同じT村内に住む長男の世帯へ移動した。

　世帯番号6の女性（73歳）のOは，4人の娘と1人の息子を持ち，調査時にはOが分与した水田を屋敷地として居住する末娘の夫婦と同居していた。もともと，Oが夫とともに形成した世帯は，そこから200mほど離れた村内にあり，そこで未婚の娘2人（調査時の年齢：51歳と41歳）と共に居住していた。しかし，1992年に末娘が子を出産したのを機に末娘の世帯へ移動した。孫の世話を補助するためであった。末娘の夫婦は2人で稲作と野菜栽培，そして漁

業を生業としている。市場へ魚を売りに行く時など，家を留守にする時は O
が子守りを引き受けてきた。受入世帯の所得は 88.4 万リエル，送出世帯であ
る未婚女性 2 人の世帯は 102.9 万リエルである。受入世帯は子の数が多く，1
人当たり所得は低い。末子は O に子守りのチュオイを受け，同時に O を扶養
しているが，受入世帯の 4 人の子は，オバにあたる未婚女性 2 人の送出世帯に
も頻繁に出入りし，そこで食事をとることも多く，キョウダイ間でも子の養育
をめぐるチュオイが行われている。

　世帯番号 74 の女性（73 歳）は，1989 年頃，子がすべて結婚し家を出て 1 人
になった。そのため，すでに結婚して夫方の村（T 村）で居住していた末娘の
この世帯へ移動してきた。

3.2　高齢者夫婦の別居

　分析対象となる 40 人の高齢者のうち，夫婦とも存命であるのは 8 組あり，
そのうち 3 組がそれぞれ別の子の世帯に住み，別居している。

　世帯番号 16 と 56 に分かれて居住する夫婦，夫 79 歳と妻 74 歳は，もともと
末娘夫婦（世帯番号 56）と同居していたが，2002 年にそこから 60m ほど離れた
村内の他の娘の世帯（世帯番号 16）へ妻が移動した。夫婦 2 人とも病気になり，
末娘の世帯だけで看病するのが負担になったためである。移動の決定に際して，
送出世帯と受入世帯，そして移動する夫婦の 3 当事者が話し合い，最終決定は
受入世帯の夫婦が行った。両世帯の 1 人当たり年間所得を確認すると，送出世
帯が 192.4 万リエル，受入世帯が 239.7 万リエルと受入世帯の方が高い。また，
送出世帯の世帯番号 56 は夫婦と就学中の子 3 人（それぞれ 16 歳，14 歳，12 歳）
の 5 人で形成される世帯であり，受入世帯の世帯番号 16 は夫婦と主婦である
妻の姉と，すでに就労している子 2 人と，就労せず家事を行う子 1 人の 6 人で
形成されている。受入世帯は村内でも屈指の富裕世帯である。より経済力があ
り，家事労働を含む労働力にも余裕がある世帯が老親の 1 人を受け入れたので
ある。

　世帯番号 17 と 18 に分かれて居住する夫婦，夫 79 歳と妻 72 歳は，もともと
末娘夫婦（世帯番号 18）に居住していたが，2003 年に夫が隣家である他の娘の
世帯（世帯番号 17）へ移動した。このケースでも，移動のきっかけは 2 人とも
病気がちになったためであった。末娘の夫婦はともに教師で，家を空けること

第 5 章　子どもと老親のケア　191

が多く，老親の面倒を看るのが困難になったためである。2つの家は3mほど
しか離れておらず，隣接している。ここでも，送出世帯，受入世帯，夫婦2人
の3当事者で話し合いを行い，最終決定は受入世帯の夫婦が行った。両世帯の
1人当たり年間所得は，送出世帯は118.2万リエル，受入世帯59.8万リエルと
受入世帯の所得の方が低い。しかし，受入世帯は稲作と漁業のみを営む世帯で
あり，送出世帯よりも家にいる時間が長い。受入世帯よりも，高齢な父親の面
倒を看る時間的余裕があり，老親の1人を受け入れたのである。

　世帯番号143にいる夫（70歳）の妻は，他村の娘の世帯に居住している。世
帯番号143は夫婦の長男の世帯であり，かつては夫婦2人ともそこで同居して
いた。1993年頃に村内の次女（第3子）の世帯へ孫の世話を補助するために妻
が移動した。また，次女の子が大きくなった頃に，末娘（第4子）に孫が生ま
れたため，他村に住む末娘の世帯へ移動した。移動に際しては，それぞれ受入
世帯の娘に頼まれ，本人が同意する形で行われた。このケースでは被扶養者と
なった老親の扶養負担の分散のためではなく，幼い孫の世話をする労働力とし
て高齢者が移動しているのである。

3.3　頻繁な移動

　また，移動後に1つの世帯に留まらず，数日，数週間，あるいは数ヶ月を単
位に2つ以上の子世帯の行き来を繰り返す高齢者もいる。そのような居住を目
的に，世帯の移動を繰り返している高齢者は40人中5人（12.5%）存在する。
そのうち，いくつかの事例を紹介する。

　世帯番号116の女性（76歳）は末娘（世帯番号117）と同居していた。夫は
1981年に死亡している。同居していた末娘は夫と離婚したメメーイで，本人
が若い時には幼い子を抱えた末娘の助けになっていた。しかし，歳を取ってか
らは逆に末娘の負担になるようになり，2002年に経済的に余裕のある隣家の
長女の世帯へ移動した。2つの世帯は8mほどしか離れていない。送出世帯で
ある末娘の世帯の1人当たり年間所得は34.4万リエルであるのに対し，受入
世帯である長女の世帯は112.3万リエルである。長女の世帯へ移動した後も，
末娘が病気になった時や，長女が孫の世話のために都市部に住む娘の世帯へ長
期間移動する時などは，末娘の世帯に居住している。しかし，その間も母親の
生活費の負担は長女が負担している。

192

孫の面倒をみる女性。主な働き手として引退した後も、孫の世話は世帯の中で彼女たちの重要な役割となる。

第5章　子どもと老親のケア　193

世帯番号66の女性（90歳）は，他村の息子の世帯とを月単位で行ったり来たりしている。もともとT村のこの世帯にいたが，他村に住む息子世帯の方が経済的に余裕があるため，息子世帯にも居住するようになった。いつ，どちらの世帯へ行くかは移動する本人の意思に沿って決められている。

T村に居住する男性（76歳）は，長女の世帯（世帯番号147）と隣家である末娘の世帯（世帯番号146）と他村の息子の世帯，計3つを頻繁に行き来している。もともと末娘の世帯にいたが，2006年に長女の夫が死亡し，メマーイになった娘の世帯で幼い孫の面倒を看るために長女の世帯に居ることが多くなった。これは父からメマーイになった長女へのチュオイである。しかし，主な経済活動から退いた父の扶養は経済的に負担になるため，娘2人よりも経済的に余裕のある他村の息子が父を頻繁に呼び寄せる。不定期だが，月の3分の1ほどをその息子世帯で過ごす。これは息子から父へのチュオイであり，同時にキョウダイ間のチュオイでもある。もともと居住していた末娘の世帯と，隣家のメマーイである長女の世帯，他村の息子の世帯3つ，すべてが父の居住世帯なのである。

高齢者の移動は主な生産活動，家事労働から退いた者の中で観察され，移動のパターンは①1人暮らしから子世帯へ移動，②子世帯から他の子世帯への移動の2つに大別できる。また，移動の理由も2つに分類することができる。1つは，孫などのケア労働力としての移動であり，もう1つは，被扶養者となった高齢者が，子の負担を分散させるために，経済的，あるいはケア労働力，時間により余裕のある世帯へ移動するケースである。高齢者のケアの義務は1人の子に限定されず，他の子の間（子にとってのキョウダイ）で共有されていると言ってよいだろう。親と同居する子に，より多くの財産が相続される傾向があるが，親が死亡するまで相続が行われず，親が存命のうちは相続が確定していないことにより，親の養育の義務も限定されない，とも考えられる。また，親と同居する子にすでにより多くの相続が行われたケースでも，親の移動は観察された。他のキョウダイが親と同居していた者よりも，親を受け入れる（特に経済的な）余裕がある場合には，移動が行われている。

高齢者の移動は，子の移動と同じような機能を有していると言っていいだろう。老親が移動することにより，子の世帯間，つまりキョウダイ間において，主に孫の世話をするための労働力と，老親の扶養負担の調整が行われているのである。それぞれの世帯は主な生産活動あるいは家事労働の従事者である夫婦

を根幹とし，被扶養者あるいは雑務労働力である子および高齢者は世帯に強く縛られることなく，親・子・キョウダイといった比較的狭いボーン・プオーンの世帯間を行き来し，扶養負担と雑務労働力の調整を行っているのである。

3.4　メマーイ世帯の高齢者の世帯間移動

親と同居するメマーイ世帯において，親は若い時には生産活動の労働力として，また家事労働力として大きな役割を果たす。しかし，親が高齢になると生産活動や家事労働から退き，被扶養者となる。そして，親が老い，あるいは病気を患った時には当然，負担が発生する。しかし，先の分析で概観した通り，すべての事例ではないが，他に老親のケアを担うことが可能な世帯がある場合には，親が移動することがある。また，親が病気になったり，介護が必要になったりした時には，親と同居するメマーイだけでなく，親のケアの義務を共有している他のキョウダイからも金銭的あるいは看護の支援が行われ，同居する者の負担は最も大きいものの，その負担は同居する者に限定されたものではない。また，親が移動しない場合にも，多くの世帯では近隣にいくつかの（主に妻方の）キョウダイの世帯があり，子や孫など多くのボーン・プオーンが居住し，多くの手が高齢者を支える。高齢者の介護が特定の人や世帯に大きな負担となることは少ない。

4.　小括 —— 共有される子どもと高齢者のケア

子どもたちは幼少期からボーン・プオーンの世帯を行き来しながら育っていく。親が多忙であればボーン・プオーンに預けられ，両親が死亡すればボーン・プオーンがその子を引き取る。親が再婚し，再婚者の村へ移住する場合には元の村のボーン・プオーンがその子を預かる。また，親の生存や居住状態に変化がない場合でも，数年にわたってボーン・プオーンの世帯へ一時的に移動することがある。それらの移動は主に親子・キョウダイといった非常に近いボーン・プオーンの間で行われていた。一方，養育責任を伴わない就学や就労のための移動では，親子・キョウダイ以外のボーン・プオーンやボーン・プオーン

以外の世帯間でも行われていた。より支援的側面の強い移動においてボーン・プオーンが重要な役割を果たしているのである。それらの分析から「子の移動」という現象が，相互扶助的側面を有していることは明らかであった。その機能は以下のようにまとめることができる。

　親の危機に対してボーン・プオーンが養育を代行し，社会保障的な役割を担っている。そして，所得の低い世帯から高い世帯へ子が一時的に移動していることから，ボーン・プオーン間の所得の一時的な再分配と扶養負担の調整の機能を持っている。また，移動した子が経済活動を担う労働力としての役割を果たすことはほとんどないものの，日常の雑務，家事を補助する子の不足や話し相手が欲しいという引き取り側の理由から，子が移動するケースもあった。そのため，日常の雑用のための労働力の分配，調整機能も有している。

　これら子の移動という現象を詳細に見ていくと，子は実親のみが育てるのではなく，ボーン・プオーンがケアの倫理や義務を共有し，ボーン・プオーンのつながりの中で育てられるという側面を有していると言える。子というボーン・プオーンの「財産」をより良く養育することにより，ボーン・プオーンのメンバーの生活を維持することにもつながっているのである。子どもたちをより良く養育することに高い優先順位が置かれ，カネやモノを移動させるのではなく，子自身を移動させることにより，より確実で直接的な支援が可能となっているのである。また，多くの事例が観察された養子以外の部分移転型移動では，相続，親子関係上の地位に影響がないため，危機や変化に対して柔軟な対応が可能となる。そして，あくまでも実親の子としての移動であるため，無理な関係の強制が少なく，移動する本人である子や実親，代親にとっての精神的負担が少ない。つまり，柔軟性・迅速性があり，移動に関わる人々の精神的負担が少なく，かつ経済的な相互扶助として対応が可能なのである。このような理由から，子がボーン・プオーンの世帯間を頻繁に移動することが可能となり，相互扶助としてより大きな機能を果たしていると考えられる。

　また，子と同様に世帯内の被扶養者としての側面を強く持つ高齢者も独立した子の世帯間を移動する。老親のケアの義務も1人の子や1つの世帯に限定されず，複数の子で共有される。老親の子世帯間の移動は，孫の世話をするための労働力と老親の扶養負担の分担・調整機能を持っているのである。

　母子世帯の形態を取るメマーイ世帯で，なおかつ子が幼い場合には，子をより良く育て，扶養の負担を減らすための戦略の1つとして，子を他のボーン・

196

プオーンの世帯に移動させる事例が多く見られた。子育ての倫理がメマーイ1人に限定されていないことにより，メマーイ自身の子の養育に関する負担は軽減されやすい環境にあると言ってよい。また，子を持たないメマーイは積極的にボーン・プオーンの子を受け入れ，子がすべて他出し，1人となったメマーイは就学児童を受け入れる事例も見られた。養子を受け入れることにより，将来的に世帯の労働力となり，老後の支えとなる。また，就学児童を受け入れることにより，日常の雑用を行う労働力や話し相手を確保することになるのである。メマーイたちの希望がすべて実現するか否かは別として，メマーイたち自身や子どもたちがよりよく生きていくための1つの重要な戦略であると言えるだろう。

　親と同居するメマーイは，親が若いうちは家事労働を含む労働力として大きな役割を果たすが，高齢になると当然ながら被扶養者となる。しかし，親の恩恵を強く受けたメマーイに親のケアの義務は必ずしも強制されない。他に親の養育が可能なキョウダイがあれば，そこに親が移動することもあり，他のキョウダイからも親のケアに関するチュオイを得ることができるのである。

　しかし，子の養育や老親のケアの倫理や義務が共有されるのは主に親・子・キョウダイといった非常に狭い範囲である。「ボーン・プオーン」と呼ばれる関係には明らかに濃淡があり，日常的により強くケアの倫理や義務が共有されているのは，1つのクルォサーを形成した経験のある者同士であり，その中でも妻方の親族の関係が夫方のそれよりも重視されている。1つのクルォサーとして相互のケアを共有していた者は，婚姻によって別のクルォサーを形成した後もその関係性を維持していると言えるだろう。そのため，子のないメマーイたちは子を受け入れて1つのクルォサーを形成し，より濃密なケアの関係を構築しようとするのである。ケアの倫理や義務が共有される範囲がかつて1つのクルォサーを形成した狭い範囲に限られる傾向から，親やキョウダイが死亡した，あるいはキョウダイや子がいない場合，また，親・子・キョウダイがともに経済的に困窮している等，何らかの問題がある場合にはチュオイを得ることができない，という状況も現れる。狭い範囲のボーン・プオーン内に強い相互扶助関係が見られるが，その範囲の狭さが相互扶助機能の限界でもあると言える。しかしながら，その関係性の濃淡に明らかな境界があるかと言えばそうではなく，個々の状況によって伸縮しうる柔軟性があることも注記しておく。

母を探す旅 ── 私の中の〈メマーイ〉③

　カンボジアへ１年半の長期フィールド調査に出る直前に，実母との再会の機会を得た。兄から彼女がガンに冒されていて，余命がそれほど長くないと聞かされた。先に母と再会していた兄は，私に母と会うことを促した。もちろん，父や継母には内緒だった。しかし，約20年ぶりの母との再会でも，私は無感情だった。心の蓋は20年の間に錆び付いていて，簡単には開かなかった。

　数ヶ月に一度の一時帰国中に母に会い，またカンボジアの村に戻る，という生活が続いた。たまの帰国時でさえ，母に会うことを拒否したこともあった。どうしても母を受け入れることができなかったのだ。兄の説得もあって母に会って少し話をして，またカンボジアに戻って，村の家族について観察し，考える。寄留先の家族とも母についてたくさん語りあった。そうして，１年ほど経った頃，私の母への愛情はようやく少しずつ回復していった。

　「調査を終えて日本に帰国したときには，親孝行をしよう。少しでもたくさん母に会って話をしよう」。

　そう，考えるようになっていた。

　　　　　　　＊　　　　　　　＊　　　　　　　＊

　しかし，あと１ヶ月ほどで帰国，という時に，日本から母の危篤の連絡が入った。あともって１日だと言われた。すぐに帰国の手配をしたが，取れた飛行機は次の日の夜行便だった。母の死に目に会えるのかさえ，危うい状況だった。しかし，母は私の帰国を待ってくれていた。担当医も母の最期の生命力にとても驚いていた。私が母の病室に入った時，まだ母は意識もしっかりしていて，座って話ができる状態だった。

　母は私に「そんな恰好やったら，寒いやろ。服，買っておいで」と言い，「何か食べたいもんはない？果物とか，たくさんあるんよ」と気遣った。いつも，自分のことより人のことを考える，そして何より子ども想いの母だった。それは，母が離婚したこととは矛盾しないし，母はずっと私たちの母であり続けていた。

　私は母に「産んでくれてありがとう。お母さんが私の母で本当に良かった」と伝えることができた。母は「ありがとう。こんなに幸せなこと，他にあらへ

　大学で教鞭を取りはじめて,学生たちを村へ連れて行くようになった。学生たちは村の景色の美しさに驚き,牛や水牛などに初めて触れては声をあげ,ゆったりとした時間を肌で感じる。「田舎のおばあちゃんの家に来たみたい。また,この村に遊びに来たいな」とある学生は話した。
　写真(上)　2015年8月。寄留先の世帯にて,寄留先の夫婦と学生と私。
　写真(下)　2016年9月。大学生になった寄留先の次男(左端)が村の案内に率先して付いてきてくれた。村の自然の美しさや人と人とのつながりの深さは調査当時から10年近く経った今も変わらないままだ。

んわ」と涙を流しながら答えた。母が亡くなる間際に，私はようやく母を取り
戻した。

　村に帰ると，私の母が危篤で，そのために日本に帰国したことはみなに知れ
渡っていた。村の人たちは，私に「お母さんは？」と次々に声を掛けてくれた。

　「私は人生で2回母を失くしたの。1回は両親が離婚したとき。そして，やっ
と再会した母がまたいなくなってしまったよ」。

　そう話すと村の人たちは本当に不思議そうに，「なぜ両親が離婚した後に会
えなくなったのか？」と尋ねた。なぜ私が母を2回失くさなければならなかっ
たのか。なぜ母と長い間会えなかったのか。村の人たちには理解の範囲を超え
ているようだった。

＊　　　　　　＊　　　　　　＊

　カンボジア社会の柔軟性は，多様な家族のあり方を受け入れながら様々な問
題を吸収していく。もし，私がカンボジアに生まれて，同じように両親が離婚
していたら，全く状況は異なっていただろう。誰かが誰かを強く否定すること
もなく，歪みを受け入れる努力を強いられることもなかっただろう。そして，
私が母を失い，母が子を失うこともなかったに違いない。しかし，日本にも誰
か特定の加害者がいたわけではない。それが日本社会の成り立ちだったのだ。
私の家族や周囲の大人たちも必死に，家族や子どもの幸せを守ろうとしていた
にすぎなかった。長年抱えていた心のもやもやを晴らし，私に起きたできごと
を整理して，素直に受け止めることができたのは，まさにカンボジアの“豊か
さ”のおかげだった。

　私は母を亡くしたが，母を取り戻した。私のメマーイ研究は母を探すための
旅でもあったのだ。

第6章

メマーイの暮らし

さて，ここでは具体的な個々の世帯あるいはメマーイ個人の事例から，これまでの「資産」「所持」「ケア」の3つの視点の分析を，よりつながりをもった実態として把握していくために振り返ってみたい。まずは，筆者がT村で寄留していた世帯を取り上げ，そこでの子の移動やそれに伴う土地の権利，ボーン・プオーンの互助関係などについてみていく。続いて，姉妹で1つの世帯を形成しているメマーイの事例を紹介し，そこからメマーイの就業活動，土地の所有，子のケアについて具体事例として把握していく。そして最後にこれまでの分析内容に触れながらメマーイ個人のライフヒストリーを3事例取り上げる。なお，名前はすべて仮名である。

1. ボーン・プオーンの互助関係と子の移動の事例

　この世帯[1]の夫婦，妻ソリア41歳，夫ルン40歳には4人の子どもがいる。長女レナ17歳，長男ソパー15歳，次女ニアン13歳，次男ヤー11歳である。そこに，7年前から妻ソリアの妹ランの子長男サン14歳と長女ポー11歳の2人を引き取って育てているので，世帯員は全部で8人である。

　妻ソリアは6人キョウダイの4番目で，1番上が姉，2番目と3番目が兄，5番目と6番目が妹である。キョウダイはすべて結婚しており，結婚後，T村に残ったのは1番目の姉ハウと3番目の兄ロン，6番目の妹ランそしてソリア本人の4人であった。ソリアは結婚後，自分の親の屋敷地の一部を分与され，そこに家を建てて独立した世帯を構えた。親の家とソリアの家は，家屋と家屋が3mほどしか離れておらず，かなり密接した状態で建っている。親の家には末子である妹ランが残り，母親と同居していた。結婚後もランは母親と同居を続け，夫子とともに暮らしていた。しかし，9年前に夫がHIV/AIDSで死亡した。ランはメマーイになり，そのまま母親と子と一緒に生活を送っていた。末娘であるランは母親の屋敷地と水田を相続することが決まっていた。しかし，夫の死亡から1年ほど後に，夫のHIV/AIDSが感染していたラン本人も死亡した。ランの子2人はランの母，つまり彼らにとっての祖母と生活をともにしていた。

---

1)　世帯番号46，第5章および図5.2参照。

しかし，その祖母もランの死から約1年後に死亡した。

　子ども2人が残され，隣接した場所で生活していたソリアが2人の子を引き取ることになった。2人の子自身がそれを望み，また他の親族で積極的に2人の子を受け入れようと申し出る世帯がなかったので，2人と最も親しく，また経済的にも余裕のあるソリアが引き取ることになったのである。ソリアの夫は警察官で郡の長官を務めている。固定給は少ないものの，副収入があり村の中でも比較的裕福な世帯である。ソリア自身は自称「主婦」であるが，村民を中心に知人に金を貸し，利子を受け取る「金融業」を自宅で行い，普段の生活費はすべてそこから賄えるほどの収入がある。

　妹ランの子2人は，あくまでも妹の子として引き取られており，実子4人とは明確に区別され，2人を「自分たちの子」として他者に説明するようなことはなかった。また，ランの子2人もソリアとルンを「お母さん（徊）」「お父さん（偏）」とは呼ばず，「伯父さん／伯母さん（伃）」と呼んでいる。ラン夫婦が有していた（ランの両親から相続された）水田，屋敷地と家屋は，ランの子2人のものとして認識されている。2人の水田は3番目の兄ロン夫婦が耕作を行っている。ランの子2人が自分たちで耕作できるようになるまでは，兄ロン世帯が耕作を続けるという。村に住んでいるキョウダイの中でも，ロン世帯はソリアやハウの世帯よりも経済状況が比較的低く，生計を稲作に頼る部分が大きい。田植えや稲刈りの時期になると，ソリアはその土地の持ち主であるランの子2人に，将来自分たちで耕作を行えるように遊びながらでも農作業を手伝いに行くよう促していた。収穫物が2人を養育しているソリアの世帯に分けられることはなかった。

　ソリアは2人の子を預かって育てていることについて，筆者や他の村人に次のように話すことが何度かあった。

　「私たちは以前，とても貧しくて苦労した。今はようやく生活が楽になってきたが，楽になったところに妹の子を2人も預かることになってしまった。2人にかかるお金はほとんど私が出している。姉のハウが時々服を買ってやってくれる以外はね。でも，あと数年したらあの子たち2人も十分働ける年になるからね。（長女の）レナが師範学校に行ったら家を離れるし，その頃には（次女の）ニアンが高校生で勉強が忙しくなる。その頃には（妹の子の）ポーが家事をしてくれるようになるからね。大変なのはあと少しの間よ」。

　ソリアの長女レナも次女ニアンもとてもよく家事を手伝う。特に長女レナは

朝の買い物から食事の支度，時には庭で採れた野菜を登校前に市場に売りに行ったりもする。ソリアは世帯の中での娘の役割を，姪であるポーにも期待していた。

ソリアの姉ハウには5人の子がいるが，長子のみが女子で，後の4人はすべて男子である。調査時には長女と長男がすでに結婚して独立して村を離れていた。また次男と四男はそれぞれ仕事と就学のために町へ出ており，夫と三男との3人暮らしであった。ハウは体が弱く，家事を1人でこなすのは少し困難を伴う。そのため，家事を手伝ってくれる女の子を家に置きたいと常に願っている。以前，町に住む妹（キョウダイの5番目）の娘をハウの世帯に移動させたことがあった。街に住む妹は貧しく，双方にとって利益のある話ではあったが，移動した子自身がハウの家に馴染まず，1年ほどで親の元に帰ってしまった。その後は，ソリアの次女ニアンを家に置きたいと思い，何度かソリアとニアン本人に話を持ちかけたことがある。ソリアは長女レナがしっかり家事をこなしてくれ，また姉ハウの家がすぐ近所であることもあり，ニアンの移動に同意しているものの，ニアン本人の拒否により，ハウの願いは叶っていない。ソリアは「ハウは女の子が欲しいのであれば，（妹の子である）ポーを引き取ればいいのに。ハウはポーがあんまり好きじゃないのよ」と話す。

子の移動はボーン・プオーン内，特にキョウダイ間の人的資源の最適配分に向かうものの，個々人の好みや移動する子本人の意思が尊重されるため，他の条件が整っていたとしても移動がうまく成立するとは限らない，と言えるだろう。

ソリアの世帯と日常的な世帯間の行き来が最も多いのはソリアの姉であるハウの世帯との間であった。ほぼ毎日，ハウはソリアの家に顔を出し，買い物を頼んだり，庭から野菜を持って行ったりした。ソリアも同様に，ハウの家に野菜や果物をよく取りに行き，週末にはハウの家で一緒に食事を取ることが頻繁に行われていた。ソリアとランの子どもたちもハウの家によく遊びに行き，そこで食事を取ってくることもあった。筆者もソリアから「たまには調査の帰りにハウの家でご飯を食べてきたら？」と言われたこともある。また，ハウの家で飼っている犬2匹はハウの家で餌に当たらなければ，ソリアの家にやってきて尾を振る。ソリアはそんな犬の姿を見るたび「犬もボーン・プオーンを知っているのよ」と笑っていた。

ソリアの世帯との行き来が次に多いのが，ソリアの兄ロンの世帯である。兄

第6章　メマーイの暮らし　205

ロン自身やロンの妻，そして子どもたちも，よくソリアのもとを訪れ，庭から野菜を取っていくこともあった。ソリアの家にいる子どもたちもロンの家を訪れ，木になっている果物を勝手に食べることもあった。ソリアの夫であるルンもT村の出身であり，村の中に両親と兄2人がいるが，彼らがソリアの世帯に来る頻度は，ソリアのキョウダイであるハウやロンの世帯に比べると明らかに低かった。

　死亡した妹の子2人はソリアの家で暮らすようになったため，妹の家は空き家になっていた。その空き家には3年ほど前から，遠隔地の農村から学校に通うためにやってきた高校生が住んでいる。ソリア夫婦にとっては，まったくの他人であるが，村人から紹介され家屋を提供することになった。食費や学校に行くための費用はすべて高校生自身の親が支出し，家だけを提供するという約束ではあるが，ソリア夫婦は彼を気に掛け，食事を子どもたちに運ばせることが頻繁にあった。その高校生のためにわざわざ食事を多く作ることはなかったが，筆者を含め9人で暮らすこの世帯では，高校生1人に分けられるくらいの余裕は常にあった。その高校生から何かの見返りが期待するような発言やそぶりはなかった。これは日常的に何か人に対して施しを行った時に頻繁に口にされる，日常的な助け合い（ជួយគ្នា）であり，「積徳行（ធ្វើបុណ្យ）」であると認識されているようであった。

　前章までの分析では触れなかったが，村の人々の暮らしには仏教の信仰がとても大きな意味をもっている。人が誰かのために何かをするときには頻繁に「これは功徳を積んでいるんだ（ធ្វើបុណ្យ）」という言葉が口にされる。カンボジアと同じ上座部仏教を信仰するタイ社会について口羽・武邑（1985）は，「人が宗教をもつということは，生前から死を経て彼岸でのよりよき転生を含んだ世界をもつことであり，その世界の広がりは生から死に至る人の一生をはるかにこえた長期のものであり，経済合理性の及ばない領域を含んでいる」という。つまり，「経済収支はこの世で合わさねばならないが，互酬性の収支は宗教世界の広がりを含めて，やっと採算がとれるようなところがある」のであり，親族間のこのような互助関係も宗教的な世界に大きく依拠しているともいえる。

2. 姉妹のメマーイの事例

　次に，姉妹2人がメマーイであり2人で1つの世帯を形成している事例から，彼女たちの就業活動や家事労働，土地の所有や子のケアについてみていきたい[2]。

　妹36歳は15歳の娘と13歳の息子をもつ。1989年，18歳の時に兵士だった夫と結婚し，夫とともに本人の実家で母と姉とともに暮らし，菓子作りをしていた。9年後の1998年に離婚。当時娘は6歳，息子は4歳だった。夫から金3チー（ᆰ）を子どもの養育費として受け取った[3]。その年に母が病死した。

　姉（46歳）は，1994年33歳の時に，妹と同じく兵士だった男性と結婚。結婚後すぐはトンレサープ湖の水上生活をしていた夫の実家で暮らしていたが，1年後にT村に戻り，本人の実家の敷地内に小さな家を建てて暮らしていた。子どもが1人できたが，生後すぐに死亡した。村に帰ってから1年ほど経った1996年に離婚。離婚後は，夫婦で住んでいた家は解体し，母と妹夫婦，妹の子が住む敷地内の実家に戻った。

　妹が離婚し，母親が死亡してからは姉妹と妹の子ども2人の4人暮らしになった。姉妹で菓子作りをして生計を立てていたが，2000年頃に妹がシェムリアップ中心部のホテルで働くことになり，妹は普段はシェムリアップで寝泊まりし休みの日に村に帰る，という生活になった。妹の子は姉が日々のケアを行っている。3年ほど前に妹はホテルからマッサージ店に転職したが，シェムリアップ中心部での仕事を続けている。姉はそのまま菓子作りを続けていたが，1年ほど前にやめ，今は妹からの仕送りだけで生活している。

　姉妹の両親から相続された水田は2ヶ所あり，姉妹それぞれが1ヶ所ずつ相続したが，妹の夫の病気と母親の病気を理由に2ヶ所とも1995年ごろに売却している。現在居住している屋敷地は姉妹2人に所有権があると認識されている。以前，姉が住んでいた屋敷地の一部は，姉には子がおらず妹には2人の子がいることを理由に妹の土地として2人の間では合意ができている。

---

2)　世帯番号31。

3)　チー（ᆰ）とは金の重さを表す単位。1チーは3.75g。1フン（ᆸᆰ）は0.6g。1ドムラン（ᆰᆸᆧ）は37.5g。

2人ともメマーイになった姉妹は，姉に子がいないこともあり，1つの世帯を再形成し，2人の互助関係は非常に強い。2人のうち，都市部での観光サービス業への就労に，より適正能力の高い妹が自身の2人の子の面倒を姉に任せ，就労を優先している。子のケアは実親に限定されず，自分以外の家事労働力を世帯にもつ妹は都市部での就労が可能となり，世帯としてケアや所得の獲得が最もうまくいくような選択肢を取っていると言えるだろう。土地の所有に関しても2人の間では柔軟に理解されており，姉が結婚時に居住していた屋敷地も将来的には妹の子に相続されるようにと考えられている。

3. メマーイの一生

　それでは最後にメマーイ個人の結婚から調査時点までの生活についてのライフヒストリーを紹介しよう。彼女たちの語りから，メマーイがいかにして生計を維持してきたのかが見えてくるだろう。

3.1　事例①：73歳のメマーイ（右頁写真）

(1) 結婚[4]

　私は17歳で結婚しました。夫はこの村の出身で，当時27歳で10歳年上でした。

　私は2，3村離れたチャス村（ກຸ່ມຫວ）にいたし，夫とは結婚するまで顔を見たこともありませんでした。夫の父親が結婚を申し入れてきました。

　夫は結婚前，私の村に法事（ບຸນ）で来たことがあったらしいけど，話したことはもちろん，顔を見たこともありませんでした。学校に行ったりして他の村の女の子とは友だちになったりしたけど，男の子と知り合いになることはありませんでした。

　結婚式の日に初めて夫に会いました。（夫のことが）すごく嫌で，逃げ出したくなりました。お互いに何を話していいのかもわかりませんでした。

---

4)　世帯番号6。2007年調査時の年齢。表2.5参照。本聞き取り調査は2010年12月12日に自宅にて実施。

娘と（2010 年筆者撮影）。ポル・ポト時代前に夫を病気で亡くし，5 人の子を育ててきた。今は娘夫婦とともに暮らし，村内に住む他の娘の家へも頻繁に行き来している。

第 6 章　メマーイの暮らし　209

結婚してから私の実家にいたのだけど，父と夫があまり合わなかったので，上の子が3歳ぐらいの頃にこの村に移ってきました。

結婚してからずっと夫婦で稲作をして，タバコを植えて，米とタバコを売って生活していました。向こうの村に2ha，こちらの村に7haの水田を持っていました。1年に1度作るだけで，米を売って生活することができました。他の世帯も2ha，3haの水田をその頃は持っていました。

(2) 夫の死亡とポル・ポト時代

ポル・ポト時代の前に夫が病気になりました。呪術師（កru）に来てもらって，祈祷をしてもらったり，草木から作った薬を飲ませたりしましたが，病気になってからたった半月で亡くなりました。その後，何年後だったかわかりませんが，一番下の子が4歳ぐらいの時にポル・ポト時代になりました。子どもは5人いました。

上の娘2人と私はトンレサープ湖の方へ移動させられることになり，下の子3人はこの村の近所の人に預けました。

大人や年長の子は農作業や土運びをさせられました。小さい子は牛や水牛の糞拾いをしていました。トンレサープ湖の方では灌漑工事のために土を運ばされました。食事は毎日おかゆでした。魚は自分たちで捕って食べることができました。3年間，白飯は食べたことがありませんでした。下の子たちがどうしているのか全くわからず，心配でたまりませんでした。

灌漑の仕事が終わって，この村に戻ってきました。子どもも母（自分）も泣きながら抱き合って再会しました。この村はもっと悲惨で，おかゆといってもほとんど水で，とうもろこしの種や空芯菜が混ぜられていて，米粒はほんのわずかしかなく，魚もなく，水のようなおかゆと塩があるだけでした。食べ物はないのに，仕事はきつくて，餓死する人がたくさんいました。

別に何の問題もないのに，突然名前を呼ばれて「研修（កr）に連れていく」と言われトラックに乗せられ連れて行かれた人は，そのまま帰ってきませんでした。何度もたくさんの人が「研修（កr）」に連れていかれて，殺されたのです。

ポル・ポト時代に長女が結婚しました。一度に20組ほどがお寺で結婚させられました。名前を呼ばれて，その場でペアを作られて，そのまま結婚させられました。ポル・ポト時代が終わってから多くの夫婦は離婚しました。でも娘夫婦は今でも一緒にいます。

(3) ポル・ポト時代のあと

　ベトナムが入ってきて，みんなは元の家の場所に戻りました。でも家屋はほとんど燃やされてなくなっていました。この村には大きな家が 2 軒残っているだけでした。初めは床にヤシの葉を敷いて寝たりしていました。少しずつ竹などを集めて家を作っていきました。夫のキョウダイや近所の人たちが手伝ってくれて，家の再建をしていきました。

　しばらくして土地が分配されたけど，分配されたのは 1 人たったの 4m（×100m）だけ！娘夫婦と他の子どもたち，みな一緒に暮らしていました。水田が小さくなってしまって，稲作だけでは食べていけないので，野菜やタバコをつくって売ったり，田植えや稲刈りの日雇い労働をしたりしていました。その頃はみんな貧乏で，お金持ちなんて 1 人もいませんでした。

　ベトナムが入ってきてから，1 年ぐらい後に村の中に仮設の学校ができて，下の子たちが学校に行くようになりました。教科書もノートもペンもありませんでした。そして，四女が結婚するまで，7 年間ノム・アーカオ作りをしました。その時は本当に大変でした。

　毎日 4，5 キロの米を買って，夜中の 1 時に起きて，次女と一緒に菓子を作って，朝の 4 時に三女と四女 2 人が交代で自転車に乗ってシェムリアップ（州の中心部）まで売りに行きました。薪を買うお金がなかったので，森で小枝を拾い集めてそれを菓子作りの燃料にしていました。この村の女性たちはみんなお菓子を作っていました。今はたくさんのお菓子があるけれど，昔は手作りのお菓子しかなくて，よく売れました。村の女性たちみんなで，朝，橋のところで待ち合わせをして，村から一緒に自転車に乗ってシェムリアップまで売りに行ったんです。

　ベトナムが入ってきてから，ベトナム人が村の家々に 1 年ぐらい滞在していました。私の家にいたベトナム人は夜中に，「なんでこんな時間に起きてるの？」と聞き，「お菓子を作って売りに行くからまだ寝れないのよ」と答えると，「えぇー，お母さんがお菓子を作ってたら，こっちが眠れないじゃないかぁ」と言っていました。ベトナム人はクメール語も上手でした。田んぼの仕事も手伝ってくれましたよ。「お母さん，お母さん（ម៉ាក់ម៉ាក់）」と呼ぶし，こちらも「息子，息子（កូនកូន）」と呼ぶし，本当の親子のようでした。

　四女が結婚して，大変なノム・アーカオ作りはやめて，未婚の娘 2 人と米麺の軽食（នំបញ្ចុក）を作るようになりました。ずっと菓子・軽食作りと稲作と野菜

作りと稲刈りなどの日雇いとを続けてきました。

(4) 老後の生活

お寺に入るようになって，菓子作りはやめました。仏日にはお寺に行って，お経をよみます。15年ほど前，病気がちになって今の末娘夫婦の家に移ってきました。孫の面倒をみながらこの家にいます。

今は，ここの娘夫婦が養ってくれています。他の子どもたちもお寺に行くお金などをくれたりします。今は子どもたち，特に娘たちが助けてくれるんですよ。お寺に行くことだけが，今の私の仕事です。

3.2　事例②：50歳のメマーイ（右頁写真）

(1) 結婚と夫の死亡[5]

夫は郡の役人でした。私は稲作と家の前で小さな雑貨店をしていました。菓子や加工食品を売っていました。普通ぐらいの生活をしていました。

でも，夫が亡くなってからは大変でした。夫もこの村の人で，近所なので小さいころから知っている人でした。ポル・ポト時代が終わってすぐに結婚し，7, 8年後，末っ子が妊娠5ヶ月の時に夫が亡くなりました。当時はポル・ポトの兵士と政府軍との交戦が続いていて，友人の牛を連れて友人宅に向かって歩いていた夫は，ポル・ポト兵のいる国道を避け，ずいぶん遠回りをして歩いていました。でも，そこで政府軍の強盗に殺されました。長男は1歳ぐらいでした。子どもたちは小さく，私は妊娠中で，悲惨な状況でした。その時，この家には父と未婚の弟2人も一緒にいました。母は結婚前に亡くなっていました。

夫が亡くなって稼ぎ手がいなくなったので，長女はまだ小さかったのですが，学校をやめて家事や仕事を手伝うようになりました。だからあの子は読み書きができません。娘と菓子を作って売るようになりました。娘が粉ひきをしていました。毎日毎日，1日も欠かさず作っていました。初めはプサー・シャス（ផ្សារចាស់：村から3kmほどの郡中心部の市場）で売って，その後，シェムリアップまで売りに行くようになりました。大変な時は人を雇って粉ひきをしました。

もち米の菓子（នំ，នំស្រូក）を作っていました。この村の中で私は最初にこれら

---

5)　世帯番号22。2007年調査時の年齢。本調査は2010年12月12日に自宅にて実施。

菓子作りをしていた頃（2001年筆者撮影）。蒸したもち米を小さく丸めている。おしゃべりをしに来た近所の女性（右）が手伝っていた。

第6章　メマーイの暮らし　213

の菓子を作り始めたんです。よく売れましたよ。市場ではじっと座ってなんか
いなくてずっと手を動かしていました。他の女性たちが「いったい何キロ売る
つもり！！」と怒ってくるほどでした。

(2) 子の移動

　末子（息子）は1歳になる前に義姉が育てることになりました。それまで末
子はお菓子売りに連れていっていました。自転車の前に布を縛ってそこに乗せ
て。本当に惨めでした。ミルクも高価で手に入らなかった時代で，おかゆに砂
糖を混ぜてそれを持っていったりしました。

　末の子どもが熱を出して下痢をした時に，義姉が「子どもを預かる」と言い
ました。

　その後，義姉が「この子が欲しい」と言ってきたのです。私は「どんなに（生
活が）大変でも自分で育てる」と言いましたが，何度もお願いされて義姉が育
てることになりました。義姉には夫も子どももいませんでしたし，私の生活苦
を見かねてのことでした。でも，義姉の家はすぐそこですから，子どももこち
らとあちらを毎日行き来しました。義姉はもちろん自分の子のように愛してい
ますよ。

　子どもに「おばさんを"お母さん（ស្ម）"って呼びなさい」って言ったことがあ
ります。でも子どもは「お母さんが（僕のことを）"息子，息子（កូន កូន）"って呼
ぶのに，どうして僕が"お母さん（ស្ម）"とお母さんのことを呼んだらだめなの？
お母さんは僕のお母さんじゃないの？」と言われて，2人で涙を流したことが
あります。義姉のことは昔からずっと「おばさん（មីង）」と呼んでいます。

　今はその子も大きくなりました。先日，義姉は息子にオートバイを買ってあ
げました。私にはそんなお金はありません。

　父は74歳で亡くなりましたが，亡くなる直前まで稲作を続けていてとても
元気でした。食事もたくさん召し上がる父でしたから。一度にアヒルの半孵化
ゆで卵（ពងទាកូន）を5つも食べていたんですよ！

　父が亡くなってからは，義姉たちと協力しながら自分たちで稲作をしました。
耕起などは人を雇って行いました。その頃には，弟たちは結婚してこの村には
いなかったので，助けてくれる人はいませんでした。

214

(3) 今の暮らし

菓子作りは病気がちになってやめました。今は娘が野菜を作って売ったり，祭事の際の料理人として呼ばれて行ったりしています。他の子は働きながら学校に行っていて，私を助けてくれています。

次男は会社で働いていて，お金も入れてくれます。でも，長男は仕事が続かず，すぐに辞めてしまうし，お金を入れてくれたこともありません。娘は親を助けてくれるけど，例えばたった50ドルの給料でも半分を母にくれますよ。でも，男の子はだめ。たとえ100ドルの給料があっても残りませんよ。

今は子どもたちがみな大きくなって，自分たちで稼げるようになったし，以前ほど心配ごとはなくなりました。生活も昔のように大変ではなくなりました。

3.3　事例③：47歳のメマーイ（217頁写真）

(1) 結婚後の生活[6]

ベトナム時代に結婚しました。ポル・ポト時代が終わってすぐの頃で，物がなくて小さな音響セットがあるだけの質素な結婚式でした。結婚してすぐは両親と一緒に住んで，1年後に両親から独立して今の土地に住み始めました。結婚後も生活はとても貧しかったです。

夫婦で稲作をしていました。砂糖の小売りを1，2年していましたが，子どもの世話をするためにやめました。夫は大工をしていました。後は自分たちで食べる分の野菜を作っていました。生活は「その日暮らし（ម៉ួយស៊ីម៉ួយស៊ីម៉ួយគ្រប់ម៉ួយគ្រប់）」でした。長男は生活を助けるために8年生（中学2年生）で学校をやめて，土木工事の日雇い労働を始めました。

(2) 夫の病気と死亡

夫は病気になってから，5ヶ月ぐらいで亡くなりました。

症状が重くなったのは亡くなる半月前ぐらいだったと思います。子どもと私とで夫を病院に連れて行っていました。夫のボーン・プオーンはあまり助けてくれませんでしたが，私のボーン・プオーンはよく助けてくれました。

夫が病院から戻ってすぐに，夜中の12時，1時頃に夫がまた腹痛を起こして，

---

6)　世帯番号92。2007年調査時の年齢。本聞き取り調査は2010年12月15日に自宅にて実施。

子どもたちが走って知らせに行ったら，私のボーン・プオーンがみんな来てくれました。助けてもらった恩は今も忘れません。

夫が病気になり，次男と長女は，それぞれ11年生（高校2年生），10年生（高校1年生）で学校をやめて，金の加工と機織の仕事にそれぞれつきました。仕事が見つかってすぐに夫が亡くなりました。下の子2人はまだ小さくて，子どもたちもかわいそうで，とても悲しかったです。夫の病気と葬儀のために人に借金もしていたし，夫は亡くなるし，何もないし……。

夫が病気になってから稲作はやめて，ボーン・プオーンに水田を貸すようになりました。収穫した米をもらいましたが，それでは足りず，買い足していました。

夫が亡くなってすぐは本当に大変でした。子どもがかわいそうでした。

(3) 末子の移動

夫が亡くなって2ヶ月ほどして，一番下の娘が私の姉の家に行きました。私の姉がこの子をすごく気に入っていて，姉もメマーイで子がなかったので連れて行きました。姉は真剣に（自分の子として）娘を欲しがりました。4，5年姉の家にいたと思います。姉は両親と一緒にいて，両親も私の娘と一緒にいたかったんです。

上の娘が結婚してしまってから，私と一緒にいる娘がいなくなってしまいました。それで私も下の娘に「家に戻ってきて欲しい」と言い，娘は家に帰ってきました。その娘は今も姉のことを愛しているし，姉も娘のことを今もとても愛しています。

(4) 今の暮らし

今は5人の子どものうち4人が結婚して，それぞれ頑張って生活しています。私のことも助けてくれます。今の生活は特に楽になったわけでもありませんが，普通の暮らしを送れるようになりました。

ここでライフヒストリーとして紹介した3人のメマーイたち，そして先の事例の2人の姉妹のメマーイたちの暮らしは，その時代によって生活状況は異なるものの，決して裕福ではなく，子どもが小さな時には苦労をしながらも，な

216

夫の葬儀の時の写真（2010年メマーイ本人が所有していた写真を筆者がカメラで撮影）。夫が病気で働けなくなり，治療費もかさんだため，葬儀をするお金がなく借金をして行った。近親者が亡くなると，頭を丸める風習がある。この頃が一番大変だったと語っていた。

第6章　メマーイの暮らし | 217

んとかやりくりしてきた様子がうかがえる。彼女たちの暮らしぶりにユートピア的な豊かさがあるわけでは決してない。しかし，彼女たちにはローンや家賃を払う必要のない住む家があり，何とか収入を得られる生業がある。そして，周囲の人々と共に子どもたちを育てることができる。そうして夫のいる他の世帯とさほど変わらない生活をなんとか維持していける。これが裕福ではないながらも，貧困には陥らないメマーイの暮らしである。

終章

生を支える社会の仕組み

本書の目的はカンボジア農村に生きる夫を失くした女性たちに焦点を当て，彼女たちがいかに生計を維持しているのかを，主に資産・所得・ケアの3つの点から明らかにすることであった。そして，所得貧困とリスクに対する脆弱性という2つの側面に対応する，生活の安全を保障する基盤と貧困に陥らない仕組みについて考察してきた。以下では，まず本書における分析結果を，この2つの側面から要約する。次に，その研究史上の意義を親族ネットワークによる互助・支援機能と貧困回避・生計維持戦略について論じ，人々の安全を保障する農村社会の基盤について考察していく。

1. 所得貧困

　まず，メマーイ世帯の所得を世帯構成との関連で要約しよう。メマーイ世帯の所得を一般世帯と比較すると，母子とそれ以外の者によって形成される同居型の世帯群と，母子のみで形成される世帯で子がすでに就労年齢に達している世帯群では，メマーイ世帯の所得が高い。一方，母子のみで形成される世帯で子が就労年齢に達していない世帯群では所得が著しく低いことがわかった。夫を失くしたメマーイは，親やキョウダイと積極的に1つの世帯を形成する傾向が見られ，そのような世帯では一般世帯よりも安定的な所得が得られることが多い。しかし，親世帯にすでにキョウダイの夫婦がいる場合や親やキョウダイがすでに死亡している場合などには，母子世帯として残され，所得貧困に陥る可能性が非常に高くなるのである。

　それでは，メマーイ世帯はどのようにして所得貧困を回避していたのだろうか。

1.1　女性に開かれた経済環境

　村の生業の中には従事者が女性に特化されたものが確認できた。野菜や果樹栽培，漁業における魚の販売，食品加工業，食品の小売，雑貨店経営など，主に食品を扱う生業である。このような性別役割分業を背景に，夫を失くしたメマーイたちの食品に関連する生業への積極的な参入が見られた。いずれも小規模で資本金を多く必要とせず，特別な技術を要しないため，比較的参入が容易

終章　生を支える社会の仕組み｜221

なためである。

　また，メマーイは親とキョウダイと積極的に1つの世帯を形成する傾向にあるため，世帯内に2人以上の家事労働力を有し，夫に縛られないメマーイ世帯の女性たちが，一般世帯の女性よりもむしろ積極的に都市部でのサービス業に従事する傾向も見受けられた。女性の就業機会が確保され，またメマーイの就業を可能とする世帯構成が彼女たちの積極的な経済活動を支えているのである。

　しかし，幼い子を抱え，1人で家事と就労を行う母子世帯のメマーイたちは，農業や村周辺で従事が可能な零細な生業に就業選択が限られており，所得も非常に限定的なものになっているのである。

1.2　労働力の確保

　メマーイは，親やキョウダイと1つの世帯を形成する傾向にあり，また子の成長によって90%近くのメマーイは世帯内に本人以外の労働力を有している。そのため，世帯を単位として見るならばメマーイ世帯の就業選択はそれらの世帯では多岐にわたっている。メマーイ以外の他の世帯構成員の就業によって世帯の所得が確保されているのである。

1.3　資産の所有

　屋敷地の所有状況については，ほとんどすべての世帯が屋敷地を有しておりメマーイ世帯にとって不利な状況は見られない。また，水田では土地なし世帯の割合は一般世帯に比してメマーイ世帯で少ない。しかし，所有する水田面積は一般世帯よりも少ない傾向が見られた。この理由として，遠隔地の水田を持たないこと，乾季田の開墾など水田の拡大にあまり積極的でなかったことなどが挙げられる。稲作所得が村全体の所得に占める割合は6%弱であり，稲作による収益は非常に限られた状態にある。また，村内で最も所得の高い層は，農地を有しながらもすべてを小作に出す世帯群で，次いで農地を持たず稲作を行わない世帯群の所得が高く，農外所得をいかに獲得するかが世帯所得を決定する最大の要素となっている。そのためT村において，メマーイ世帯が稲作を行わず小作に出し，土地の拡大に消極的であったことはメマーイ世帯の1つの

戦略であったとも考えられる。

2. リスクに対する脆弱性

　女性が「夫を失くす」という 1 つの出来事に遭遇した時に，それは必然的に
リスクとして顕在化するのだろうか。顕在化した場合に彼女たちはそれをどの
ように克服しているのか。本書ではリスクの顕在化を防ぎ，リスクに対応する
構造として，資産に対する権利の確保とリスクに対応するボーン・プオーンの
ネットワークの存在という主に 2 つの点を中心に論じた。以下，それぞれにつ
いて簡単にまとめてみたい。

2.1　資産権利の確保

　夫と死別・離別したことにより，女性の資産が失われる状況があるとすれば，
それはリスクに対しての脆弱性が非常に高いことになる。しかし，調査村にお
けるメマーイたちが夫との死別あるいは離別によって屋敷地を失う，あるいは
屋敷地の確保に困難を伴う事例や，すべての農地を失う事例は見受けられな
かった。その 1 つの要因に死別・離別時の資産分割や相続慣行において女性の
権利が確保されていることが挙げられる。

(1) 夫婦間の資産分割

　離別の際の夫婦間での資産分割は，比較的平等に行われていた。結婚後，夫
婦の資産はどちらの親から分与・相続されたものかにかかわらず"夫婦のも
の"と認識される。しかし，夫婦関係の解消に伴いその所有経緯が再認識され，
妻の親から得た資産は妻に，夫の親から得た資産は夫に帰属するものとされる。
そして，結婚後，夫婦共同で得た資産については 2 人で分割される。分与・相
続される資産の中でも屋敷地や水田といった土地は村に残る子（その多くは娘）
に与えられる傾向にあった。そのため，土地の確保という点では離別する男性
よりも女性であるメマーイは比較的有利であると言える。

　また，死別に際しては夫の親から分与・相続された資産はそのままメマーイ

終章　生を支える社会の仕組み｜223

の資産となる。調査村では，資産の分与・相続は結婚後，独立した世帯を構える者にはその時点で行われ，親と同居する者に対しては親の死亡を機に行われていた。そのため，結婚後独立した世帯を構えていたメマーイは夫の親からもすでに分与・相続が行われており，それらの資産もメマーイ自身のものとして確保されることになる。

このような状況から，死別・離別時の資産獲得・資産分割において，メマーイが不利になる状況は見られないと言える。

(2) 資産の分与・相続
分与・相続は性別や生まれた順に関係なく，比較的平等に行われる。しかし，敢えて特徴を挙げるとすれば，土地に関しては，村から婚出する者に対してよりも，村内に残る者へ与えられる傾向にある。そして，親の世帯に最後まで残る子への相続が多い，という点である。妻方居住の優勢から，村内に残るのも，親と同居するのも息子よりも娘である傾向にある。つまり，土地の分与・相続では，女性たちは自分の親から与えられ，男性は結婚した女性の親から与えられることになる。離別の際にその影響が出ることは先ほど述べたとおりである。また，メマーイは親との同居を選択する傾向から，他の子より多くの資産を相続される傾向も示唆された。全体として，資産の分与・相続においてメマーイに不利な状況は見受けられない。このような資産獲得の状況はメマーイの生計維持に対し有利に作用していると言えよう。

2.2　リスクに対応するボーン・プオーンのネットワーク

(1) ケア倫理と義務の共有
幼い子を抱えたメマーイにとって子の養育は大きな負担であり，年老いた親をケアすることも同じく負担となる。しかし，メマーイの子，そしてメマーイが同居してきた親の扶養負担がメマーイ1人に限定されるかと言えばそうではない。

子の養育に関しては，メマーイが働きに出ている間，親やキョウダイ等に預けるということは日常的に行われている。しかしそれだけでなく，数年にわたって親やキョウダイの世帯へ子を移動させるという現象が頻繁に見られた。子が世帯を移動することにより，子の教育の継続やより良い食糧を確保できる状態

が保たれているのである。また，そのような子の移動と同様に，老親が複数の子の世帯を移動する，という現象も観察された。子のケアの倫理は，子の親のみに限定されず，その親やキョウダイといった比較的近いボーン・プオーンの間で共有され，世帯員の一部が世帯を移動することにより，世帯構成が再編成され扶養負担の調整が行われていた。老親のケアについても，最も多くの恩恵を受けたと考えられる同居していた子へ限定されず，キョウダイの間でその義務が共有され，必要に応じて老親自身が世帯を移動することにより負担の調整が行われているのである。

(2) 世帯構成の柔軟性

夫を失くしたメマーイは世帯を再編成し，あるいは優先的に親やキョウダイと1つの世帯の形成を図ることにより，労働力の確保を可能とし，夫という労働力の不在を補っていた。それは所得の獲得だけでなく，世帯の安全や精神的な支えにもつながっているだろう。このような労働力の獲得，世帯の安全の確保は世帯の再編成や柔軟な世帯形成により実現するものであり，メマーイが母子世帯になることを回避し，夫の不在がリスクとして顕在化しない構造であると言える。

(3) 世帯間の支援

母子世帯で子が就労年齢に達していない5つの世帯の生活状況を詳細に見てみると，親やキョウダイが近隣に居住し，協力を求めることが可能な3つの世帯では，所得には反映されないものの食事や生産活動，他の生活面で何らかの援助が行われ，経済的に貧窮した状況は見られなかった。親がすでに高齢である，あるいは親やキョウダイも経済的に貧困である，親・キョウダイがいない，不和である等の理由により支援が受けられない世帯において貧窮の傾向が現われていた。それらの世帯の存在は，メマーイがリスクに対して何の対策も取ることができなければ貧困になる，という証であるとも言える。

終章　生を支える社会の仕組み | 225

3. 親族ネットワークによる互助・支援機能

　以上，見てきた通り，世帯構成の柔軟性を中心とした親やキョウダイを中心としたボーン・プオーンのつながりがメマーイを支える1つの大きな機能を果たしている。ここで，再度メマーイの生計維持戦略という視点から見えてきたボーン・プオーンの互助的支援的機能が農村社会にとってどのような意味を有しているのかについて考察を加えたい。

　カンボジアの農村社会における相互扶助機能は弱く，農民は個人主義的だと言われていると述べた。しかし，筆者の調査ではボーン・プオーンの間で世帯を再編成し，子や老親を世帯から世帯へ移動させることにより「チュオイ＝支援」が行われていた。

　ボーン・プオーン内における相互扶助的関係は，独立した世帯間で金品や食糧，労働力支援などの形のみによって成立するのではなく，世帯形態を変え，あるいは世帯間を人が移動し，その世帯の一員となることによっても取り結ばれているのである。そのため，その実態が外からは見えにくく，農村の互助機能は弱く，農民は個人主義的だという認識を生じさせる1つの原因となっているとも考えられる。可視的な制度やカネやモノの動きだけが相互扶助関係を与えているのではなく，特別な呼び名もなく，ごく普通の暮らしの中で行われる慣習が人々の生活の支えとなっているのである。

　そのような非常に見えにくい「世帯の再編成」や「人の世帯間の移動」は，世帯を単位とし，あらかじめ用意された質問票を用いた調査では焦点が当てられることのない事象であった。たとえ調査の過程で，所属する世帯を特定できない子どもや高齢者の存在に気付いたとしても，世帯を単位とした分析には障害となり，どこか1つの世帯へ固定させ，「移動している」という事実を切り捨てることにより，分析の準備が整うことになる。それが，カンボジア研究に限らず農村の家計や経済を扱った研究の蓄積の中に，世帯の再編成や人の世帯間の移動に焦点を当てた研究が見当たらない1つの所以と考えられる。人々の暮らしは世帯という単位で完結しているわけではなく，世帯を経済単位とする分析だけで，人々の生活を十分に知ることはできないだろう。また，これまで分析の対象から切り捨てられてきた世帯を超えた支え合い，ケアの共有・共同に

こそ人々の生の安全を保障する生活の基盤の持続性を読み取ることができるのである。ここで見られたケアを取り巻く関係性は，再生産の領域として囲い込まれた影の部分ではなく，社会関係の中に組み込まれ，生産活動を含む人々の生を保障する基盤となっていた。

　日々の生計を営む単位となっている世帯は，坪内・前田 [1977] が「家族圏」と呼んだように，ボーン・プオーンのネットワークにより，厳格な規定に縛られることなく柔軟に編成され，時には再編成することが可能であり，また世帯の間を人が移動し，その構成を変化させる。このボーン・プオーンのネットワークは親やキョウダイといった身近な範囲が多く観察されるものの，それぞれの状況によって伸縮する。ボーン・プオーンという曖昧な範囲が，状況に応じて互いの生計に対して責任を負い，人々の生存の基盤となっているとも考えられる。このネットワークの存在は，メマーイだけでなく世帯員の疾病，障がい者，老齢など人々の「生老病死」といった様々なリスクへの対応の可能性を示唆しているだろう。

4. カンボジア農村の柔構造性

　日本社会と比較して，エンブリーはタイ社会を"ルースな社会"と呼んだが，カンボジア農村でメマーイの生活を支えている社会の特性の1つは「柔軟性」であると言えるだろう。夫を失くすというリスクに対して，世帯構成を状況に応じて変えたり，子どもや老親を移動させたり，土地を共有したりしながらリスクを顕在化させないよう対応する。家族の義務や集団への所属の曖昧さは，その振り幅によってリスクを吸収するのである。

　農村の調査では，筆者の質問に対して「どちらでもいい，どれでもいい：ナーコーバーン（ពំពាំងស）」という返事が返ってくることが頻繁にあった。「亡くなった人のお骨はどのお墓に入るの？」「ナーコーバーン」。「子どもが生まれたら，苗字は誰の名前を取るの？」「ナーコーバーン」。調査の初め頃に行った基本的な社会構造を理解するためのこのような質問に対しての返答は，双系的な親族構造が背景にあると理解できる。しかし，その後の調査でも，「子どもは親に言われたらおばさんの家に行くの？」「ナーコーバーン」。「親と同居し

終章　生を支える社会の仕組み｜227

ている子が親の面倒をみるの？」「ナーコーバーン」。「親の田んぼは末の娘が継ぐの？」「ナーコーバーン」。「親が再婚したら子どもは親と一緒に行くの？」「ナーコーバーン」。このような具合に，家族のあり方や親子関係，子の生業の選択など個人の義務や責任，集団への所属に対する質問にもはっきりとしない返答が度々返された。「どちらでもいい」「どれでもいい」「本人が望むならね」といった曖昧な回答は，その選択肢の柔軟性を示しているとも言えるだろう。

　例えば，離婚したメマーイが再婚した場合，その子どもは実父と継父の2人を有することになる。この子が実父とどのような関係を保つかは子自身の意思が比較的尊重され，子の結婚式に実父と継父が隣同士に並んで座っている，ということも珍しくない。実母と継母もしかりである。子にとって大きなリスクとなる親の離婚とそれに伴う親子の関係でも柔軟な振り幅によってリスクは軽減され，子にとって親の離婚は親の喪失とイコールではない。

　建築物の耐震構造の考え方に「剛構造」と「柔構造」の2つの対比がある。剛構造とは，建築構造物をできるだけ強剛設計した方が安全である，という考え方に基づいた構造であるのに対して，柔構造とは構造物が受ける地震の力に対して，しなやかな変形能力を与えてその力を弱め，または吸収しうるような構造をいう。カンボジア社会をこの建造物の構造でたとえるならまさに「柔構造」性の社会と言えるだろう。口羽［1981］は，エンブリーの用いた"ルース"と"タイト"という概念が優劣の価値判断と結びつきやすく誤解されやすい，という理由からより中立的な用語であるこの建築学の用語である柔と剛の概念を使用し，東南アジア社会を「柔構造社会」と呼んでいる［ibid.：139］。しかし，カンボジアのメマーイの事例から明らかになったことは，この柔構造性は"ルース"という言葉のより中立的な言い換えという意味合いだけにとどまらない。「地震への建築物の対応」，つまりここでは「リスクへの社会の対応」という柔構造概念そのものが持つ意味合いを農村社会が有している，ということなのである。集団への帰属や立場，ジェンダーなどによって役割や義務を固定化せず，そこから外れるものを否定することもなく，その柔軟性によって世帯や親族，コミュニティを守ろうとする。その柔軟な振り幅がリスクを分散させ，貧困の顕在化を防いでいるのである。

　東南アジア社会の"ルース"さや"貧困の共有"という議論はずいぶん「古く」なり，その可否を問うことにもあまり意味が付されなくなって久しい。しかし，これらの議論の蓄積の上に，カンボジア農村におけるこの至極具体的な

事例からカンボジア社会の特徴をあえて抽象化するならば，こう言えるだろう。冒頭で，"ルースだが貧困が顕在化しない"という表現を用いた。しかし，"ルース"さこそがリスクへの対応の柔軟性だと理解するならば，カンボジア農村は"ルースだから貧困が顕在化しない"社会なのである。

5. 貧困と生を支える基盤

　日本とカンボジアの「彼女たち」の所得を比較すると，カンボジアの所得ははるかに低い。しかし，日本の夫を失くした女性たちとカンボジアのメマーイを比べると日本は本当に生きやすい社会なのかという疑問が湧いてくる。女性の雇用機会や賃金，資産へのアクセスなどの不平等に加え，保育所の不足等の福祉制度の不整備など，日本では，夫を持たないというリスクを政府や市場，家族が支えているものの，そのリスクが解消されているとは言い難い。

　メマーイの暮らしには，所得に現れないカンボジア社会での女性たちの生きやすさが表れている。それは夫を失くすというリスクに対応する構造の有無によってその一部を説明することができるだろう。夫名義の家を失い，借家を探さなければならず，母親1人が子を育てる日本女性に比して，カンボジアの女性はリスクが顕在化し難い。人間貧困として見るならば，カンボジアの貧困度は日本よりも高いとは言えなくなるのである。

　センはアメリカの貧困層の死亡率がバングラデシュ人よりも高いことを例に挙げ，豊かな国における貧困の要因を相対的な所得の問題だけではなく，潜在能力の違いにあると述べている。潜在能力という視点から2つの地域を比較するとアメリカのスラムに生きる人々はより潜在能力が乏しく貧困なのである（Sen［1992］）。また，経済発展を成し遂げた日本社会に疑問を投げかけ，西川［1994］［2000］は貧困を「社会での様々な分野での不安定性の増大のこと」と定義し，過労死や周辺労働力としての女性の存在や，高齢者の孤独死，小学生の塾通いをその例として挙げている。また中村［1989］［1993］［2004］はアジアの豊かさを「循環性」「多様性」「関係性」から説明する。人々が有する潜在能力の違いとは，循環性，多様性，関係性を育む，人間そのものを再生産する基盤に大きく依存しているとも考えられるだろう。タイのカレン族におけるケアの関

係性を分析する速水洋 [2012] は，その「時空を超えて広がる生のつながりを考慮した実践や価値」は，「生産のかげにあってこれを支える"再生産"ではなく，より広く共生と生の継承を可能にする生のつながりの営み」であると述べる。

　カンボジア農村で見られた日常的な子や高齢者の生活を支えるネットワークの広がりは，そのケアの関係のみに限定されているのではない。1つの世帯が自らの世帯のみで生計を維持することが可能な場合，その経済活動も世帯で完結した形を有し，世帯を超えた互助関係も見受けられ難い。しかし，1つの世帯の運営が困難になった場合には，世帯そのものを再編成し，リスクの顕在化を防ぎ，また世帯の再編成が行われなかった場合には，世帯を超えた経済活動や家事労働における労力のやりとりが出現するなど，そのネットワークがそれぞれの危機を支えあっている。日常的に行われる世帯を超えたケアの実践は，人々が世帯を超えたより広い範囲をそれぞれの生を支え合う関係であると認識していること，またその実態の表れでもあり，同時にその関係性を日々強化しているとも言えるだろう。そのため，人々が何らかの危機に遭遇した場合には，その危機に対応し，リスクの顕在化を防ぐ役割を担うことが可能となるのである。日常的に子や高齢者を支える関係性が，人々の生活全体を支える保障であり，基盤となっているのである。

　カンボジアの女性たちは，日本の女性たちと同じように家事労働やケアにおいて責任を負っている。しかし，カンボジアの「再生産」の領域は，生産活動の領域とその境が曖昧であり，家事や子育てを行う女性が生産活動の影に囲い込まれることはない。家事労働やケアを担う女性たちに悲壮感はなく，夫を失くすことはリスクとして顕在化し難い。それは，カンボジア農村社会の社会関係の中で女性たちが1つの重要な結び目としての存在意義を有しているからであり，人々の"生"そのものを再生産し，安全を保障する基盤が農村社会に存在しているからではないだろうか。経済成長を経た"先進国"では影の部分とされ，その危機が叫ばれる領域が，カンボジア社会ではメマーイたちの，そして農村に生きる人々の完全を保障する核となっているのである。

6. 貧困に陥らない仕組みの限界

　ここで描いてきたカンボジアの農村社会の「仕組み」は，"ルース"さや"貧困の共有"が議論されていた 1950 年代，1960 年代の農村社会の状況とおそらく大きな違いはないだろう。女性たちが働き，土地を所有し，みなで子や高齢者をケアしてきた。それは，東南アジアの農村で人々と暮らしをともにしてきた研究者たちの多くが実感として「当たり前」のこと，と感じている「仕組み」でもある。またそれは，現在のカンボジアの都市部においても，さほど変わらないように筆者は感じている。しかし，当然ながらこの「仕組み」には限界があり，この先変化していく可能性も否定できない。

　農村の調査で見られた，頼れる親やキョウダイのないメマーイたちは，近隣の人々から多少の援助を受けながら，子が成長し働けるようになるまでの期間をなんとか生活していけるギリギリのラインで耐え忍んでいた。また，村での調査は調査時点に村で生活している人々，つまり村で生活できている人々のみを対象に行ったものである。村では生活が成り立たず，都市部や他の地域に出ていった人々の姿は村の調査では全く把握できていない。都市部では，路上で暮らし，物乞いをする母子の姿を目にすることもしばしばである。彼女たちの個々の事情はわからないが，"貧困に陥らない"社会の仕組みからこぼれ落ちた人々であることには違いないだろう。

　カンボジアは順調な経済成長を続け，人々の所得は上昇傾向にある。しかし，地価の変動により土地の所有は過去に経験しなかったような不安定な状況を生じさせ，以前は生活に必要な収入を得ることができた菓子作りも工業製品や輸入品の増加により，思うように売れなくなってきた。そして，近隣のタイやベトナムと同じように少子高齢化の時代がやってくるだろう。

　カンボジアの一農村で観察されたこの「仕組み」は，今後どのように変化していくのか，あるいは変化しないのか，変化に対して彼女たちがどのような対応をしていくのか。今後も人々の暮らしに寄り添いながら「豊かな生き方」を学び，探求し続ける必要があるだろう。

おわりに

　初めてカンボジアを訪れたのは1995年。未だジャングルにはクメール・ルージュのゲリラが潜伏し，政府軍との交戦を続け，国内の治安状況も不安定な時代だった。現在では観光バスで行き来のできる首都プノンペンからシェムリアップを結ぶ国道6号線にも，当時はゲリラや強盗が頻繁に出没していた。そのため，陸路での移動は危険極まりなく，トンレサープ川と湖を行く水路で移動するしか手段がなかった。そんな時代の学生の小さな冒険旅行が，カンボジアとのかかわりの第一歩だった。ジャングルでゲリラ戦が続いていたとはいえ，街の人々の暮らしは穏やかで平和だった。当時のシェムリアップの中心部は自然豊かで，子どもたちは裸足で走り回り，人々はとても穏やかに微笑んでいて，街の中央を流れるシェムリアップ川では投網で魚を獲る人たちがいた。そして，マーケットにはたくさんの果物や野菜，魚が溢れ，日用品などを含め，モノに不自由することもなかった。「ここに住んでみたい」。そう思った。

　そう思い立ってから，大学在学中に日本語教師の勉強を始めた。周囲の同級生たちが就職活動に勤しむ中，カンボジアに再び渡り，日本語教師として働ける場所を探した。そうして，大学卒業後は，シェムリアップにあるNGOで子どもたちに日本語を教えることになった。

　子どもたちは毎日全力で日本語の授業に取り組んでいた。単語や文章を復唱する時は全員が全力の大声で叫び，ゲームをするとお腹を抱えて笑い転げ，毎日教えられる10個程度の新しい単語は次の日までに完璧に覚えてきた。学ぶ喜びを感じていることがひしひしと伝わってきた。本当に楽しい毎日だった。しかし，日本語の授業以外の日常生活では，こちらが教えてもらうことばかりで，私はまるで赤ん坊のようだった。巻きスカートが履けない，火も起こせない，ココナッツが飲みたくても大きな実を上手くカットできない。私自身も新しい学びに満ちた毎日だった。そして，そこで暮らせば暮らすほど，カンボジア社会についてもっと深く知りたい，と思うようになった。

　本書は2010年に京都大学アジア・アフリカ地域研究研究科に提出した博士論文『カンボジア農村における死別・離別女性の研究 ── 親族ネットワークと

233

生計維持戦略』を大幅に書き改めたものである。数え切れないほどたくさんの人々の支えがあって，本書を書き上げることができた。

　カンボジアとのかかわりを続ける中で，いつも大きな支えとなったのがNGO時代の教え子たちの存在だ。彼ら彼女らとの楽しい日々の想い出と，どんどん成長していく姿が励みとなった。また，シェムリアップでは日本語教師の鬼一二三先生に大変お世話になった。鬼先生のお宅にいらしたソピアさんはじめスタッフの皆さん，コイさん，ナームさんをはじめ鬼先生の生徒さんにも大変お世話になった。心から感謝したい。

　日本語教師の仕事を終え，日本に帰国してからは龍谷大学大学院経済学研究科民際学コースに進学した。研究のイロハから教えていただいた龍谷大学大学院の中村尚司先生，河村能夫先生，田中宏先生，大林稔先生，先生方の下で『民際学』として研究を始めることができ，本当に幸運であった。研究の楽しさやその意義，また生き方そのものへの大きな示唆を得ることができた。また，そこで民際学という根を共有しながら，幅広い年齢層のゼミ生の皆さんと共に学び，議論を重ねることができたのは，今思い返しても大変貴重な時間だった。

　博士後期過程に進学した京都大学大学院では，それまでの研究をさらに深め，学術研究の奥深さを学んだ。指導教官の水野広祐先生，そして藤田幸一先生，速水洋子先生，杉原薫先生には，いつも丁寧なご指導をいただいた。先生方のご指導，叱咤激励によって博士論文をまとめることができた。心より感謝申し上げる。また，研究室で楽しみや苦しみを共有しながら研究に励んできたジャファール・スリヨメンゴロさん，吉村千恵さんをはじめとする学友諸氏，小林知さんはじめ先輩諸氏に，お礼を申し上げる。

　カンボジアでの研究留学は，プノンペンで語学の習得から始まった。プノンペンの寄留先であるヴィリンさん，ボーン・ター，ニアン，ニック，ソチェッター，ペアラック，そのご家族の皆さんには，私を本当の家族のように受け入れていただいた。困ったときにはいつも助けてくれ，プノンペンを離れて農村で調査を始めてからも，いつも心の支えになってくれていた。今もかけがえのない存在である。改めて心より感謝したい。

　農村の調査では，誰の支えもなければ何1つできなかっただろう。寄留先のサエン一家には本当にお世話になった。この家族に出会えたことは，私の人生の糧になった。約1年間の滞在の中，私はご夫婦が喧嘩をしているところも，親子やキョウダイが喧嘩しているところも，子どもが親に口答えをしていると

ころも一度も目にしなかった。『毎日笑い声で溢れる幸せな家族』。これは比喩でもなんでもなく，本当にこの家族のありのままの姿を言い表している。そんな幸せな家族を維持するために，たくさんの努力と思いやりがあることを日々学ばせてもらった。そんな家族の一員にしていただいたことを，本当に幸せに感じている。心より感謝したい。

そして，ター・クマウ一家や日本語教師時代の教え子とその家族の皆さん，アシスタントのボーン・トート，村長さんをはじめ，村の皆さんには本当にお世話になった。外国人の突然の訪問も快く受け入れてくださり，村での生活は本当に楽しく充実していた。心よりお礼申し上げる。

長期のフィールドワークを終える直前に母が亡くなり，その後，1年余りは本当に精神的に辛い日々を過ごした。20年の間に溜まった膿を吐き出すための期間だったように思う。内面的には辛い想いを抱えながらも，毎日を笑いながら過ごし，博士論文を書き上げることができたのは，いつもそばに音楽があったからだった。人の心をダイレクトに支える音楽のすばらしさを，たくさんの笑いとともに教えてくれた琉球民謡師範，伊礼正哲さんには感謝しても感謝しきれない想いがある。間接的ながらも本書の完成のための大きな支えとなった。改めてお礼申し上げたい。

また，原稿の改訂にあたっては大変長い時間がかかったが，京都大学東南アジア地域研究研究所の地域研究叢書としてふさわしい書籍になるように査読をしてくださった3名の匿名の先生方に深く感謝している。ご多忙の中，査読の先生方には問題の本質から細かな点に至るまで，非常に丁寧かつ貴重なご指摘，コメントをいただいた。また，同研究所出版委員長の速水洋子先生にも，的確で貴重なご指摘，ご指導を多くいただいた。そして，指導教官の水野広祐先生には，博士課程を終えた後も，常に励ましと指導をいただいた。なかなか筆が進まず，完成が見えず，心が折れそうになっていた時期にも，「絶対，この研究は面白いんだから」と声を掛け続け，私と私の研究を信じてくださった。そのお陰で原稿の完成をみることができた。心より深い感謝を申し上げる。

原稿の出版にあたっては，京都大学学術出版会の鈴木哲也編集長，桃夭舎の高瀬桃子さんに，非常に丁寧で的確な編集，校正をしていただいた。不慣れな作業で，ご迷惑ばかりをお掛けしたが，お二人のお陰で出版に至ることができた。心よりお礼申し上げる。また，校正作業では，友人の小柴眞さんが何度も原稿を読んで，非常に細やかな指摘をしてくださった。改めてお礼申し上げる。

おわりに 235

本書が依拠するカンボジアでの調査活動は，2003 年度の国際交流基金「次世代リーダーフェローシップ」，2005 年度の松下国際財団「松下アジアスカラシップ」からの助成，日本学術振興会の特別研究員 DC2（2007 ～ 2008 年度）として支援を受けて行ったものである。また，平成 23 年度に採択された文部科学省科学研究補助金（若手研究 (B)）によって，補足調査を実施することができた。そして，本書の出版は，平成 28 年度の文部科学省科学研究補助金（研究成果公開促進費：課題番号 16HP5273）を得て可能となった。この場を借りて諸機関に厚く御礼申し上げる。

　そして最後に，破天荒で無計画で無謀な私の「やりたい」を，学生時代からいつも応援し，支えてくれた父，兄。そして，私のそばでいつも応援し続けてくれている母と，遠くからいつも想ってくれていた母，2 人の母に心から感謝している。「ありがとう」の一言では言い表しきれない目いっぱいの感謝を送りたい。

2016 年 12 月　　　佐藤奈穂

参考文献

日本語文献

青木デボラ 2009.『日本の寡婦・やもめ・後家・未亡人 —— ジェンダーの文化人類学』東京：明石書店.

阿部彩 2008.『子どもの貧困 —— 日本の不公平を考える』東京：岩波書店.

天川直子 1996.「復興のための女性か？　女性のための復興か？」『第三世界の働く女性』アジア経済研究所（編）, 88-94 ページ所収. 東京：明石書店.

———1997.「1980 年代のカンボジアにおける家族農業の創設 —— クロムサマキの役割」『アジア経済』38（11）：25-49.

———2001.「農地所有の制度と構造 —— ポル・ポト政権崩壊後の再構築過程」『カンボジアの復興・開発』天川直子（編）, 151-211 ページ所収. 日本貿易振興会アジア経済研究所.

上野千鶴子 1986.『女という快楽』東京：勁草書房.

内海成治 1996.「社会と教育」『もっと知りたいカンボジア』綾部恒夫・石井米雄（編）, 170-210 ページ所収. 東京：弘文堂.

大泉啓一郎 2007.『老いてゆくアジア』東京：中央公論新社.

岡田浩樹 2007.「「イエ」の外に曝される寡婦 —— 儒教的寡婦像とグローバル化のはざまで」『やもめぐらし —— 寡婦の文化人類学』椎野若菜（編）, 272-289 ページ所収. 東京：明石書店.

加納啓良 1979.「ジャワ農村経済史研究の視座変換 ——「インボリューション」テーゼの批判的検討」『アジア経済』20（2）：2-26.

川合尚 1996.「風土と地理」『もっと知りたいカンボジア』綾部恒雄・石井米雄（編）48-84 ページ所収. 東京：弘文堂.

ギアツ, H 1980.『ジャワの家族』戸谷修, 大鐘武（共訳）, 東京：みすず書房.（原書 Hildred Geertz 1961. The *Javanese family: a study of kinship and socialization*. New York: Free Press of Glencoe.）

木曽恵子 2013.「移動する母親たちと育児支援 —— 東北タイ農村における子どもの養育代行にみるケアの実践」『比較家族史研究』第 27 号, 比較家族史学会.

日下部京子 1999.「女性の経済活動と女性観 —— カンボジア女性小売商の事例研究」『国立婦人教育会館研究紀要』第 3 号：43-52, 国立婦人教育会館.

口羽益生 1981.「東南アジア社会の発展と問題点」『熱帯農業』25（3）, 日本熱帯農業学会.

口羽益生・武邑尚彦 1985.「東北タイ・ドンデーン村：親族関係と近親による生産・消費の共同について」『東南アジア研究』(23) 3：311-334.

口羽益生・坪内良博 1966.「マラヤ北西部の稲作農村 —— 婚姻・離婚・家族の特質について」『東南アジア研究』(4) 1：2-43.

久場嬉子 2002.「ジェンダーと「経済学批判」—— フェミニスト経済学の展開と革新」『経済学と

ジェンダー』久場嬉子（編），17-49 ページ所収．東京：明石書店.

久留島典子 1989.「後家とやもめ」『ことばの文化史　三』網野善彦他（編），165-195 ページ所収．東京：平凡社.

黒崎卓 2001.『開発のミクロ経済学』一橋大学経済研究所叢書 50，東京：岩波書店.

厚生省大臣官房統計情報部 2002.『国民生活基礎調査』東京：財団法人　厚生統計協会.

国際連合 1992.『世界の女性 —— その実態と統計』日本統計協会（訳），東京：日本統計協会.

国際連合経済社会局 1990.『世界人口予測データ 1950 → 2025 Ⅰ，Ⅱ』河野稠果監（訳），東京：原書房.

小林知 2007.『ポル・ポト時代以後のカンボジアにおける地域社会の復興 —— トンレサープ湖東岸地域の事例』京都大学大学院アジア・アフリカ地域研究研究科提出　博士学位論文.

————2011.『カンボジア村落世界の再生』京都：京都大学学術出版会.

坂梨由紀子 2004.「カンボジアの社会経済構造変動期におけるキャリア志向と教育 —— プノンペン市の社会経済的民族的環境が志向におよぼす影響」『カンボジア新時代』天川直子（編），103-176 ページ所収．千葉：日本貿易振興会アジア経済研究所.

坂本恭章 1988.『カンボジア語辞典』東京：大学書林.

佐藤奈穂 2004.「農村における女性世帯に対する親族と共同体の役割 —— カンボジア　シェムリアップ州タートック村を事例として」『龍谷大学経済学論集　民際学特集』43（5）：53-72.

————2005.「女性世帯主世帯の世帯構成と就業選択 —— カンボジア・シェムリアップ州タートック村を事例として」『アジア経済』46（5）：19-43.

————2007.『カンボジアにおける土地登記の進展と女性の権利』アフラシア研究 No.4．龍谷大学アフラシア平和開発研究センター.

椎野若菜 2007.『やもめぐらし —— 寡婦の文化人類学』東京：明石書店

————2008.『結婚と死をめぐる女の民族誌 —— ケニア・ルオ社会の寡婦が男を選ぶとき』京都：世界思想社.

重富真一 1996.『タイ農村の開発と住民組織』千葉：アジア経済研究所.

周達観 1989.『真臘風土記：アンコール期のカンボジア』和田久徳（訳注），東京：平凡社.

杉原薫 2012.「本講座の刊行によせて」『人間圏の再構築 —— 熱帯社会の潜在力』速水洋子，西真如，木村周平（編），ⅰ-ⅲ ページ所収．京都：京都学術出版会.

杉本貴代栄 2003.『アメリカ社会福祉の女性史』東京：勁草社.

スコット，C. ジェームズ 1999.『モーラル・エコノミー —— 東南アジアの農民叛乱と生存維持』高橋彰（訳）東京：勁草書房．(Scott, C. James 1976. *The Moral Economy of the Peasant: Rebellion and Subsistence in Southeast Asia*. London: Yale University Press.)

関本照夫 1978.「農業をめぐる人のカテゴリーと相互関係 —— 中部ジャワの一事例」『国立民族学博物館　研究報告』3（3）：345-415.

————1980.「二者関係と経済取引 —— 中部ジャワ村落経済生活の研究」『国立民族学博物館研究報告』5（2）：376-408.

瀬地山角 1996.『東アジアの家父長制 —— ジェンダーの比較社会学』東京：勁草書房.

セン，A 1989.「合理的な愚か者 ── 経済理論における行動理論的な基礎への批判」『合理的な愚か者 ── 経済学＝倫理学的探究』大庭健，川本隆史（訳），120-167 ページ所収．東京：勁草書房．(Sen, Amartya 1977. Rational Fools: A Criique of the Behavioural Foundations of Economic Theory, In *Philosophy & Public Affairs* 6 (4)：317-344.)

曽根ひろみ 1996.「やもめ」『事典 家族』比較家族史学会（編），812 ページ所収．東京：弘文堂．

高橋彰 1988.「見える経済と見えない経済 ── フィリピン稲作農村の調査から」『稲からみたアジア社会』祖父江孝男（編著），113-126 ページ所収．東京：日本放送出版協会．

高橋美和 2001.「カンボジア稲作農村における家族・親族の構造と再建 ── タケオ州の事例」『カンボジアの復興・開発』天川直子（編），213-274 ページ所収．千葉：日本貿易振興会アジア経済研究所．

田坂敏雄 1991.『タイ農民層分解の研究』東京：御茶ノ水書房．

田中雅一 1998.「女神と共同体の祝福に抗して ── 現代インドのサティー（寡婦殉死）論争」『暴力の文化人類学』田中雅一（編），409-437 ページ所収．京都：京都大学学術出版会．

谷川茂 1998.「カンボジア北西部の集落（1）── 北スラ・スラン集落における稲作農家の共同関係」『上智アジア学』16：123-150．

チャヤノフ，A.V 1927.『小農経済の原理』磯部秀俊，杉野忠夫（共訳），東京：刀江書院．

坪内良博 1969.「双系的親族構造をもつマレー系諸民族の離婚について」『東南アジア研究』6 (4)：711-739．京都大学．

─────1972.「東海岸マレー農民における結婚と離婚」『東南アジア研究』10 (3)：390-408．

坪内良博・前田成文 1977.『核家族再考』東京：弘文堂．

鶴田格 2007.「モラル・エコノミー論からみたアフリカ農民経済 ── アフリカと東南アジアをめぐる農民論比較のこころみ」『アフリカ研究』70：51-62．

デルヴェール，J 2002.『カンボジアの農民 ── 自然・社会・文化』石澤良昭監修・及川浩吉（訳），東京：風響社．(Delvert, Jean 1958. *Le Paysan Cambodgien*. Paris：Mouton.)

富山泰 1992.『カンボジア戦記』東京：中央公論社．

友杉孝 1975.「チャオプラヤー・デルタの稲作と社会」『タイ国 ── ひとつの稲作社会』石井米雄（編），83-111 ページ所収．東京：創文社．

内閣府 2010.『男女共同参画白書 平成 22 年版』東京：国立印刷局．

長坂格 2001.「故郷で養育される移住者の子ども達 ── フィリピンからイタリアへの移住における家族ネットワーク」『民族学研究』66 (1)：26-48．

中根千枝 1987.『社会人類学 ── アジア諸社会の考察』東京：東京大学出版会．

中村尚司 1989.『豊かなアジア，貧しい日本』東京：学陽書房．

─────1993.『地域自立の経済学』東京：日本評論社．

─────1997.『国際から民際へ ── 草の根から世界を見る』大阪：一心社．

─────2004.「人間開発指数とセンの経済思想 ── 指ではなく月を観る指標」『アマルティ・センの世界 ── 経済学と開発研究の架橋』絵所秀紀，山崎幸治（編著），193-208 ページ所収．京都：晃洋書房．

西川潤 1994.『貧困』東京：岩波書店.

———2000.『人間のための経済学　開発と貧困を考える』東京：岩波書店.

野村育世 1996.「未亡人」『事典　家族』比較家族史学会（編），783 ページ所収．東京：弘文堂.

羽谷沙織 2009.「カンボジアの教育制度」『現代カンボジア教育の諸相』西野節男（編），1-25 ページ所収．東洋大学アジア文化研究所・アジア地域研究センター.

速水佑次郎 1995.『開発経済学 —— 諸国民の貧富と富』東京：創文社.

速水洋子 2012.「生のつながりへ開かれる親密圏 —— 東南アジアにおけるケアの社会的基礎の動態」『人間圏の再構築 —— 熱帯社会の潜在力』速水洋子，西真如，木村周平（編），121-150 ページ所収．京都：京都大学学術出版会.

原洋之介 1999.『エリア・エコノミックス —— アジア経済のトポロジー』東京：NTT 出版.

広井良典 1997.『ケアを問いなおす ——「深層の時間」と高齢化社会』ちくま新書，東京：筑摩書房.

廣畑伸雄 2004.『カンボジア経済入門 —— 市場経済化と貧困削減』東京：日本評論社.

福井捷朗・星川圭介 2009.『タムノップ —— タイ・カンボジアの消えつつある堰灌漑』東京：めこん.

水野浩一 1968.「階層構造の分析：タイ国東北部の稲作農村」『東南アジア研究』6（2）：244-260，京都大学.

———1969.「東北タイの村落組織」『東南アジア研究』6（4）：694-710，京都大学.

———1975.「稲作農村の社会組織」『タイ国 —— ひとつの稲作社会』石井米雄（編），46-82 ページ所収．東京：創文社.

———1981.『タイ農村の社会組織』東京：創文社.

メイヤスー，C 1977.『家族制共同体の理論 —— 経済人類学の課題』川田順造・原口武彦（訳），東京：筑摩書房．(Maillassoux, Claude 1975. *Femmes, Greniers et Capitaux*. Paris: F. Maspero.)

メイヤロフ，ミルトン 1987.『ケアの本質 —— 生きることの意味』東京：ゆみる出版.

矢追まり子 2001.「カンボジア農村の復興過程に関する文化生態学的研究タケオ州ソムラオン郡オンチョング・エー村の事例」『カンボジア社会再建と伝統文化 II　諸民族の共存と再生』トヨタ財団研究助成 B 研究成果報告，4-209 ページ所収.

矢倉研二郎 2008.『カンボジア農村の貧困と格差拡大』京都：昭和堂.

八田貞夫 1968.「カンボジアの稲作」『東南アジアの稲作 —— 世帯米に関するシンポジュウムのための研究会記録』日本作物学会紀事（特別号），35-48 ページ所収．日本作物学会.

リード，アンソニー 1997.『大航海時代の東南アジア —— 1450-1680 年 I 貿易風の下で』平野秀秋・田中優子（訳），東京：法政大学出版局．(Reid, Anthony 1988. *Southeast Asia in The Age of Commerce 1450-1680 Volume One: The Lands below the Winds*. London: Yale University Press.)

欧語・クメール語文献

ADHOC 2002. គូនាទីសុ្តគ្នើខ្ញុមវែនិងសិទ្ធិមនុស្ថស [Roles of Cambodian Women and Human Rights] Phnom Penh: ADHOC.

Adelman, Irma and Morris, Cynthia 1973. *Economic growth and social equity in developing countries.* California: Stanford University Press.

Agarwal, Bina 2002. *Are We Not Peasants Too? Land Rights and Women' s Claims in India.* New York: The Population Council.

Becker, Gary 1985. Human Capital, Effort and the Sexual Division of Labor. In *Journal of Labor Economics* 3(1): S 33–S 58.

Besley Timothy and Kanbur Ravi 1988. Food Subsidies and Poverty Alleviation, In *The Economic Journal* 98: 701–719. London: Royal Economic Society.

Brady, Ivan 1976. Problem of Description and Explanation in the Study of Adoption. In *Transactions in Kinship: Adoption and Fosterage in Oceania,* edited by Ivan Brady, pp. 3–27. Honolulu: The University of Hawaii.

Bridget O'laughlin 1998. Missing Men? The Debate over Rural Poverty and Women-headed Households in Southern Africa. In *The Journal of Peasant Studies*, 25(2): 1–47. London: Frank Cass.

Cambodia, Ministry of Education, Youth and Sports 2008. *Education Statistics & Indicators 2007/2008.* Phnom Penh: Kingdom of Cambodia.

Cambodia, Ministry of Planning 1999. *A Poverty Profile of Cambodia 1999.* Phnom Penh: Kingdom of Cambodia.

————— 2000. *General Population Census of Cambodia 1998, Analysis of Census Results Report 8, Women in Cambodia.* Phnom Penh: Kingdom of Cambodia.

————— 2006. *A Poverty Profile of Cambodia 2004.* Phnom Penh: Kingdom of Cambodia.

Cambodia, Ministry of Tourism 2007. *Tourism Statistics Annual Report 2006.* Phnom Penh: Statistics & Tourism Information Department, Ministry of Tourism. Phnom Penh: Kingdom of Cambodia.

————— 2012. *Tourism Statistics Report in 2011.* Phnom Penh: Statistics & Tourism Information Department, Ministry of Tourism. Phnom Penh: Kingdom of Cambodia.

————— 2014. *Tourism Statistics Report 2013.* Phnom Penh: Statistics & Tourism Information Department, Ministry of Tourism. Phnom Penh: Kingdom of Cambodia.

Cambodia, National Institute of Statistics 2006. *Kingdom of Cambodia Statistical Yearbook 2006.* Phnom Penh: Kingdom of Cambodia.

Catherine Weinberger-Thomas, translated by Jeffrey Mehlman and David Gordon White 2000. *Ashes of Immortality: Widow-burning in India*: Oxford University Press.

Central Intelligence Agency, World Fact Book. URL: https: //www.cia.gov/library/publications/the-world-factbook/index.html（2009 年 10 月 13 日閲覧）.

Chambers, Robert 1997. *Whose reality counts?: putting the first last*. London: Intermediate Technology.

Chant, Sylvia. 2004. Female Headship and the 'Feminization' of poverty. In *Focus*, International Poverty Center: 3–5. UNDP.

Cohen, A. 1969. *Custom and Politics in Urban Africa: A Study of Hausa Migrants in Yoruba Town*. London: Routledge & Kegan Paul.

Collier, L. William 1973. Recdent Changes in Rice Harvesting Methods. *In Bulletin of Indonesian Economic Studies* 9(2): 36–45.

———— 1981. Agricultural Evolution in Java. In *Agricultural and Rural Development in Indonesia*. edited by Gary E. Hansen: 147–173. Colorado: Westview Press.

Djamour Judith 1959. *Malay Kinship and Marriage in Singapore*. London: Athlone Press.

Dube, Leela 1997. *Women and Kinship: Comparative Perspectives on Gender in South and South-East Asia*. Tokyo: UN University Press.

Ebihara, May 1971. *Svay: A Khmer Village in Cambodia*. Ph. D. thesis presented to Department of Anthropology, Columbia University.

———— 1974. Khmer Village Women in Cambodia: A Happy Balance. In *Many Sisters: Women in the Cross-cultural Perspective.*, edited by Carolyn J. Matthiasson: 305–347. New York: The Free Press.

Embree, John 1950 Thailand: A Loosely Structured Social System. In *American Anthropologist,* 52: 181–193.

Economic Institute of Cambodia 2007. *Cambodia Economic Watch –April 2007*. Phnom Penh: Economic Institute of Cambodia.

Evans-Pritchard, E. E. 1951. *Kinship and Marriage among the Nuer.* New York: Oxford Clarendon Press.

Fafchamps, Marcel and Lund, Susan 2003. Risk-sharing networks in rural Philippines. In *Journal of development economics* 71(2): 261–287.

Fonseca, C. 1986. Orphanages, Foundlings, and Foster Mothers: the System of Child Circulation in a Brazilian Squatter Settlement. In *Anthropological Quarterly* 59(1): 15–27.

Frings, Viviane 1993. *The Failure of Agricultural Collectivization in the People's Republic of Kampuchea (1979–1989)*. Working Paper80. Clayton, Australia: Monash University.

———— 1994. Cambodia After Decollectivization (1989–1992). In *Journal of Contemporary Asia* 24(1): 50–66.

Geertz, Clifford 1959. The Javanise Village: Local Ethnic and National Loyalitiws in Village Indonesea. In *Yale University Cultural Report Series, Southeast Asia Studies,* pp. 34–41.

———— 1963. *Agricultural Involution: The Processes of Ecological Change in Indonesia*. California: University of California Press.

Goody, Jack 1969. Adoption in Cross-Cultural Perspective. In *Comparative Studies in Society and*

History 11(1): 55–78.

Hanks, L. M and Hanks, J. R. 1963. Thailand: Equality Between the Sexes. In *Women in the New Asia: The Changing Social Roles of Men and Women in South and South-East Asia*, edited by Barbara E. Ward, pp. 424–451. Paris: UNESCO.

Hayami, Yujiro and Kikuchi, Masao 2000. *A Rice Village Saga: Three Decade of Green Revolution in the Philippines*. London and Boston: MacMillan Press and Barnes & Nobel.

Holzmann, Robert and Jørgensen, Steen 2001. Social Risk Management: A New Conceptual Framework for Social Protection, and Beyond. In *International Tax and Public Finance* 8(4): 529–556.

International Monetary Fund 2015. World Economic Outlook Database, April 2015, http://www.imf. org/external/pubs/ft/weo/2015/01/weodata/index.aspx（2015 年 6 月 8 日閲覧）.

Kemp, Jeremy H. 1987. *Seductive Mirage: The Search for the Village Community in Southeast Asia*. Amsterdam: Centre for Asian Studies Amsterdam.

Kim, Sedara 2001. *Reciprocity: Informal Patterns of Social Interactions in a Cambodian Village near Angkor Park*. Master's Thesis presented to Department of Anthropology, Northern Illinois University.

Kluas Deininger 2003. Land Policies for Growth and Poverty Reduction. A World Bank Policy Research Report. Washington, D. C.: The World Bank.

Koentjaraningrat, R. M. 1960. The Javanise of South Central Java. In *Social Structure in Southeast Asia*. edited by George P. Murdock, pp. 88–174. Chicago: Quadrangle Books.

Kusakabe, Kyoko. 1999. Women's participation in the market and their bargaining position: A case study of women retail traders in Cambodia, In *Gender, Technology and Development*. 3(3): 411–427, Thailand: Asian Institute of Technology.

Ledgerwood, Judy L 1990. *Changing Khmer Conceptions of Gender: Women, Stories, and the Social Order*. Ph. D. thesis presented to the Faculty of the Graduate School of Cornell University.

————— 1992. *Analysis of the Situation of Women in Cambodia*. Phnom Penh: UNICEF.

————— 1996. *Women in Development: Cambodia*. Asian Development Bank.

————— 1998. Rural Development in Cambodia: The View from the Village. In *Cambodia and the International Community: The Quest for Peace, Development, and Democracy*, edited by Frederick Z. Brown and David Timberman, pp. 127–147. Singapore: Institute of Southeast Asian Studies.

Lohrm, Dirk 2011. The Cambodian Land Market: Development, Aberrations, and Perspectives. In *ASIEN* 120: 28–47.

Mair, Lucy 1969. *African marriage and social change*, London: Cass.

Marianti, Ruly 2002. *Surviving Spouses: Support for Widows in Malang East Java*. Amsterdam: Universiteit van Amsterdam.

McAndrew, John P. 1998. *Interdependence in Household: Livelihood Strategies in Two Cambodian*

Villages. Phnom Penh: Cambodia Development Resource Institute.

Muthwa, S. W. 1995. *Economic Survival Strategies of Female-Headed Households: The Case of Soweto, South America*. Ph. D. thesis presented to Department of Geography School of Oriental and Africa Studies, University of London.

Nelson, J. 1996. *Feminism, Objectivity and Economics*, London, New York: Routledge.

Nilufer Cagatay 1998. *Gender and Poverty, Social Development and Poverty Elimination Division*, Working Paper Series, UNDP.

Norbert M. Fiess, Dorte Verner 2004. *The Dynamics of Poverty and its Determinants: The Case of the Northeast of Brazil and its States*. Policy Research Working Paper 3259, The World Bank.

Ovesen, Jan et al 1996. *When Every Household in an Island: Social Organization and Power Structures in Rural Cambodia*. Stockholm: Department of cultural Anthropology, Uppsala University and Sida.

Owen, Margaret 1996. *A World of Widows*. London: Zed Books.

Payne-Price, A. 1981–82. Etic Variations on Fosterage and Adoption. In *Anthropological Quarterly* 54–55: 134–145.

Peterson, J. and M. Lewis eds. 1999. *The Elgar Companion to Feminist Economics*. Cheltenham: Edward Elgar.

Popkin, L. Samuel 1979. *The Rational Peasant: The Political Economy of Rural Society in Vitnam*. Berkely: University of California Press.

Potter, S. 1977. *Family Life in a Northern Thai Village: A Study in the Structural Significance of Women*. Berkeley: University of California Press.

Prescot. N and Pradham, M 1997. *A Poverty Profile of Cambodia*. World Bank Discussion Paper No.373. Washington, D. C.: The World Bank.

Radcliffe-Brown, A. R. and Forde, Daryll 1950. *African Systems of Kinship and Marriage*. London: The Oxford University Press.

Rahman, Motiur, Matsui, Noriatsu and Ikemoto, Yukio. 2009. *The Chronically Poor in Rural Bangladesh: Livelihood Constraints and Capabilities*. London: New York: Routledge.

Rajalakshmi, Rama Rao and Binie, Zaan 1997. *An Analysis of Female-Headed Households in Cambodia*, National Institute of Statistics, Ministry of Planning. Phnom Penh: Kingdom of Cambodia.

Rowntree, B. S. 1902. *Poverty: A Study of Town Life*. London: Macmillan.

Royaume du Camcodge Ministere du plan 1962. *Resultats finals du Recensement de la population 1962*.

Rynkiewich, Michael A. 1976. Adoption and Land Tenure among Arno Marshallese. In *Transactions in Kinship: Adoption and Fosterage in Oceania,* edited by Ivan Brady, pp. 93–119. Honolulu: The University of Hawaii.

Sarthi, Acharya, Sedara Kim, Sotharith Chap and Yady Meach 2003. *Off-farm and Non- farm*

Employment: A Perspective on Job Creation in Cambodia. Phnom Penh: Cambodia Development Resource Institute.

Scott, C. James 1976. *The Moral Economy of the Pesant: Rebellion and Subsistence in Southeast Asia.* London: Yale University Press.

Sen, Amartya 1992. *Inequality Reexamined.* New York: Russell Sage Foundation.

———— 1999. *Commodities and Capabilities.* New Delhi: Oxford University Press.

Sharp, Lauriston 1953. *Siamese Rice Village: A Preliminary Study of Bang Chan, 1948-1949.* Bangkok: Cornell Research Center.

Shinha, Saurabh and Lipton Michael 1999. *Damaging Fluctuations, Risk and Poverty: A Review.* Background paper for World Development Report 2000/2001. Washington D. C.: The World Bank.

The World Bank 1995. *LAO PDR Social Development Assessment and Strategy.* Washington, D. C.: The World Bank.

———— 1999. V*ietnam Development Report 2000: Atacking Poerty.* Washington, D. C.: The World Bank.

———— 2001. *Thailand Social Monitor: Poverty and Public Policy.* Washington, D. C.: The World Bank.

———— 2003a. *Timor-Leste Poverty Assessment Poverty in a New Nation: Analysis for Action.* Washington, D. C.: The World Bank.

———— 2003b. *Urban Poverty in East Asia: a review of Indonesia, the Philippines, and Vietnam.* Working Paper No.11. Washington, D. C.: The World Bank.

Townsend, Robert M 1994. Risk and Insurance in Village India. In *Econometrica* 62(3): 539–591.

Ullenberg, Alfons 2009. *Foreign Direct Investment(FDI) in Land in Cambodia.* Eschborn: Federal Ministry for Economic Cooperation and Development.

UNDP (United Nation Development Programme) 1990. *Human Development Report 1990.* New York: Oxford University Press.

———— 1997. *Human Development Report 1997.* New York: Oxford University Press.

UNFPA(United Nations Population Fund) 2001. *State of World Population 2001.* New York: UNFPA.

———— 2005. *State of World Population 2005.* New York: UNFPA.

———— 2009. *State of World Population 2009.* New York: UNFPA.

Uphoff, Norman 1996. *Learning from Gal Oya: possibilities for participatory development and post-Newtonian social science.* London: IT Publications.

U. S. Health Resources and Services Administration 2005. *Women's Health 2004.* Washington, D. C.: U. S. Department of Health and Human Services.

Ward, B. E. 1963. Men, Women and Change: An Essay in Understanding Social Roles in South and South-East Asia. In *Women in the New Asia: The Changing Social Roles of Men and Women in South and Sout-East Asia,* edited by Barbara E. Ward, pp. 424–451. Paris: UNESCO.

Young, James P 1980. *Migration and Education in the Philippines: An Anthropological Study of an Ilocano Community.* Ph. D. thesis presented to the School of Education and the Committee on Graduate Studies of Stanford University.

索　引

GDP　3
UNTAC　10, 45

アヒル　124
一夫一婦制　59
稲作　50, 55, 72, 74, 85, 121, 126, 143, 180,
　　192, 212
稲　121
――刈り　13, 16, 55, 74, 97, 117, 121, 128,
　　136, 204, 211
インボリューション　13
雨季作　121
雨季田　70, 78, 80
牛　36, 85, 91, 98, 124, 126
牛小作　86
運輸業　140-141
オウギヤシ　129, 139
晩稲　121

核家族　109
拡大家族　114, 188
菓子　51, 128, 132, 142, 144, 157, 211-212
家事労働　56-58, 109, 119, 189, 191, 194,
　　197, 230
――力　120, 157, 222
家族圏　33, 227
学校制度　46, 48
カヌー　132, 135, 141, 180
寡婦　3, 24, 35
家父長制　24-25
乾季作　121
乾季田　70, 73, 78, 81, 83, 222
観光サービス業　134, 140, 145, 152
共食　16, 131
漁業　134, 142, 192
近代経済学　6, 32, 159
金融危機　72
功徳　206

クメール・ルージュ　44-46, 67
ケア　6, 19, 30-33, 163, 189, 194-195, 224,
　　226
経済危機　35, 43
経済合理性　14, 206
経済成長　18-21, 35-36, 43, 230, 235
軽食　130
結婚式　130, 208, 215, 228
建設労働　133, 141
合計特殊出生率　36
剛構造　228
公務員　133, 141
小売　157
――業　130, 142, 146
後家　3, 24
互助関係　181, 183, 203, 206, 208, 230
互助機能　17, 35, 226
コミュニティ　35

再生産　6, 19, 32, 159, 227, 230
――労働　9
再分配　14, 16, 18, 181, 196
雑貨店　132, 135, 142, 157, 212
サティー　24
里子　164, 167
自営業　128, 134, 146
シェムリアップ　3, 44, 50, 69, 128, 133,
　　144, 207
ジェンダー　23-24, 32, 228
仕送り　152, 181, 185, 207
資産　19, 30-31, 67
私的所有権　67
社会的弱者　4-5
就業選択　36, 109, 120, 140, 142, 222
柔構造　227-228
柔軟性　158, 164, 196, 225-228
儒教　25-26
塾　132

247

呪術師　210
障がい者　5, 227
正月　182
上座部仏教　206
焼酎　128
食品加工業　128, 142, 221
女性世帯主世帯　4, 10–11, 19, 34–35, 114,
　　118
所得　19, 30–31
――貧困　19–21, 30, 149, 156, 158, 221
所有権　68–69, 75, 101, 172
地雷　62
シングルマザー　9
信用　5, 133, 156, 185
水牛　36, 85, 91, 98, 124, 126
水田　36, 67, 77, 91
生産労働　9
性別役割分業　9, 221
積徳行　206
世帯間移動　163–164, 167, 175, 186, 189
　　–190, 195
世帯周期　112–113, 163
潜在能力　229
――（capability）アプローチ　20–21
戦争未亡人　25
占有　69
――権　67–68
葬儀　130, 216
双系制　28
相互扶助　16, 49, 132, 181, 188, 196, 226
相続　26, 35, 76, 81, 83, 86, 90–91, 95–96,
　　98, 100–102, 169, 194, 204, 223–224
――権　170, 172

代親　164, 168, 170–172, 183, 196
田植え　13, 16, 55, 74, 97, 117, 121–122,
　　128, 136, 204, 211
田起し　85, 97, 121, 126
脱穀　13
田の村　50, 67, 136, 143, 145
民際学　5–6
地域研究　6, 35, 164
地価　5, 72–74, 83, 235

妻方居住　59, 84, 95–96, 109, 118–119, 157,
　　174
テーラー　134
登記　73
土地登記　68–69, 77
土地法　68
鶏　124
トンレサープ川　43
トンレサープ湖　43, 50–52, 80, 121–122,
　　207, 210

中稲　121
二者関係　18
人間開発　20–21
――指数（Human Development Index：
　　HDI）　21
「人間の基本的ニーズ（Basic Human
　　Needs：BHN）」論　20
人間貧困　21, 30, 229
――指数（Human Poverty Index：HPI）
　　21
農外所得　82, 101, 136, 150, 152, 222
農業　134
農地　67, 77
農繁期　16, 55, 122, 128, 180

バイクタクシー　145
播種　121
機織　134, 216
畑の村　50
貧困　3–4, 13, 19–20, 34, 229, 231
――回避　37, 188–189, 221
――研究　9
――削減　10, 19
――状況　10
――ターゲティング　21–22
――の共有　13, 18, 228, 231
――の女性化　22
――ライン　11
――割合　4, 10–12
フェミニスト経済学　32
豚　124
仏教　26, 206

分益小作　13-14
分与　81, 83, 86, 89-91, 95-96, 98, 101-102,
　　223-224
ヘン・サムリン政権　45, 62, 67-68
法事　130, 208
母子世帯　9, 113-114, 152, 156, 158, 225
ポル・ポト　10
――時代　45-46, 54, 59, 62, 64, 98, 157,
　　210, 215
盆　182

末亡人　3, 24
メコン川　43
モラル・エコノミー　14, 18

屋敷地　36, 67, 76, 83, 90-92, 94, 101, 126,
　　172, 190, 222
――共住集団　14, 16
やもめ　3, 24
ユイ　122
養育費　60, 178, 207
養子　109, 164, 167-168
――慣行　169

ライフサイクル　112
リスク　3, 18, 21-22, 30, 158, 223-224, 228
――シェアリング　23
ルース　17, 227-229, 231
レヴィレート　24
――婚　23

ロン・ノル　10, 44

分け合いの原理　14, 16, 18
早稲　121
ワニ　124

【クメール語】
クルォサー　48-49, 186, 197
クロムサマキ　68, 70, 75, 80-81, 94-95, 98
――・ボンコーボンカウンポル　67
タムノップ　121, 123
タン　70
チー　207
チバップ・スレイ　29
チュオイ　181, 188-189, 191, 194, 226
――・クニア　132
――・チェンチャム　178, 182
――・ボン　130
チュオル　122
ノム・アーカオ　128-129, 144, 211
プーム　50, 52
プテア　48
プロヴァハ・コー　86
プロヴァハ・ダイ　16-18, 97, 122
ボーン・プオーン　49-50, 119, 124, 126,
　　130, 136, 156, 159, 166, 175, 181, 185,
　　197, 215, 224
ボントゥック　48
メー・クルォサー　49

著者紹介

佐藤　奈穂（さとう　なお）

金城学院大学 国際情報学部 講師

大阪府生まれ

2003 年　龍谷大学大学院 経済学研究科　修士課程修了　修士（経済学）

2010 年　京都大学大学院 アジア・アフリカ地域研究研究科　博士後期課程修了　博士
　　　　　（地域研究）

2010 年　京都大学東南アジア研究所　機関研究員

2012 年　京都大学東南アジア研究所　研究員

2015 年より現職

共著書

『（講座 生存基盤論 3）人間圏の再構築 ── 熱帯社会の潜在力』（2012）京都大学学術出版会 .

The Family in Flux in Southeast Asia: Institution, Ideology, Practice. Silkworm Books, Kyoto University Press. 2012.

カンボジア農村に暮らすメマーイ ── 貧困に陥らない社会の仕組み
（地域研究叢書 31）　　　　　　　　　　　　　　　　　　　　© Nao SATO 2017

平成 29（2017）年 2 月 10 日　初版第一刷発行

著　者　　　佐　藤　　奈　穂

発行人　　　末　原　　達　郎

発行所　　　**京都大学学術出版会**

京 都 市 左 京 区 吉 田 近 衛 町 69 番 地
京 都 大 学 吉 田 南 構 内（〒606-8315）
電　話（075）761-6182
FAX（075）761-6190
Home page http://www.kyoto-up.or.jp
振　替　01000-8-64677

ISBN 978-4-8140-0062-3　　　　　　印刷・製本　㈱クイックス
Printed in Japan　　　　　　　　　定価はカバーに表示してあります

本書のコピー，スキャン，デジタル化等の無断複製は著作権法上での例外を除き禁じられています。本書を代行業者等の第三者に依頼してスキャンやデジタル化することは、たとえ個人や家庭内での利用でも著作権法違反です。